高职高专法律系列教材

律师实务

李正华　丁春燕◎著

中国人民大学出版社
·北京·

前言

党的二十大报告提出，我们要坚持走中国特色社会主义法治道路，建设中国特色社会主义法治体系、建设社会主义法治国家，围绕保障和促进社会公平正义，坚持依法治国、依法执政、依法行政共同推进，坚持法治国家、法治政府、法治社会一体建设，全面推进科学立法、严格执法、公正司法、全民守法，全面推进国家各方面工作法治化。

在社会主义法制建设的历史进程中，律师发挥着不可或缺的作用。人们对法律制度的了解往往是通过与律师的接触和对律师业务的了解开始的。从某种意义上说，律师制度体现了一个国家的法制化程度。维护自己的权益不仅是国家法律赋予每个公民的权利，也是每个公民对社会应尽之义务，法律和权利紧密结合在一起。正如德国学者耶林所言，为权利而斗争就是为法律而斗争。经过了多轮的普法活动，我国公民的法律意识不断增强，但是仍有待于进一步提高，因为法学毕竟是一门专门的学问，尤其是在诉讼活动中，当事人面临的不仅仅是法理和法律条文的运用，还涉及程序性的阶段把握和举证等诸多专业技巧问题。

编者在教学、代理案件或者审理案件的过程中，接触到不少正在学习法律的本、专科学生，也经常和一些律师及律师助理进行交流，深知他们开展律师业务不但需要掌握实体法和程序法的专业知识，还需要准确地了解和把握当事人的相关情况。“纸上得来终觉浅，绝知此事要躬行”，学以致用、用以促学、学用相长，才能转化为自己的东西。

全国各地的司法警官职业学院以及相关高职高专院校设置的法律事务、法律文秘、司法助理、司法警务、社会工作、社区矫正等专业，大多开设有“律师实务”类的相关课程。目前已经出版的相关教材，要么是包含了律师与公证两大部分内容，要么是单独的律师实务，后者存在过于理论化的问题。作为高职高专法律类专业的学生，毕业后如果直接进入律师事务所或者企事业单位法务部门，大多从事的是律师（法务）助理的工作；即使是法学本科毕业后获得了法律职业资格证拟进入律师行业执业，大多也要经过律师助理的阶段。对于法学专业的学生来说，法理学、民法、刑法、诉讼法等核心课程固然十分重要，但是律师实务这门课程同样十分重要，它集实体法与程序法于一身，糅法学、文秘学、管理学以及心理学等多方面知识于一体，可以说是对学生毕业后从事法务助理工作极为重要的一门课程，或者说是学生未来安身立命的一门课程。在课时少、实务操作性强的情况下，要做到使学生避免陷入不同的理论体系纷争之中，真正地了解律师实务工作，毕业后能顺利地在律师的指导下开展法务助理工作，教材的编写和实际的教学工作至关重要。

本教材为高职高专法学类学生编写，也可作为法学本科专业选修课及各类职业培训教材或教学参考书。在编写本教材的过程中，考虑到课时安排及高职高专学生的实际需要，尤其是结合律师（法务）助理这样一个工作岗位的素质培养要求，力求避免枯燥烦琐的理论演绎，更多地结合实际，给教学提供一些实训式的内容；并结合国内外最新的有关立法动态，关注社会现实中出现的新问题以及学科的发展趋势，力图使内容深入浅出、通俗易懂，更具操作性。

为了便于老师的教学和学生的学习，本教材在编写体例方面，每一章章前设有“本章引例”“学习的目的与要求”“重点问题”作提示，章中有“参考案例”“参考文书”“课堂讨论”，章后备有“引例评析”“练习题”“模拟实训”，以帮助学生把握重点问题；全书还配有考试样题及参考答案、教学课件等电子资源。按每周 2 节课（18 个教学周共 36 课时）的教学时数安排，全书设计为 16 章（每周讲授 1 章，其中两周作为节假日放假占用及开展“模拟法庭”的机动时间），以便于开展教学。

对于学习，要一分为二地分析，死读书的学习过程必定是艰难痛苦的，因为要花费大量时间和精力，甚至要强行记忆很多可能无用的东西，头昏脑胀之余便产生了排斥心理。但是，对于自己感兴趣的事情，如果方法得当，如将游戏植入课程内容中，就可能达到在玩中学、在学中玩的境界，学习可以变成一个快乐的体验。只有不会教的先生，而没有教不会的学生。如果教学者能放下高高在上的身份，改变单纯的理论说教模式，作经历的介绍者和游戏的组织者，用学生能够听得懂的语言，按讲故事的方式结合多学科知识娓娓道来，相信学生会因为喜欢这门课的教学方式而喜欢课程的内容和教学的组织者的，学生了解和掌握相关的学科知识也就水到渠成了。

本教材重点阐述各项律师业务操作的步骤、方法、程序、技巧及律师助理开展工作时应当注意的问题。与同类教材相比，力图突出以下特点：

（1）新：反映最新的理论及立法动态和社会典型事例，体例、形式新颖。

（2）实：突出实用性和实训锻炼。

（3）活：语言文字通俗易懂、生动活泼。

（4）全：全方位包括律师理论、律师制度和具体的实务工作。

（5）简：观点简明扼要、方法简便可行。

（6）精：全书内容精简、字数较少，便于在较少的教学时数内完成教学任务。

本教材的编写和出版得到了中国人民大学出版社的大力帮助，在此特表感谢；也感谢采用本教材的学校、教师和同学们。

受编者的学识和视角局限，书中若存在疏漏和谬误，还请各位不吝赐教。

编者

目 录

第一章　律师制度概述 …… 1
第一节　律师及律师制度的起源与发展 …… 1
第二节　律师事务所的管理 …… 11
第三节　律师助理及其职责 …… 16
第四节　律师在法律职业共同体中的地位与作用 …… 20

第二章　律师的客户管理 …… 23
第一节　客户在律师业务中的地位 …… 23
第二节　会见客户的准备工作 …… 28
第三节　与客户谈话的要求及技巧 …… 29
第四节　客户关系管理 …… 34

第三章　律师咨询业务 …… 38
第一节　律师咨询及其范围 …… 38
第二节　律师咨询的收费标准 …… 47
第三节　律师咨询的要求 …… 48

第四章　律师代书业务 …… 51
第一节　律师代书及其作用 …… 51
第二节　律师代书的要求 …… 53
第三节　律师代书的种类 …… 54

第五章　律师事务所合同及公函 …… 62
第一节　律师事务所的业务合同 …… 62
第二节　授权委托书 …… 67
第三节　律师事务所的公函 …… 68

第六章　法律顾问业务 …… 73
第一节　个人日常法律顾问 …… 73

第二节　企事业单位常年法律顾问 …… 76
第三节　党政机关法律顾问 …… 80

第七章　民事诉讼代理 …… 85
第一节　一审的民事诉讼代理 …… 85
第二节　二审的民事诉讼代理 …… 94
第三节　再审的民事诉讼代理 …… 96
第四节　刑事附带民事诉讼的代理 …… 98

第八章　仲裁案件代理 …… 103
第一节　仲裁管辖及申请 …… 103
第二节　庭前准备 …… 109
第三节　参加庭审 …… 111
第四节　庭后工作 …… 114

第九章　民事执行代理 …… 116
第一节　民事执行及前提 …… 116
第二节　民事执行的时效 …… 118
第三节　民事执行的申请 …… 119
第四节　执行和解 …… 122
第五节　民事执行的中止与终结 …… 123

第十章　刑事案件代理与辩护 …… 127
第一节　侦查阶段的法律服务 …… 127
第二节　起诉后的辩护 …… 133

第十一章　行政诉讼代理 …… 143
第一节　行政相对人的代理 …… 143
第二节　一审行政诉讼的代理 …… 145
第三节　二审和再审行政诉讼的代理 …… 152

第十二章　律师调查与证据的运用 …… 155
第一节　律师调查 …… 156
第二节　举证规则 …… 159
第三节　质证活动 …… 161
第四节　证明责任 …… 163

第十三章　律师的辩论 …… 168
第一节　律师辩论及其作用 …… 168

第二节　律师开展辩论的原则…… 171
第三节　律师开展辩论的具体要求…… 174

第十四章　律师的专项业务…… 181
第一节　项目可行性研究…… 181
第二节　参与谈判与和解…… 185
第三节　担当破产管理人…… 188
第四节　其他非诉讼业务…… 190

第十五章　律师见证业务…… 194
第一节　律师见证与公证的区别…… 194
第二节　律师见证的业务范围…… 197
第三节　律师见证的注意事项…… 200
第四节　律师见证的具体方法…… 202
第五节　律师见证书…… 203

第十六章　律师法律援助业务…… 206
第一节　法律援助制度概述…… 206
第二节　律师提供法律援助的范围…… 211
第三节　律师提供法律援助的注意事项…… 213

第一章　律师制度概述

【本章引例】

小张是某大专院校法学专业的学生，想在学习期间到一家律师事务所实习，毕业以后希望能够进入律师事务所做律师助理，有可能的话作为律师开展执业活动。如何才能实现这两个目的，他希望得到专业老师的指导和同学们的帮助。

【学习的目的与要求】

了解律师制度的产生与发展的历史过程，掌握律师事务所的管理内容，明确律师助理的职责，正确看待律师职业在法律职业共同体之中的地位和作用。课前通读《律师法》及相应的行政规章，课后复习重点问题并拓展知识面。具备参加律师助理面试中涉及律师制度基本问题的应答能力。

【重点问题】

- 律师及律师事务所的特性
- 律师制度的产生与发展
- 律师事务所的不同形式及内部管理
- 律师助理的职责
- 法律职业共同体

第一节　律师及律师制度的起源与发展

一、律师的概念

什么是律师？如何给律师下一个定义？在学习和了解一个领域的专业知识之前，都要给核心名词下定义。同学们觉得概念很多，背起来相当有难度。如果掌握了概念的定义方法，就无须死记硬背。

通常，先要了解一个概念的种属（包含或者下属）关系，外延大的概念叫属（上位）概念，外延小的概念叫种（下位）概念。将一个下位的种概念放在一个上位的属概念之内，然后平行对应其他种概念来找出这个特定种概念的特征，列出它的关键词并找到适当的词汇加以组织，理顺后表达出来，就是一个概念的完整表达。例如，苹果（种概念）是水果（属概念、上位概念）的一种，找到苹果区别于其他水果（如橙子、梨）的特征，从特征、条件表述开始最后落到“水果的一种”，即完成了一个概念的表达。又如，中国人，是人（自然人），具有中国国籍是其特征。因此，中国人，在法律上就是指具有中国国籍的自然人。

例如，律师，它的属概念（上位概念）是“法律服务的执业人员”（这个表述必定在“律师”这个概念的最后），其与警察、检察官、法官这些同类的法律工作人员相比，具有什么特点（这些特征性的表述用于限定最后的“法律服务的执业人员”的范围——为当事人提供法律服务，是什么引致他为当事人提供服务——接受委托或指定）？它需要符合什么条件（依法取得律师执业证书）？将这些问题通过逆向追索的方式往前探究，最后倒过来理顺表达，就成为一个完整的概念表达。可见，概念是从后往前定义的，最后从前往后表述。

律师，是指依法取得律师执业证书，接受委托或者指定，为当事人提供法律服务的执业人员。

律师作为一个职业，区别于警察、检察官、法官、司法工作人员和法学教育工作者的特点，是其接受当事人的委托或者相关机关的指定，为当事人提供法律服务。

二、律师的性质

（一）律师的性质的概念

律师的性质，是指律师作为一种职业区别于其他职业的本质属性。

律师与警察、检察官、法官、会计师、工程师等其他许多职业一样，都是社会分工发展到一定阶段的产物。

具体而言，律师属于一种什么样的职业，律师到底是一种什么样的人，这涉及律师的地位、作用、权利、义务、责任等重大问题。

律师到底是属于公权力的国家法律工作者（公务员），还是事业单位、社会中介机构的工作人员，又或者是专业的自由职业者？是营利企业的工作人员，还是慈善机构的工作人员？下面具体讨论。

（二）我国在不同时期对律师性质的不同表述

1. 国家的法律工作者

1980 年 8 月 26 日，全国人大常委会通过并颁布了《中华人民共和国律师暂行条例》。该条例明确规定：“律师是国家的法律工作者”。律师与警员、检察员、审判员一样，都是“国家的法律工作者”，被纳入国家工作人员体系，享受国家财政工资和津贴待遇。

2. 社会中介组织的员工

1993 年司法部的律师改革方案得到了国务院的批准，律师事务所是中介组织的定位得到了政府有关部门和专家学者的普遍认同。律师不再列入行政编制和享受行政待遇（不再是公务员）。

3. 专业的自由执业者

1996 年全国人大常委会通过、2017 年修订的《中华人民共和国律师法》（以下简称《律师法》），将律师定义为“依法取得律师执业证书，接受委托或者指定，为当事人提供法律服务的执业人员”。作为自由执业者，其可以在不同的律师事务所进行合理“流动”，但其必须在特定的律师事务所执业、接受事务所的内部管理，同时还须作为个人会员加入律师协会接受行业管理。

三、律师资格及律师执业

（一）律师资格

1. 律师资格的概念

律师资格，又称律师执业资格，是指满足法定条件、具备从事律师职业的基本法律知识，经过一定时间的实践锻炼后，可以申请律师执业的一种身份性条件。

2. 律师资格的取得

依照《律师法》的规定，在我国取得律师执业资格的方式主要有两种：

（1）考试取得。我国的律师资格考试经历了由全国统一律师资格考试，到全国统一司法资格考试，再到 2018 年开始的法律职业资格考试的变化。根据《国家统一法律职业资格考试实施办法》的规定，报名参加全国统一的法律职业资格考试必须符合以下条件：具有中华人民共和国国籍；具有完全民事行为能力；品行良好；具备全日制普通高等学校法学类本科学历并获得学士及以上学位，或者全日制普通高等学校非法学类本科及以上学历并获得法律硕士、法学硕士及以上学位或获得其他相应学位且从事法律工作满三年。

以下人员不得报名参加法律职业资格考试：因故意犯罪受过刑事处罚的；曾被开除公职或者曾被吊销律师执业证书、公证员执业证书的；被给予二年内不得报名参加国家统一法律职业资格考试处理期限未满或者被给予终身不得报名参加国家统一法律职业资格考试处理的。

报考者可报名参加每年一度的国家法律职业资格考试，通过考试并合格后，将会获得中华人民共和国法律职业资格证书。该证书是申请从事法律职业（含律师、公证员、法官、检察官、行政执法人等与法律有直接关联的职业）的资格凭证。

（2）考核取得。根据《律师法》的规定，具有高等院校法学本科以上学历，在法律服务人员紧缺领域从事专业工作满十五年，具有高级职称或者同等专业水平并具有相应的专业法律知识的人员，申请专职律师执业的，经国务院司法行政部门考核合格，准予执业。

（二）律师执业

1. 律师执业的概念

律师执业，是指依法以律师的名义从事相关律师业务的行为。

除律师外，还有普通公民、居民委员会工作人员、高校中法律诊所的工作人员等，他们都可能在一定程度上为他人提供专业的法律咨询服务或者作为代理人出庭参加庭审活动。但是，没有取得律师执业证书①的人员，不得以律师名义执业，不得为谋取经济利益

---

① 中华人民共和国律师执业证书由司法部监制，各地司法厅颁发。

从事诉讼代理或者辩护业务。

2. 律师执业的条件

在取得了中华人民共和国法律职业资格证书以后，当事人可以选择从事律师执业工作，也可以不从事律师执业工作。如果想要从事律师工作，须在满足一定条件后再向司法行政部门申请律师执业证书。

申请律师执业证书，应当具备下列条件：(1) 拥护中华人民共和国宪法；(2) 通过国家统一法律职业资格考试取得法律职业资格；(3) 在律师事务所实习满一年；(4) 品行良好。

有下列情形之一的，不予颁发律师执业证书：(1) 无民事行为能力或者限制民事行为能力的；(2) 受过刑事处罚的，但过失犯罪的除外；(3) 被开除公职或者被吊销律师、公证员执业证书的。

3. 律师执业证书的申请

申请律师执业证书需要提供下列材料：(1) 国家统一法律职业资格证书；(2) 律师协会出具的申请人实习考核合格的材料；(3) 申请人的身份证明；(4) 律师事务所出具的同意接收申请人的证明。申请兼职律师执业的，还应当提交所在单位同意申请人兼职从事律师职业的证明。

实习人员在实习期满后提出申请，经过司法行政管理部门的审查，符合条件的由省级司法行政管理部门做出是否准予执业的决定。对于符合条件的，向其颁发执业证书。

4. 律师执业的限制

领取律师执业证书的人员可以在一个律师事务所开展执业活动。但是，一名律师只能在一个律所执业；现职公务员不得兼职担任执业律师；律师如果是各级人民代表大会常务委员会的组成人员，其任职期间不得从事诉讼代理或者辩护业务。

四、律师及律师制度的发展

（一）律师的产生与发展

1. 律师在国外的产生与发展

古罗马时期，随着社会经济的发展，诉讼日益增多，在庭审阶段允许双方当事人发言和辩论。由于法律条文和诉讼程序的专业性，一些当事人就请对法律和诉讼程序有所了解的亲戚朋友来帮忙提供意见。这种帮忙的人被称为“雄辩家”或“辩护士”(Advocatus)，最初，他们仅仅是陪同当事人到法庭，在开庭审理时给当事人提供意见但并不直接在法庭上发言。渐渐地，人们发现法官在审判过程中会听取辩论并检验双方提供的相关证据，而案件的裁决往往取决于双方的辩论结果。因此，人们得出一个结论：雄辩将产生对自己有利的审判结果。于是，人们不惜花重金聘请精通法律而又口齿伶俐的人来为自己辩护。这种受人之托而在法庭上为他人发表辩论意见的人，在当时尚未形成一个职业群体。

罗马共和国向罗马帝国演变的时期，社会矛盾异常尖锐。罗马统治阶级为维护其统治秩序，制定了许多法律、法令和规定。与此相应，社会上出现了学习、研究法律的法学家阶层，这些人与统治阶级有着千丝万缕的联系，他们时常就如何执法等问题向司法、行政官员提供意见。同时，他们也在社会上向平民百姓解答法律问题，为诉讼当事人提供咨询意见，甚至代理当事人参加诉讼。由于这些人的活动有利于统治秩序的稳定，罗马皇帝以诏令的形式确定了“大教侣”从事“以供平民咨询法律事项”的职业，同时还允许委托他人代理诉讼行为。后来，一些专门研究立法、司法的人员开始著书立说，解答法律难题并指导当事人开展诉讼活动。于是，兼法学研究、法律顾问、律师三者于一身的人员逐渐增多并形成以此为生的一个相对独立的群体，“律师”就作为一种职业出现了。

封建社会末期，出现了一批资产阶级启蒙家和思想家，如洛克、孟德斯鸠等，他们对封建社会的政治制度和法律制度进行了无情的抨击，提出了“天赋人权”“主权在民”“平等、自由、博爱”等新思想和新观念。已有不少思想家明确提出确定辩论式审判模式和任何人在审判中都有辩护的权利并有权请人为之辩护。

资产阶级取得胜利之后，通过宪法和相关法律巩固自己的权利的同时，也明确了公民应当享有的权利，因此律师制度在保护当事人享有辩护权的前提下得到迅速发展。1679年英国的《人身保护法》明确了诉讼采取辩论原则，承认被告人有权辩护；1791年美国的《宪法修正案》明确了被告人在刑事诉讼中享有接受辩护的权利；1808年法国的《刑事诉讼法典》也明确了律师的地位和作用。

2. 律师在中国的产生与发展

春秋时期，郑国人邓析不仅法律知识渊博而且能言善辩，可“操两可之辩，设无穷之辞”，且“持之有故，言之成理”。他曾经聚众讲学，传授法律知识和诉讼方法，还助人诉讼。

在中国古代，打官司要先向官吏递状子、陈述案情，但大部分人属于文盲，于是社会上一些文人就干起了专门为他人写状子及其他文书的营生，民间便出现了“刀笔先生”（又称“刀笔吏”）。这些写状子的“刀笔先生”，并不一定都熟悉法律知识，只不过是凭着读书识字和见多识广的优势来开展业务，但有的也会给当事人出一些如何打官司的主意。

中国古代虽有某些“代理诉讼”的现象和“助人诉讼”的人员，但由于政治、经济条件的限制，前者未进一步发展成代理制度，后者未形成职业法律家阶层，二者也从未在诉讼领域结合。因此，中国最后还是从国外引进了律师制度。

1912年，北洋军阀政府制定了《律师暂行章程》和《律师登记暂行章程》。《律师暂行章程》规定了律师资格、律师证书、律师名簿、律师职务、律师义务、律师公会、律师惩戒等内容。该章程公布后，中国律师职业慢慢兴起，至北洋军阀政府末期，律师达到了3 000人，甚至还出现了诸如施洋、沈钧儒等在历史上颇具影响力的著名律师。

我国的律师行业发展至今，中华全国律师协会现有团体会员31个（即各省、自治区、直辖市律师协会），个人会员近11万人①。以2017年全年全国律师行业800亿元毛收入平摊至36.5万名律师名下计算的话②，每位律师年创收超过21万元。

（二）律师制度的产生与发展

1. 律师制度在国外的产生与发展

1625年，英国的国会成立并享有有限的立法权。社会上出现了学习、研究、运用法律的职业群体。特别是英国在法庭审判中采用了辩论方式，而且采用直接言词原则，当事

---

① 中华全国律师协会简介．中华人民共和国司法部网站，2016-05-29.

② 截至2017年底，我国律师已达36.5万人，律师事务所已达2.8万多家。

人必须用言词在法庭上陈述，并且当事人的言词不得更改，但是代理人的发言可以更改。因此，人们开始寻求专业律师的帮助，律师制度得以快速发展。

在自由竞争的市场经济条件下，自由资本主义时期的市场经济依靠社会规则来调整，而规则主要由道德和法律构成。在人们尊崇“将思想交给上帝，把行为交给法律”的大环境下，律师在社会生活中的地位和作用越来越重要，律师制度得到了空前的发展。

律师制度的产生，必须具备以下的条件：（1）有相关的立法；（2）有容许当事人辩论的司法审判制度；（3）有精通法律和诉讼程序的法学家。

2. 律师制度在中国的产生与发展

1840 年鸦片战争后，外国侵略者根据不平等条约在租界以“领事裁判权”为由设立了会审公廨，外国律师也偶尔出现在租界的法庭开展代理活动。

清末著名法学家沈家本以自己对立法的卓越贡献，奠定了其在中国法律现代化进程中不可动摇的历史地位，并赢得“中国法律现代化之父”的美誉。著名的法律史学家杨鸿烈称其为“媒介中西方法制的一个冰人（媒人）”。沈家本提出了建立中国自己的律师制度的设想，在他的主持下起草了 1910 年的《大清刑事诉讼律草案》和《大清民事诉讼律草案》。这两部草案规定了律师可以参加诉讼，但因辛亥革命的爆发而没有公布施行。

1911 年，孙中山领导的南京临时政府起草了《律师法草案》，这是中国第一部有关律师制度的成文法草案，后因袁世凯篡权而未公布施行。1912 年，北洋政府制定了《律师暂行章程》和《律师登记暂行章程》，这是中国第一次颁布关于律师制度的成文立法。国民政府于 1927 年公布了《律师章程》，1942 年颁布了《律师法》。

1949 年 10 月 1 日中华人民共和国成立后，揭开了社会主义法制建设的新篇章，在解放区建立起来的律师辩护制度得到了发展。1950 年 7 月，中央人民政府政务院公布了《人民法庭组织通则》，明确了人民法庭应当保障被告人有辩护和请他人为其辩护的权利。1954 年 7 月 31 日，中央人民政府司法部发出了《关于试验法院组织制度中几个问题的通知》，决定在北京、上海、天津等大城市试行开展律师工作；同年 9 月，全国人大通过了《中华人民共和国宪法》和《中华人民共和国人民法院组织法》，明确规定了被告人可以委托律师为自己辩护。1956 年 1 月，国务院批准了司法部的《关于建立律师工作的请示报告》，明确了律师开展工作的相关问题；同年 7 月 20 日，司法部颁布了《律师收费暂行办法》，明确了律师收取代理费的标准和具体办法。

1980 年 8 月 26 日，第五届全国人民代表大会常务委员会第十五次会议通过了《中华人民共和国律师暂行条例》。律师暂行条例的颁布实施，标志着中华人民共和国律师制度的正式建立。

1996 年 5 月 15 日第八届全国人民代表大会常务委员会第十九次会议通过了《中华人民共和国律师法》（分别于 2001 年 12 月 29 日、2007 年 10 月 28 日、2012 年 10 月 26 日、2017 年 9 月 1 日经全国人民代表大会常务委员会决议修订和修正）。该法除总则外，还具体规定了律师执业许可、律师事务所、执业律师的业务和权利义务、律师协会、法律援助、法律责任等方面的内容。

根据 1980 年颁布的《中华人民共和国律师暂行条例》，1986 年 7 月，中华全国律师协会成立。中华全国律师协会是社会团体法人，是全国性的律师行业自律性组织，依法对律师实行行业管理。在各省、自治区、直辖市设立地方律师协会，设区的市根据需要可以设立地方律师协会。

2016年6月13日，中共中央办公厅、国务院办公厅印发了《关于深化律师制度改革的意见》，对深化律师制度改革做了全面的部署。

五、律师的任务

（一）律师的任务的概念

律师的任务，是指由国家法律明确规定的，通过律师执业所要达到的根本目的。《律师法》明确规定了“律师应当维护当事人合法权益，维护法律正确实施，维护社会公平和正义”。

（二）律师的具体任务

1. 直接任务：维护当事人的合法权益

无论是非诉讼事务的当事人，还是民事诉讼或者民商事仲裁案件的当事人，或者是刑事案件、行政案件的当事人，均享有法律赋予或者认可之应有权益。如何享有这些权益或者正确行使相应的权利，需要当事人自身具有一定的法律知识、法律意识和运用法律的水平及技巧。而一般的公民和单位往往缺乏这样的能力，这就需要作为专业人士的律师来提供帮助。

2. 基本任务：维护法律的正确实施

国家制定的法律必须得到全面的贯彻实施。维护当事人权益这一直接目的，必须服从维护国家法律的正确实施这一根本目的。无论是公安机关、检察院、法院还是律师，在办理案件时遵守的都是国家统一的法律，尽管警察、检察官、法官、律师是从不同的角度看待和处理同一案件的，但他们都是在遵守和运用国家法律以保障法律的正确实施。因此，律师的职业活动和其他政法机关的活动，在任务方面具有一致性。

3. 终极任务：维护社会公平和正义

从汉字“法”的繁体“灋”的构成来分析，法本身蕴含着平之如水的公平之意。维护公平和正义，是社会对律师的基本要求，也是人们对法律制度的基本期盼。作为法律制度，其对应的是事而非人。

公平正义是衡量一个国家或社会文明发展的标准，也是我国构建社会主义和谐社会的重要特征之一。只有实现公平正义，才能使社会各方面的利益关系得到妥善协调，人民内部矛盾和其他社会矛盾得到正确处理。要满足公民对社会公平正义的要求，提升公民的幸福感和满意度，必须具备较高的经济发展水平和较好的物质条件。当今中国，维护和实现社会公平的根本途径，仍然是努力发展社会经济，为实现更高水平的社会公平奠定必要的物质基础。

4. 社会任务：构建和谐社会

和谐社会不是一个简单的政治口号，其在社会的各个领域均有着深刻的含义和要求。构建和谐社会在司法实践中不仅要求当事人之间关系和谐，还要求当事人与相关机关之间关系协调，更重要的是，要求法律职业共同体在执行职务过程中彼此尊重对方职业而形成的和谐。

课堂讨论

有人说“律师就是收人钱财替人消灾”的，只要当事人出得起钱，律师就要尽力满足当事人的要求。律师的任务究竟是什么？如何在执业活动中依照法律规定维护当事人的合法权益和得到自己应有的收益？

六、律师的执业权利和义务

（一）律师的执业权利

1. 律师的执业权利的概念

律师的执业权利，是指律师在执行职务过程中依法享有法律所赋予的权利。执业律师的权利表现为依法可以为一定的行为，或者依法请求他人为（或者不为）一定行为的资格或者自由。

2. 律师执业时的具体权利

“两院三部”（最高人民法院、最高人民检察院、公安部、国家安全部、司法部）于2015年9月16日联合印发了《关于依法保障律师执业权利的规定》。该规定提出了依法保障律师执业权利的措施，着力解决当前律师权利保障中存在的突出问题。《律师法》明确规定了律师享有以下权利：

（1）知情权。无论在代理民事、行政、刑事案件过程中，还是在日常的法律顾问工作中，作为执业律师，都有了解相关事项或者案件的相关问题（包括实质性和程序性问题）的权利，即知情权。因此，相关的当事人或者部门，在法律规定的范围内，应当向执业律师披露相关的信息。如果当事人故意隐瞒相关重要信息，那么代理律师对此所造成的不利于当事人的结果不负责任，而且依法和根据约定有权拒绝后续的代理活动。执业律师有权依法向相关部门了解情况。

（2）会见权。经办律师与民事案件、行政案件的委托人见面，了解相关案情和当事人的诉求，没有太大的障碍。

由于刑事案件的被告人通常是已被采取了相应措施的（如被逮捕），因此经办律师要与涉嫌犯罪的被告人见面了解相关情况就相当困难。为此，《律师法》规定：律师担任辩护人的，有权持律师执业证书、律师事务所证明和委托书或者法律援助公函，依照《刑事诉讼法》的规定会见在押或者被监视居住的犯罪嫌疑人、被告人。辩护律师会见犯罪嫌疑人、被告人时不被监听。《刑事诉讼法》也做出了相应的规定：“辩护律师可以同在押的犯罪嫌疑人、被告人会见和通信。其他辩护人经人民法院、人民检察院许可，也可以同在押的犯罪嫌疑人、被告人会见和通信。辩护律师持律师执业证书、律师事务所证明和委托书或者法律援助公函要求会见在押的犯罪嫌疑人、被告人的，看守所应当及时安排会见，至迟不得超过四十八小时。危害国家安全犯罪、恐怖活动犯罪案件，在侦查期间辩护律师会见在押的犯罪嫌疑人，应当经侦查机关许可。上述案件，侦查机关应当事先通知看守所。辩护律师会见在押的犯罪嫌疑人、被告人，可以了解案件有关情况，提供法律咨询等；自案件移送审查起诉之日起，可以向犯罪嫌疑人、被告人核实有关证据。辩护律师会见犯罪嫌疑人、被告人时不被监听。”

（3）调查取证权。律师办理法律事务的过程中，有向有关单位、个人进行调查，收集有关案件证据材料的权利。《律师法》规定：受委托的律师根据案情的需要，可以申请人民检察院、人民法院收集、调取证据或者申请人民法院通知证人出庭作证。律师自行调查取证的，凭律师执业证书和律师事务所证明，可以向有关单位或者个人调查与承办法律事务有关的情况。

（4）出庭权。律师在执业中为犯罪嫌疑人辩护，或者代理民事、行政案件，有权出庭参加庭审活动，以维护当事人的合法权益。而且，出庭参加诉讼活动前，应当有充足的时间做好开庭前的准备工作，以便了解案情及研究法律的适用。否则，仓促出庭，庭审活动将流于形式，进而无法维护当事人的合法权益。因此，法律规定参加诉讼活动的律师享有及时得到人民法院的开庭通知（传票和通知书至迟在开庭三日以前送达）的权利。

法庭审理是整个诉讼活动的核心阶段，也是律师提供法律服务的重要环节。在法庭审理的阶段律师依法享有多项权利。

（5）人身保障权。律师执业的目的就在于维护国家法律秩序和维护当事人的合法权益，但其自身的权益必须得到保障，否则其执业活动就难以开展。只有依法保护律师在执行职务时的人身自由和言论自由，才能更好地发挥律师的作用，维护当事人的合法权益。《律师法》第37条规定："律师在执业活动中的人身权利不受侵犯。律师在法庭上发表的代理、辩护意见不受法律追究。但是，发表危害国家安全、恶意诽谤他人、严重扰乱法庭秩序的言论除外。律师在参与诉讼活动中涉嫌犯罪的，侦查机关应当及时通知其所在的律师事务所或者所属的律师协会；被依法拘留、逮捕的，侦查机关应当依照刑事诉讼法的规定通知该律师的家属。"

（6）拒绝辩护或代理权。根据《律师法》的规定，委托人可以拒绝已委托的律师为其继续辩护或者代理，同时可以另行委托律师担任辩护人或者代理人。律师接受委托后，无正当理由的，不得拒绝辩护或者代理。但是，委托事项违法、委托人利用律师提供的服务从事违法活动或者委托人故意隐瞒与案件有关的重要事实的，律师有权拒绝辩护或者代理。

（7）获取承办案件相关法律文书副本的权利。相关的法律文书，不但记载了案件办理的程序和实体性问题，也记录了代理律师的意见是否被接纳的情况，它是律师事务所对案件进行管理、装订案卷材料的主要凭证，也是当事人提出上诉或者申请再审的依据。根据最高人民法院、最高人民检察院、公安部、司法部1981年发布的《关于律师参加诉讼的几项具体规定的联合通知》的规定，律师有权获得其代理案件的相关法律文书。

（8）其他由当事人特别授权行使的权利。根据当事人的特别授权和相关的法律规定，律师可以行使诸如申诉、控告、上诉、申请再审、申请执行、和解、调解、申请取保候审等相关的权利。

（二）律师的执业义务

1. 律师的执业义务的概念

律师的执业义务，是指律师在执行职务过程中依法履行法律所规定的或者根据当事人约定的应为或不得为的限制。律师的执业义务可表现为积极的作为和消极的不作为。

2. 律师执业时的具体义务

（1）勤勉履行代理职责。律师事务所接受当事人的委托，指派律师承接相关的业务，此时，经办律师作为一个专业人士就要为当事人提供相应的专业法律服务。正所谓“受人之托，忠人之事”。勤勉履行代理职责涉及一个专业律师的诚信和道德，同时也反映一个专业律师的专业水平和对所受托之事的责任心。专业水平无绝对的标准，正所谓没有最好，只有更好。但是，对待一项工作的态度以及作为受托之人是否为当事人着想，尽心尽力地依照法律规定为其维护合法权益，是可做出评判的。

（2）利益冲突防止。防止相关利益冲突，通常是指回避，即案件经办人员由于对本案有利害关系或其他关系而不参加该案处理（侦查、起诉、审判等）活动的制度。回避制度的目的是防止徇私舞弊或持有偏见，以有利于案件的公正审理。律师作为自由职业者，不属于公职领域，因而也不存在所谓的回避问题。但是，律师在执业过程中，某些情形可能会影响其执业：1）曾经担任法官、检察官的律师，从人民法院、人民检察院离任后两年内，不得担任诉讼代理人或者辩护人。2）律师不得在同一案件中为双方当事人担任代理人；同一律师事务所不得为诉讼案件的双方当事人担任代理，偏远地区只有一个律师事务所的除外。

（3）遵章守纪。律师在执业过程中，应当严格遵守国家法律（含实体法律和程序性法律）以及相关的规章制度。律师不得违反规定会见法官、检察官、仲裁员以及其他有关工作人员；不得向法官、检察官、仲裁员以及其他有关工作人员行贿，介绍贿赂或者指使、诱导当事人行贿，或者以其他不正当方式影响法官、检察官、仲裁员以及其他有关工作人员依法办理案件。律师不得故意提供虚假证据或者威胁、利诱他人提供虚假证据，妨碍对方当事人合法取得证据。

（4）保守秘密。律师在接受委托为当事人提供法律服务的过程中，接触到当事人的个人隐私或商业秘密乃至国家秘密时，应当严格依照法律规定保守秘密。《律师法》第 38 条规定：“律师应当保守在执业活动中知悉的国家秘密、商业秘密，不得泄露当事人的隐私。律师对在执业活动中知悉的委托人和其他人不愿泄露的有关情况和信息，应当予以保密。但是，委托人或者其他人准备或者正在实施危害国家安全、公共安全以及严重危害他人人身安全的犯罪事实和信息除外。”

（5）正当竞争。在市场经济社会中，任何一个行业都存在着竞争，律师在执业过程中同样也会有竞争。但是，律师事务所之间以及律师之间，应当开展公平、合法的竞争，不得采取通过给相关人员或委托人回扣、介绍费或者诋毁其他律师的能力、声誉等不正当手段来招揽业务。《律师职业道德和职业纪律规范》第 44 条规定：“律师不得以下列方式进行不正当竞争：1. 不得以贬低同行的专业能力和水平等方式，招揽业务；2. 不得以提供或承诺提供回扣等方式承揽业务；3. 不得利用新闻媒介或其他手段向其提供虚假信息或夸大自己的专业能力；4. 不得在名片上印有各种学术、学历、非律师业职称、社会职务以及所获荣誉等；5. 不得以明显低于同业的收费水平竞争某项法律事务。”根据现有的相关规定，律师可以通过文字作品、研讨会、普及法律等方式，宣传自己的专业领域及特长。律师事务所在学校可以设立奖学金、资助学生开展模拟法庭或者举办法学专题讲座等，也可以鼓励律师积极参加社会公益活动。而且，从某种意义上看，相关的律师事务所在大学生毕业季举办的宣讲会，其实质上就是宣传与招聘相结合的活动。

（6）依法收费和依法纳税。律师事务所与当事人建立委托代理合同关系，律师作为律师事务所的工作人员，根据相关的规定获得报酬。因此，律师个人不得私自接案或向当事人收取费用。律师事务所向当事人收取费用，应当严格依照相关规定进行；对于协商收费的应当在合同中明确收费的计算方法和支付方式以及时间等事项。除民商事案件依法可约定按照风险代理收费外，刑事辩护不允许采用以实现某种判决结果为标准计算的风险付费方式。

依法纳税是我国公民应尽的一项基本义务。根据我国个人所得税法的规定，律师应就其工资、薪金所得和劳务报酬缴纳个人所得税。

（7）提供法律援助。社会发展的不平衡等诸多方面的原因导致了个人之间收入状况和知识水平的差异，国家建立法律援助制度的目的是使经济困难的公民以及特殊案件的当事人获得必要的法律服务，从而维护当事人的合法权益，让人人都能够平等地站在法律面前。《律师法》第 42 条规定："律师、律师事务所应当按照国家规定履行法律援助义务，为受援人提供符合标准的法律服务，维护受援人的合法权益。"

第二节　律师事务所的管理

一、律师事务所及其发展

（一）律师事务所的概念

律师事务所，是律师的执业机构。具体而言，就是指律师执行职务开展业务活动的工作机构。律师事务所应当依法设立并取得执业许可证。

（二）中国律师事务所的产生

中华人民共和国成立后，律师制度逐渐建立起来。但是由于历史的原因，刚刚建立起来的律师制度于 1968 年开始逐渐被迫中断。

1980 年 8 月 26 日第五届全国人民代表大会常务委员会第十五次会议通过了《中华人民共和国律师暂行条例》，该条例明确规定律师是国家的法律工作者，律师执行职务的工作机构是法律顾问处。

1988 年 5 月，深圳成立了全国第一家合作制律师事务所，同年 8 月成立了全国第一家私人律师事务所。1988 年 6 月，司法部下发了《合作制律师事务所试点方案》，使合作制律师事务所成为除国办所之外的又一组织形式。

（三）中国律师事务所的发展

随着市场经济的发展，律师管理的方式由"两结合"的双轨模式逐渐向行业自治转变。专职律师也从过去的"国家法律工作者"向"自由执业者"转变。

市场经济要求主体的多元化，因此在保留国办律师事务所的基础上，有了个人合伙律师事务所，甚至出现了个人律师事务所，境外的律师事务所也可以设立办事机构；依法设立的律师事务所还可以根据业务发展需要在异地设立分所。

对国内律师业来说，一个突出的问题就是律师事务所的规模较小，缺乏能够参与国际竞争的规模型、集约型、专业型与全能型相结合的大所，缺乏懂法律、懂经济、懂英语的综合型人才。英国的高伟绅律师事务所和美国、德国的 2 家律师事务所合并后，成为世界第一大所，拥有 2 700 名律师，其业务覆盖全球。2015 年 1 月 27 日，亚洲最大律师事务所——北京大成律师事务所与全球十大律所之一的德同（Dentons）律师事务所在北京签署合并协议，共同打造一个全新的、布局全球的世界领先国际律师事务所——“大成律师事务所”（英文名保留为 Dentons），该律所遍布全球 50 多个国家和地区，共有 120 个办公室，执业律师人数超过 6 500 人，大成律师事务所主任和创始合伙人彭雪峰担任新律所的全球董事会主席和全球顾问委员会主席。

在不断深化改革的时代，律师行业的改革也在逐步推进，在以下几个方面的发展方向已经逐渐明朗化并取得了巨大的成就：政府律师与社会律师并存、专业化律师得到发展、行业自律逐渐增强、各种形式的律师事务所得到发展、律师事务所呈规模化发展。

二、律师事务所的形式

根据《律师法》的规定，我国律师事务所目前的组织形式主要有三种：

（一）合伙律师事务所

合伙律师事务所，简称合伙所，是由合伙人依照合伙协议的约定依法设立，共同出资、共同管理、共享收益、共担风险的律师执业机构。

2008 年 6 月 1 日起，《律师法》取消了合作律师事务所的组织形式，原有的合作律师事务所根据实际情况转为合伙制，或者改为个人所，又或者依法被终止。

合伙律师事务所是当前各国律师事务所存在的主要形式。为配合《律师法》的实施，司法部颁布了《合伙律师事务所管理办法》（1996 年颁布，2004 年修订后重新颁布），进一步对合伙制律师事务所的设立、管理、财务等方面进行了规范。2007 年修订的《律师法》第 15 条对合伙所的责任形式做出新的规定，“合伙律师事务所可以采用普通合伙或者特殊的普通合伙形式设立。合伙律师事务所的合伙人按照合伙形式对该律师事务所的债务依法承担责任”。

普通合伙，就是合伙人对律师事务所的债务承担无限责任和连带责任的一种合伙形式；特殊合伙，是指合伙人对律师事务所的债务按照合伙协议的约定承担有限责任的合伙形式。

随着社会的发展，为了促进粤港澳法律服务的合作，出现了跨境的合伙联营律师事务所的新形式①。

（二）个人律师事务所

个人律师事务所，简称个人所，是由一名取得律师执业许可的律师单独投资设立，以自己或家庭的所有财产承担无限责任的律师执业机构。

个人律师事务所是由一名律师投资设立，并非仅限于一个律师执业。由于律师主要是运用自己的专业知识和能力为当事人提供法律服务的，因此国外一般都允许取得执业许可的律师以个人的名义申请设立个人所。个人律师事务所的特点是个人出资、个人经营、个人承担风险和享受利润。这些个人律师事务所的办公场所都设立在居民聚居区或社区附近，立足基层、贴近群众，为社区居民、驻区企业和其他经济组织提供全方位的法律服务，也为宣传法律和维护社区稳定做出了贡献。

---

① 广州首家粤港合伙联营律师事务所——国信信扬麦家荣（南沙）联营律师事务所于 2015 年 7 月 21 日在广州南沙挂牌成立并正式开业。7 名内地律师和 3 名香港律师当天还举办了一场题为“粤港澳律师合作发展”的研讨会。

（三）国办律师事务所

国办律师事务所，简称国办所，是指国家出资设立并以其全部资产对外承担责任的律师执业机构。

1979 年我国恢复律师制度后最先成立的就是占国家事业编制的法律顾问处，之后转为国办所，其由司法行政机关设立，附属于司法局，人员编制属于司法事业编制，经费列入国家预算，依靠国家拨款。从 1984 年起，司法部就开始对国办所的工资分配、经费开支和人员聘用等方面进行一系列的改革，不少国办所已经转为合伙所。

在《律师法》的修订过程中，对国办律师事务所的存废有过争议，但考虑到我国各地律师业发展的不均衡，一些欠发达地区律师事务所自我发展能力较弱，为了满足这些地区的法律服务需求，需要继续保留由国家出资设立的律师事务所。

三、律师事务所的外部与内部管理

（一）律师事务所接受的外部管理

1. 司法行政管理

国务院司法行政部门即司法部，是主管全国律师工作的职能部门，省、市、县级人民政府的司法厅、局是主管本行政区域律师工作的职能部门，其依照法律、法规和规章的规定对律师事务所实施行政监督和管理。司法行政部门依照《律师法》的规定，对律师、律师事务所和律师协会进行监督、指导。

2. 律师行业协会管理

律师协会是律师及律师事务所进行自我管理的社团性法人组织，是行业自律的机构，有权对律师事务所进行一定程度的管理。根据《中华全国律师协会章程》的规定，律师协会应指导律师事务所的规范化工作；负责对律师和律师事务所的日常管理和登记，受司法行政部门委托进行律师事务所和律师的年检注册工作；处理律师和律师事务所的投诉；调处律师和律师事务所在执业活动中发生的纠纷；组织律师和律师事务所开展对外交流；等等。

（二）律师事务所的内部管理

1. 劳动人事管理

律师事务所作为律师执业的机构，也是律师及工作人员的“家”。因此，无论是合伙人、负责人、普通执业律师，还是律师助理、普通的行政工作人员，都与律师事务所存在着千丝万缕的联系。在律师事务所全员纳入社保体系的情况下，聘用、解聘档案管理、组织关系的确定、薪酬支付等问题都与劳动人事管理有关。

2. 执业流程管理

执业流程管理，包括统一收案、案件讨论、利益冲突审查、请示汇报、归档管理制度等。

3. 财务管理

律师事务所应当依法设立会计科目、会计账簿、会计凭证、会计报表和其他会计资料，而且应当保证其真实、准确、完整，符合会计制度规定。所有的原始凭证、账簿、会计报表等会计资料以及会计印章应当有专人负责保管。

4. 日常事务管理

管理，实质上就是充分利用现有资源谋求既定目标实现的控制过程。作为一个单位，有对顾客（委托人）的接待，有与物业管理的协调，还有对内部人员的工作安排，等等。因此，律师事务所的管理也离不开必要的日常事务管理。在上有司法行政管理部门和律师协会，旁有街道和居委会以及物业管理，内有员工和顾客的情况下，任何一方面的工作协调不到位，都有可能影响律师事务所的发展。

参考案例 1-1

小张经过同学介绍，认识了当地一家律师事务所的合伙人陈律师。据了解，陈律师专科毕业于小张目前所在的司法警官职业学院法律系，他从律师助理做起，并在职完成了自学考试法律本科阶段的学习并获得了法学学士学位，之后通过了国家司法考试，此后又在职攻读了法律硕士学位。陈律师的经历让小张很受鼓舞，小张暗下决心，也要像陈律师那样一步一步奋斗，最终成为律师事务所的合伙人。看了小张的个人简历，陈律师同意小张毕业后到律师事务所来做自己的个人律师助理，但称律师事务所不会和小张签订劳动合同。

按照律师事务所的管理规定，员工无论是作为律师事务所的律师助理，还是某个律师团队或者是某位律师个人的律师助理，都要和律师事务所签订劳动合同，事务所要为其缴纳“五险一金”（即养老保险、医疗保险、失业保险、工伤保险、生育保险和住房公积金），律师助理要接受律师事务所的管理。

四、律师事务所的收费

（一）律师事务所的收费依据

律师的职责是为社会提供法律服务，这种服务一般来说是有偿的。因而，律师收费制度随着律师制度的出现应运而生，并随着社会的发展不断进行调整，以适应律师业发展的需要。

1956 年 7 月司法部颁发了《律师收费暂行办法》，这是新中国第一个有关律师收费的规范性文件。1981 年 12 月 9 日，司法部、财政部公布了《律师收费试行办法》，并附《律师收费标准表》。1990 年 2 月，司法部、财政部、国家物价局联合发布了《律师业务收费管理办法》及《律师业务收费标准》。为了使律师服务收费符合市场经济规律，1997 年 3 月国家计划委员会、司法部发布了《律师服务收费管理暂行办法》，对律师收费制度进行了较大幅度的调整。2000 年 4 月国家发展计划委员会、司法部下发《关于暂由各地制定律师服务收费临时标准的通知》，规定律师服务收费标准暂由各省级价格主管部门会同司法行政部门制定。

2006 年 4 月 13 日，国家发展和改革委员会与司法部联合颁布了《律师服务收费管理办法》（自 2006 年 12 月 1 日起执行）。

（二）律师事务所收费的原则

1. 统一收费原则

律师服务费由律师事务所对外统一收取，并出具正式的收据、服务发票等，严禁律师私自对外收费。

2. 依法收费原则

律师事务所的律师服务收费应当严格遵守国家制定的相关服务价格政策及收费标准。

律师事务所在依法提供下列法律服务时，应按规定标准向委托人收取律师服务费：

(1) 代理民事诉讼案件;(2) 代理行政诉讼案件;(3) 为刑事案件犯罪嫌疑人提供法律咨询、代理申诉和控告、申请取保候审,担任被告人的辩护人或自诉人、被害人的代理人;(4) 代理各类诉讼案件的申诉;(5) 代理仲裁;(6) 担任法律顾问;(7) 提供非诉讼法律服务;(8) 解答有关法律的询问、代写诉讼文书和有关法律事务的其他文书;等等。

3. 特殊减免原则

律师提供法律服务具有一定的社会性和公益性。涉及律师服务费用减免的情形主要有两种:第一,根据《律师法》《法律援助条例》《律师服务收费管理办法》等的相关规定,律师和律师事务所承担法律援助义务,律师办理法律援助案件不向受援人收取任何费用。第二,对于经济确有困难,但不符合法律援助范围的公民,律师事务所可酌情减免其律师服务费。

(三) 律师事务所的收费方式

1. 计件收费

计件收费,是指按照承办业务的件数计算的一种收费方式。

计件收费作为传统的收费方式,收费标准在一般情况下是固定的,较多地适用于解答法律咨询、代写法律文书、办理不涉及财产关系的民事、刑事和行政案件。

2. 计时收费

计时收费,指律师事务所根据律师提供法律服务的时间和相应收费标准进行计价的一种收费方式。

计时收费是西方律师业普遍采用的一种收费方式,能够体现律师服务的工作强度。但在我国,目前只有少数涉外律师事务所采用这种收费方式。

3. 比例收费

比例收费,是指按照律师代理服务中的标的额的一定比例计收律师服务费的一种收费方式。

一般有一个浮动幅度,收费比例随标的金额的增加而分级递减,最后总数相加。这种方式多用于涉及财产关系的法律事务。

4. 风险收费

风险收费,也称胜诉收费,是指将律师的法律服务结果与律师的收费、当事人与律师事务所的利益联系起来的一种收费方式。

这种方式主要适用于民商事诉讼领域,律师收取报酬以胜诉为条件,如果案件取得了胜诉的结果,律师可以从诉讼标的或赔偿金额中提取较高比例的酬金,否则就不收或只收取少量的律师费。例如,律师代理一审、二审直至执行完毕,通常风险代理收费不超过标的额的30%。

5. 协商收费

协商收费,是指由委托人与律师事务所自行协商确定律师服务费的收费方式。

这种收费方式适用于实行市场调节的律师服务收费项目。

(四) 律师事务所收费价格的种类

1. 政府指导价

根据《律师服务收费管理办法》的规定,律师事务所依法提供下列法律服务时实行政府指导价:代理民事诉讼案件;代理行政诉讼案件;代理国家赔偿案件;为刑事案件犯罪嫌疑人提供法律咨询、代理申诉和控告、申请取保候审，担任被告人的辩护人或自诉人、被害人的诉讼代理人；代理各类诉讼案件的申诉。

2. 市场调节价

律师事务所对其提供的其他法律服务的收费，实行市场调节价。

律师事务所与委托人在协商律师服务收费时应当考虑以下主要因素：耗费的工作时间；法律事务的难易程度；委托人的承受能力；律师可能承担的风险和责任；律师的社会信誉和工作水平；等等。

参考案例 1-2

某当事人到律师事务所，希望律师能够为其代理申请法院强制执行。律师助理看了当事人提供的生效的某仲裁委员会的裁决书，了解清楚了相应的情况：裁决书认定被申请人未依照合同约定履行义务，已经构成违约，依照合同约定和法律规定，裁决被申请人须在签收本裁决书之日起10日内一次性向申请人支付货款100万元，支付违约金5万元。至今，已经超过了10日，被申请人仍未履行自己的付款义务。律师提出：拟依照收费规定采取“风险代理”的方式，按执行到位款额的30%收取律师费。当事人对这个规定不了解，认为这个收费比例太高，自己在委托律师代理仲裁阶段也只支付了1万元的代理费而已。

律师助理应当协助律师向当事人解释相关的律师收费规定和标准，并详细解释代理申请强制执行的困难和专业工作内容，而且要解释该30%并非是在签订合同时就要当事人立即支付，而是以执行到位的款额作为计算的依据。在申请人无法提供被执行人相关财产信息的情况下，律师要做大量的工作，而且律师也可能因最终无法执行而得不到费用（这意味着代理过程中支出了的费用无法得到补偿）。诚然，风险代理的收费比例是要比非风险的程序性代理要高一些，但收益与风险并存。如果当事人不能接受风险代理的收费方式，可以考虑选择其他的计费方式。

第三节　律师助理及其职责

一、律师助理的概念

（一）律师助理的概念

律师助理，是指在律师事务所专职从事律师业务辅助性工作的人员。

一般而言，律师助理是法律专业毕业但未取得律师执业证，或者已经取得法律职业资格正在准备申请执业的人员。

不少人讲到律师行业，都不约而同地将视线聚集在律师身上，往往忽略了律师身边的律师助理，更不会关注一位律师助理的成长过程以及其在成长过程中的艰辛。他们处于律师事务所的底层，工作不少，收入不高，前途不明，压力很大。

律师助理的分类没有绝对的标准。可以根据聘请的主体（事务所公共助理、专业团队助理、个人律师助理）或业务（诉讼业务助理、非诉讼业务助理）来划分，也可以根据受薪的方式（固定工资助理、底薪加提成助理、比例提成助理）来划分，还可以根据工作内容（内勤、外勤助理）来划分。

（二）律师助理与实习律师的区别

律师助理与实习律师是根据完全不同的两个标准划分出来的职业状态。

实习律师，指的是通过法律职业考试之后，向律师协会申请了律师实习之后的身份状态。实习律师实习期满，符合条件的可以申请执业，获得执业证书的，方可称为律师。而律师助理，指的是协助律师做一些与案件有关的辅助性工作的职业状态。

实习律师可以是律师助理，也不一定是律师助理。实习律师不一定全职在律师事务所工作，尤其是申请兼职执业的实习律师，并不会天天到律师事务所上班；律师助理通常除外勤工作外还要在事务所坐班。诚然，也有实习律师甚至是执业律师做律师助理的，但这毕竟是例外。

如果没有取得法律职业资格证，无论如何都不可能通过律师助理的工作而被提升为实习律师或转为律师。

二、律师助理的任职条件

律师助理的任职条件，因招聘者要求和工作需要而不同。总体上要求应聘者初步掌握法律基础知识，了解律师各项业务的内容及工作程序，能完成律师业务中的各项辅助性工作。通常，律师事务所或者律师在招聘助理时，都会关注以下几个方面：

（一）专业水平

“隔行如隔山”，律师执业涉及法律专业的问题，非法学专业的人员既不理解专有术语，也不了解相关的法条以及法律制度，难以协助律师开展业务。因此，不少律师事务所招聘律师助理时都要求其获得法律职业资格证，或者最起码是法学专业毕业的，还有的会关注应聘者在校期间相关科目的学习成绩。但是，切莫在一位老成、稳健的律师面前吹嘘自己法理学、民法、刑法、行政法、商法等课程学得多么好，甚至得了 90 分以上，总成绩排在全班的前几位，在他（她）的面前，你还只是一个未入行的门外汉。在非经自己专门研究并取得一定成果的方面，千万不要信口开河。在实务方面，律师随便提出一两个专业问题，足以让你下不来台。与其这样彰显自己，还不如实实在在地结合招聘的工作岗位，讲一点自己知道并有所感悟的东西来得实在。表达出你的知识积累能够胜任日常的工作，就足够了。

（二）工作态度

水平是可以逐渐提升的，但是一个人的工作态度则在一定时间内直接决定着工作的结果。对工作是认真负责还是马虎大意，对结果是精益求精还是敷衍了事，直接决定你是否被录用。什么是优秀？将日常工作做到极致就是优秀。什么是不平凡？正如海尔的总裁张瑞敏所言，“把每一件简单的事做好就是不简单，把每一件平凡的事做好就是不平凡”。因此，平凡的人做着平凡的事，只要坚持将平凡的事做好就会有不平凡的未来。

成功者找方法，失败者找理由。在微信、微博盛传这样的一段文字：

> “这件事我负责”，后来，他成了领导；“这件事我顶着”，后来，他成了团队的顶梁柱；“这件事我来做”，结果他成了领导最信任的人；“这件事我不会”，结果，他一直是最底层的员工；“这件事怪我吗”，结果，他成了被淘汰者。

（三）团队合作

作为律师助理，除了工作还要和人打交道，不仅要和“师父”打交道，还要和本律师事务所的其他助理、其他律师打交道。谁都知道“一颗老鼠屎坏了一锅汤”的道理。因此，不要单纯地认为律师事务所只是在招聘“能干事”的人，他们更看重的是既“能干事”还“能共事”的人。

（四）智商和情商

从事律师业务会不同程度地接触到各种各样的纠纷。处在尚未得到有效解决的纠纷之中的人，往往带有一定的偏激情绪。因此，律师和律师助理在接待当事人以及和相关机关、相关人员处理专业性问题的时候，不仅要绞尽脑汁地搜寻可用的专业知识，还要有随时应付各种各样突发事件的心理准备。智商和情商，一样都不能少。

（五）工作经验

任何一位律师都希望自己能招聘到一个有工作经验的得力助手，或者通过短时间的训练能很快上手的助手。

工作经历不等同于工作经验。工作经历讲的是表面上的曾经在何处做过类似工作的经过和历程；工作经验则强调的是对某项工作的了解和熟悉的程度。应届毕业生大都没有实际的工作经验，但在介绍自己的时候往往特别强调自己曾经在哪个律师事务所实习过多长时间。与其这样介绍，倒不如详细地说一说自己在那个律师事务所实习期间亲自办理过哪些具体的实际事务，有哪些感想或者值得改进的地方，这样更容易得到招聘律师的认同。

曾经在某律师事务所担任过律师助理而跳槽，表面上看是有工作经验。但是，如果处理不好，则会起到相反的作用。

三、律师助理的工作职责

（一）收发、接待等日常工作

作为律师助理，在日常中工作往往扮演了一个“跑腿”的角色。因此，各种端茶送水、迎来送往、复印各种案卷材料、处理收发文件资料以及外出跑腿送材料等类似“打杂”的工作就成了常态。但是，“处处留心皆学问”，只要留心，主动地阅读相关材料，了解所里律师的办案流程、跟进案件的动态，就必定能有所收获。

（二）整理卷宗

每个案卷材料都必须按照当地律师协会和事务所的标准进行整理归卷，这项工作十分烦琐，一般交由律师助理来完成。稍复杂一点的案件，涉及的证据材料、法院各项程序性的文件和通知书、原被告双方诉状就一大堆，将厚厚一堆材料细心地按照诉讼顺序和文书类型完成归卷，不仅需要体力，还需要十足的耐心来加以鉴别、查漏补缺，重新排序，最后装订，甚至要提前阅读和熟悉相关的案件材料才能做得好。要知道，案卷材料就是最好的无声老师，有的甚至比一般的大学教材更值得研读和学习。

参考案例1-3

暑假期间，小张在某律师事务所实习。其“师父”（陈律师）先是安排小张整理装订案件的卷宗，之后又安排其在前台负责接待工作，空闲时也帮助其他的律师助理复印一些案件资料，当然也有小张最喜欢的工作——参加疑难案件的讨论会议并做记录。小张对陈律师的安排甚是不满，认为自己是一个法律专业学生，今后要做律师助理，“师父”应该带领自己会见当事人、承担办理案件的具体事务，而现在做的全都是初中生就能干的活。

因此，小张在接待客户时漫不经心。一天，一位客户来见陈律师，恰巧陈律师去开庭，小张就随意地将客户留下的资料放在了前台的桌上。第二天，陈律师问小张要客户留下的资料，小张找不到，陈律师就大声训斥他："你到底是怎么做事情的？现在马上去找回来！"搞得小张灰头土脸的。后来，小张在办公室主任那里找到了资料。办公室主任语重心长地对小张说："下班时我见到一个档案袋放在前台的桌上，我就收起来放进了档案柜，没想到是你放在那里的。今后要注意一点哦。虽然你现在还是学生，但这里是单位，做事要用点心，从小事做起。而且，在单位不像在学校，没有人告诉你现在开始教你知识了，处处都要你自己留心学习才好呢"。

（三）排版校对

律师出具的诉状、答辩状、辩护词、代理词、律师函、草拟的备忘录、合同等，一般不会交由一个刚上手的律师助理来处理，而是会让律师助理对相关文书的格式、错字、别字进行校对与排版。

每份法律文书都要对外，其无疑是律师事务所和律师的门面，排版和文字上出现任何低级的错误都会直接影响客户对律师事务所和律师专业性的认可度。任何的格式错误或者错别字的出现，大都不是水平问题，而是缺乏责任心和不够细心。

律师助理并非实习律师，并非律师的徒弟。即使是律师带徒弟，也有多种带法。有时候师父可能直接讲你要注意什么，此时你明确知道师父是在教你。但是，更多的时候，需要你自己去领悟。律师每一份或者每次修改的法律文书的不同，你在校对过程中能够体会到其改进的理由及背后的原因，并从中学到相关的知识，这也是一种教法。在领悟中学习，才是学习的最高境界。

（四）法律检索与法律研究

案件的办理，必须遵循"以事实为根据，以法律为准绳"的原则。律师每接到一个案件，主要从两个方面来展开工作：一是查清事实，二是寻找可用之法条。事实问题一般由办案律师和客户进行沟通、调查；而初级的法律检索和法律研究工作一般就交由律师助理和实习律师来承担。

参考案例 1-4

关于许霆案①争议的焦点，无非就是正确界定"盗窃"以及盗窃罪构成的理论问题。由于柜员机故障，许霆将借记卡插入银行的柜员机时，在仅有174元余额的情况下，第一次许霆误按按键，输入了1 000元的取款额，本不应出钱，但柜员机却"吐"出了1 000元，此后经过验证又"吐"出了钱。许霆查询后发现每取款1 000元，交易记录上余额只少1元。最终，许霆用余额只有174元的工资卡取出了17万元。显然，许霆在柜员机上的操作与传统的"秘密窃取"的盗窃在行为样态上是有区别的。所以，许霆在柜员机上的操作行为是否可与传统的"秘密窃取"等同而论就是案件的争论所在。

事实查清楚了，可用之法条找到了，案件的结果自然就出来了。

上述的四项工作，律师一般不会主动对助理加以指导，而是以布置任务的方式下达。

（五）制作证据清单

对案件材料和证据进行筛选和梳理后，制作成证据清单，或针对被告（包括仲裁的申

① 陈兴良．许霆案案例分析之我见．人民法院报，2008-04-01.

请人以及反诉的原告）的反诉，制作成答辩的证据清单。

法院和仲裁机构都有表格式的证据清单，填写相应的栏目并不难，关键在于如何排序以及填写“证明事项”来突出证据与案件事实的关联性。

（六）电话咨询

对案件的相关问题，需要打电话向法院、工商、银行等部门了解程序性进度或者实质性问题。

（七）初步草拟文书

诉状、代理词、辩护词、律师函等法律文书的初拟，可参考其他类型相似案件已经定稿的格式，结合案件实际情况草拟。在草拟前必须认真领会律师的真实意图和想法，对不懂或者把握不够好的地方，应当事先请示，草拟的初稿若有不放心的地方还要及时提醒律师，切勿将“带病”的文书交给律师。得到律师肯定而最终确定的成稿，要和自己草拟的初稿、与其他的成稿比对，结合案件的办理结果进行研读，以进一步总结经验教训。

（八）庭前模拟（会诊）

对于重大复杂的疑难案件，根据事务所或者合伙人的安排，会进行庭前模拟。律师助理在时间、场所、参加人员的安排、资料准备、预通知和最后确定等各方面都要做好充分的准备；在模拟阶段，还要做好全面的记录。会后，要及时整理出案件的争议焦点、案件办理的基本思路、对方有可能会用的抗辩理由、其他注意事项等的文字资料交给律师。

第四节　律师在法律职业共同体中的地位与作用

一、法律职业共同体的概念

法律职业共同体，是指以法官、检察官、律师、法学家为核心的法律职业人员所组成的特殊的社会群体。

法律职业共同体的概念，源于美国科学史家和科学哲学家托马斯·库恩（Thomas Kuhn）1962年出版的《科学革命的结构》一书，书中提出了“科学共同体”的定义。后来，德国著名学者马克斯·韦伯（Max Weber）称法律职业为一个“法律职业共同体”。

2001年，强世功在《中外法学》发表了《法律共同体宣言》，提出了“法律共同体”的概念。他在这篇文章中动情地写道：“无论是最高法院的大法官还是乡村的司法调解员，无论是满世界飞来飞去的大律师还是不知名的地方检察官，无论是学富五车的知名教授还是啃着馒头咸菜在租来的民房里复习考研的法律学子，他们构成了一个无形的法律共同体。共同的知识、共同的语言、共同的思维、共同的理想，使得这些受过法律教育的法律人构成了一个独立的共同体：一个职业共同体、一个知识共同体、一个精神共同体！”

二、法律职业共同体的特质

（一）知识共同

法律职业共同体的成员，必须经过专门的法律教育和职业训练，具有统一的法律知识背景、模式化的思维方式、共同的法律语言。

（二）职业共同

他们都是以从事法律事务为本，有着共同的职业利益和从业范围，并从不同的角度来维护职业共同利益。

（三）伦理共同

在长期参与和投入法治事业的过程中，他们达成了职业伦理上的共识，形成了在精神上高度统一的信仰共同体。

（四）公共服务共同

法律职业在各自的执业范围内，彰显公共服务的精神。

三、律师在法律职业共同体中的作用

无论是法律实务方面的法官、检察官还是律师，又或者是从事理论研究和教学的法学教授，他们都有一个共同的目标——实现公平正义。正是为了实现这一根本目的，才从制度层面设计出了链条上的若干环，而任何一环都无法独立实现公正，只有这些环连接起来才能实现公正。

法律职业共同体是推进法治中国建设的主体和重要力量，为维护司法公正和社会公平正义肩负特殊的历史使命。因此，在社会主义法治建设的过程中，警察、检察官、法官、律师、法学家缺一不可。

2004 年，最高人民法院和司法部就联合下发了《关于规范法官和律师相互关系维护司法公正的若干规定》，这是第一个以律师与法官的相互关系作为直接调整对象的规范性文件，此举被认为是法院系统首次建立法律职业共同体的政策性尝试。2013 年 9 月，广东省佛山市法官协会、检察官协会、律师协会及法学家代表齐聚佛山市中级人民法院，共同签署了《佛山法律职业共同体一致行动纲领》。

依法保障律师执业权利，是落实党的十八届四中全会《中共中央关于全面推进依法治国若干重大问题的决定》的重要内容，也是一个国家法治文明的重要标志。为此，2015 年 9 月 16 日，最高人民法院、最高人民检察院、公安部、国家安全部、司法部印发了《关于依法保障律师执业权利的规定》。该规定提出，应当尊重律师，健全律师执业权利保障制度，依照刑事诉讼法、民事诉讼法、行政诉讼法及律师法的规定，在各自职责范围内依法保障律师的知情权、申请权、申诉权，以及会见、阅卷、收集证据和发问、质证、辩论等方面的执业权利，不得阻碍律师依法履行辩护、代理职责，不得侵害律师合法权利。

英美法系国家的司法官一般按照“经验”“精英”“年长”原则从律师中遴选。而大陆法系的国家，大多由行政机关任命产生法官，但对任命又设有相应的限制（必须符合法定的任职资格、由其他机构提出人选或征得其他机关的同意）。

2016 年 3 月 22 日，中央全面深化改革领导小组审议了《关于从律师和法学专家中公开选拔立法工作者、法官、检察官办法》，该办法由中共中央办公厅印发，于 2016 年 6 月 2 日开始实施。

无论是在维护私权利还是在制衡公权力方面，律师都彰显出独特的作用。

【引例评析】

小张要成为律师助理并最后能够作为律师执业，就必须了解律师助理的工作职责以及开展律师执业的具体要求。毕业后进入律师事务所作为律师助理积累工作经验，并不断提升自己，获得法律职业资格证书之后就可以依照程序申请实习，最终就有可能得到律师执业证并开展执业活动。因此，要理论结合实际，认真学习，并对应相关的条件来不断充实自己。

【练习题】

一、概念

律师；律师事务所；律师助理；法律职业共同体

二、简答题

1. 律师是怎样的一个职业？如何取得律师执业资格？
2. 律师事务所有哪些方面的内部管理工作？
3. 律师助理的工作职责是什么？
4. 律师在法律职业共同体中起到什么作用？

【模拟实训】

应聘律师助理

一、模拟场景

某律师事务所拟从某高职高专法律事务专业的应届毕业生中招聘2名律师助理。由3名律师担任面试官，他们采用收简历、单独面试、群体面试的方式进行招聘。

二、题目（模拟的考官可灵活机动处理，也可选择本章其他方面主要内容出题）

1. 单独面试必答题（方案一：背靠背的单独面试。应试者回答问题时其他应试者不能在场，回答后不能相互询问了解提问的问题和答案。方案二：每位应试者在场分别抽取一道不同的题目，准备三分钟后发言，其他应试者也可插话）：（1）请谈谈你对律师和律师事务所的了解。（2）你认为一名合格的律师助理应当具备哪些基本的条件？（3）你所理解的律师助理的工作职责有哪些？

2. 群体面试题：（1）请从多角度分析评论“律师不过是收人钱财替人消灾的诡辩者”的观点。（2）如何看待律师在“法律职业共同体”中的地位与作用？

第二章　律师的客户管理

【本章引例】

小张在某律师事务所跟随陈律师实习的第二天，陈律师就吩咐小张："小张，后天你和我一起去见一个房地产公司的董事长，商谈常年法律顾问的事情，你好好准备一下。这是我为你准备的基本资料，不懂的话你向小黄请教一下。明天我要考考你，看看你的准备工作做得怎么样。"小张是第一次到事务所实习，对律师见客户谈常年法律顾问业务需要准备什么，完全不懂。于是，他就拿着资料去找另一位律师助理小黄，向他请教。

【学习的目的与要求】

了解客户在律师业务开展方面的重要作用，掌握对客户提出的诉求的处理方式，掌握会见客户的相关准备工作、与客户会谈的要求、客户关系管理的日常工作方式。要求课前课后结合秘书学、客户管理等方面的内容拓展知识面，逐步培养客户关系管理的基本能力。

【重点问题】

- 客户在律师业务中的地位
- 对客户不合法诉求的处理
- 会见客户的准备工作
- 与客户会谈的基本要求
- 客户关系管理的基本内容

第一节　客户在律师业务中的地位

一、客户

（一）客户的概念

客户，又称顾客，是指可以用金钱或某种有价值的物品来换取财产、服务、产品或某种创意的自然人或组织。

客户这个称谓，多用于商业领域，专指那些商业服务或产品的采购者，他们可能是最终的消费者，也可能是代理人或供应链内的中间人。

律师实务中的客户，是指向律师事务所付费而委托（聘请）律师办理法律事务的人（包括了自然人、法人和非法人组织）。

（二）与客户有关的概念

1. 当事人

当事人，有狭义和广义之分。

（1）狭义的当事人。狭义的当事人，是指民事诉讼中以自己的名义要求人民法院保护民事权利或者法律关系、受人民法院裁判约束的起诉方（原告）和被诉方（被告）以及第三人。

（2）广义的当事人。广义的当事人，既包括了诉讼（包括民事诉讼、刑事诉讼、行政诉讼）程序上的原告、被告和第三人，还包括在某个法律关系当中享有权利、承担义务的主体。

在律师领域，不少律师为了将律师与一般的商品和服务提供者加以区别，不使用“客户”这一称呼，而是直接使用“当事人”这一称呼。例如，律师在向本所值班人员报备时说：“我明天要乘坐某某航班到某某地出差约见一位当事人。”此时，律师所说的当事人，就是律师业务的客户。因此，律师业务活动中所说的当事人，包括律师业务的客户、在法律关系中的主体以及诉讼活动中的当事人。在日常法律服务中，有时“客户”和“当事人”是混用的。

2. 客户代表

客户代表，是代表客户与律师商谈的人。客户，既可能是法律关系中的主体、程序中的当事人（比如合同中的卖方，在对方起诉后其作为被告），也可能既非法律关系的主体亦非当事人而只是委托人（比如到律师事务所为其儿子聘请律师以提供法律帮助的某刑事案件犯罪嫌疑人的母亲）。

作为一个法人单位，无论是法定代表人还是法定代表人的授权委托代理人，在委托律师开展业务前的商谈时，都是客户代表。

3. 委托人

委托人，是指委托他人为自己办理事务的人。通常，在律师执业活动中与律师事务所签订委托代理合同的人就是委托人，代理律师就是律师事务所指派的代理人。

二、客户的地位

（一）客户的主导性及合作性

1. 主导性

没有客户需求就没有律师业务。在法律服务中，客户是需方，律师事务所是供方。从供求关系的角度分析，需方是否聘请律师、何时聘请、聘请什么样的律师、可承受的代理费是多少等，均处于主导地位。

2. 合作性

客户需要律师代理处理相应的法律事务，但是由于法律事务的专业性，无论是诉请、抗辩还是具体的日常法律事务的处理，都需要律师发挥主观能动性并具有临时处置能力。客户在专业上对律师具有依赖性，这种依赖来自专业和信任（委托）。因此，律师在开展业务的时候，应当站在客户的立场考虑问题并依法维护其合法权益，这就需要全面了解相关的事实和收集证据，客户往往是能够积极配合的。客户的权益得到了维护、律师事务所依法收取代理费、律师得到了应有的薪酬，这种多赢的成果就是合作所带来。

（二）客户的资产性

律师提供法律服务，短期来看是为了获得报酬，长远来看是为了拥有更多的客户资源。任何一位执业律师都知道，在从律师助理到实习律师再到执业律师乃至到律师事务所合伙人甚至高级合伙人的过程中，最难忘的莫过于刚入行时的艰辛，其中最艰辛的莫过于没有客户。在律师行业曾有“三年不开张、开张吃三年”的说法。“三年不开张”是很长一段时间里没有接到大案及稳定客源的真实写照；“开张吃三年”是对未来能够立足律师行业接到大案并拥有相对数量稳定客源的期盼。由于客户需要自己开拓，而且客户需求不可预知，因此在手里没有客户资源的情况下，你可能面临苦等一个月、半年甚至一年都没有客户上门而且也开拓不到客户的情况，面临究竟是坚持死等还是转行的尴尬局面，那种坐吃山空的滋味足以令人不寒而栗。

刚入行的律师通常前几年（三到五年）的时间是最难熬的，这段经历是一个人脉（客户）资源积聚和经验积累的必经过程。

客户与收费是什么关系？律师如何看待客户资源？如果将客户仅仅看作是律师业务开展的收费来源，那么就像无本之木、涸泽而渔那样，律师的日子会一天不如一天；只有秉持“予人玫瑰，手有余香”的理念，才会像植树造林、蓄水养鱼那样，有可持续的发展前景。

（三）客户的对立性

客户与律师的关系十分复杂和微妙。“客户是律师的衣食父母”“客户是律师的挣钱工具”“客户是律师最后的一个被告”等，不同的人对客户与律师关系的认识都有可能不同。表面上看，律师代理客户处理法律事务，对外的利益是一致的；但从内部关系具体分析，律师与客户之间也还有利益冲突，最明显的是关于律师代理业务开展得好坏、律师代理费是否依约支付两个方面的纷争。

“收人钱财替人消灾”是对律师执业活动的一种片面的理解。收取律师代理费是依法依规的行为，诚然可以放入商业领域考量。但是，律师事务活动有程序性和实体性两个方面，程序性代理维护了当事人的程序性权利，未必能够达成当事人的实体愿望（如刑事案件中的无罪宣告、减刑等）。如果当事人或者委托人（客户）不了解相应的律师业务所能达到的结果，律师又未在事前做出充分有效的说明，往往容易引发客户的投诉甚至拒绝支付后期律师费的现象。

三、律师与客户的关系

（一）以满足客户需求为目标的供给侧结构性改革

1. 供给侧结构性改革的含义

2016 年 3 月 5 日，在国务院的政府工作报告中出现了“供给侧结构性改革”的提法。究竟什么是供给侧结构性改革？律师业务开展过程中是否存在着供给侧结构性改革的需要

（或者说供给侧结构性改革对律师业务的开展有什么影响）？

供给侧结构性改革，是指用改革的办法来推进结构性的调整，从而减少无效和低端供给，扩大有效和中高端供给，增强供给结构对需求变化的适应性和灵活性，提高全要素生产率，使供给体系更好地适应需求结构变化的一个改革过程。

供给侧结构性改革，旨在调整经济结构，使要素实现最优配置，提升经济增长的质量和数量。需求侧改革主要有投资、消费、出口“三驾马车”；供给侧则有劳动力、土地、资本、制度创造、创新等要素。

2. 律师行业的供给侧结构性改革

党的十八届三中全会已经指出，全面深化改革是经济、政治、社会、文化、生态五位一体的改革。公平正义既是一种社会理想，也是司法活动的首要价值追求和终极目标。律师要做当事人合法权益的维护者、社会公平正义的保障者、国家治理现代化的推动者、经济社会发展的服务者、全方位对外开放的促进者，就必须改善律师的正义供给，这就需要改革律师管理体制、强化律师责任、确保程序正义、深化律师公信、提升律师的维权能力。

中国的律师行业发展到现在已经取得了巨大的成就，但是在供需方面也存在较多的问题。例如，律师事务供给不足与过剩并存，人才短缺与过剩并存，服务项目同质化现象严重，法律服务形式单一、缺乏创新，管理落后等。

客观上，在非诉讼领域（如项目可行性研究、法律风险的防范等）存在着大量的律师业务需求，“一带一路”建设也促使律师业务向境外延伸。如何立足于律师和管理人员的素质提升、服务质量提升，推动法律服务方式的改革，如何顺应互联网发展的潮流，推出新型法律服务以满足社会需要，都是值得认真思考的问题。可见，社会上存在着巨大的法律服务市场需求，很多需求尚未被有效地开发出来，原因不在于需求一侧，而是有效供给这一侧的严重不足。

律师行业的供给侧结构性改革的最终要求，就是每个律师事务所和每位律师都要努力将有效供给的“蛋糕”做大，而不是急于从别人已经做好了的“蛋糕”中去尽可能多地切割到属于自己的那一块。

（二）培养客户需求

如果法律服务仅仅是被动的，那么客户需要什么，似乎是客户端的问题。而一个新的法律制度的建立（如《劳动合同法》《物权法》的颁布）往往促成了一个新的法律服务领域的出现和扩展。新的社会现象的出现（如网络游戏、“互联网＋”），也呼唤新的法律服务的跟进。

律师应当对社会新出现的现象和新制度的建设有足够的敏感度，对于传统业务的拓展表现出应有的积极主动性。培养客户需求，并非是鼓动客户“无事生非”或“有枣无枣打三杆”的乱诉，而是要立足于客户发展的需要，提供有效的法律服务。例如，作为一个公司的常年法律顾问，不仅要依据律师法、公司法及委托代理合同的约定来开展法律服务，还要提醒公司关注新出现的社会问题、公司新拓展业务的法律风险防范和保障的问题，为新增的需求提供有效的法律服务供给。

（三）引导客户诉求

1. 对客户合法、合理诉求的支持和帮助

“事实＋法律＝当事人的诉求”，这是一个基本的认知公式。也就是说，当事人的诉求应有事实依据和法律的支持。“受人之托，忠人之事”，律师所提供的法律服务要达到接受委托时承诺的大致目标，律师自己首先要对这个预期的结果充满信心，而信心是来自对事实的认知和对法律的正确运用。

对客户的诉求是否合法、切合实际，律师自己应当有清醒的认识。对合法、切合实际的合理诉求，在“以事实为根据，以法律为准绳”的原则下，坚持并为之而争取，此自不待言。

2. 对客户合法但不合理的诉求的引导

客户提出的某些需求是合法的，但因客观事实的影响而未必能够实现，此时要加以引导。

参考案例2-1

某房地产买卖合同纠纷案的买方，在合同签订后履行了付款义务，但卖方却将涉案房屋另行出售给了善意的案外第三人并办理了过户手续，买方要求卖方继续履行合同。作为律师，要充分考虑到否决卖方与案外第三人买卖关系的可能性。

在事实履行不能的前提下，再提出继续履行登记过户手续已经不可能，如何转变为指控对方“一房两卖”而要求解除合同并赔偿损失就成为关键。如果在合同中当事人既约定了定金（已实际交付），又约定了违约金条款。对方违约时，依照合同法的规定可选择定金罚则或者放弃定金罚则而选用违约金条款追究对方的违约责任。但是，客户不了解单罚制度，往往要求“双罚”。此时，律师就要从法理、法条到司法实践向客户做出解释，并帮助客户选择确定对己方最有利的诉求。

当事人不懂法律，在日常生活和工作中处理相关事务时可能在形式和内容上都难免会存在着法律上的瑕疵乃至错误。所以律师在接受咨询或委托时，不应鼓励当事人坚持自己的错误，而应根据事实和法律结合案情分析他们的诉求，打消客户不切实际的想法，从而在今后的生活和工作中不断完善自我、避免同类错误的出现。

在具体的法律服务中，通过讲事实、用法条、摆道理，运用经验、技能、技巧尽最大的努力帮助当事人修正维权的初衷，是律师与当事人共同成长的过程。

在开展律师业务时，尤其是对某些诉讼案件，极个别的律师明知当事人的要求和想法不现实，甚至根本不可能胜诉，但是为了能接到案件，却不惜说假话、夸海口，判决结果出来后又以各种理由为自己开脱。此类做法实不可取。

3. 打消客户不合法的诉求

一位律师的成功，可以用很多标准予以衡量。但是，以下三个方面仍不失为成功律师的标志：一是稳定的客户。即拥有相对稳定并数量有所增加的客户群。客户拥有量是一个表面的数据，其背后反映出的是律师在客户心目中的认同度、服务质量的问题。二是明确的焦点。一个案件或者一项法律服务在手里，能不能准确地归结并把握住争议焦点（焦点问题）是能否成功维护当事人权益的关键。极个别律师庭前对案件缺乏研究，庭审时无法准确把握纷争焦点，说起话来离题万里，甚至到了法官归结出争议焦点后的辩论阶段，其代理意见仍不知所云。如果所讲的不是解决问题的关键所在，即使讲得头头是道，别人也觉得没有意义，更无助于问题的解决。三是合理的预判。一位久经沙场的律师基于事实认定和法律适用往往会有“直觉”，这种直觉实际上就是一个客观、合理的结果预判（案件的处理结果大致能够达到何种程度）。

对于客户不合法、不切合实际的诉求，应当分析、解释并努力促使其改变看法。如果为了接到案件而无原则地迁就客户，那么这种不切实际的诉求就会助长不正之风，而不正之风又会滋生更多的不切实际的诉求的提出。

参考案例 2－2

某天，一位当事人到律师事务所嚷嚷着要聘请律师，称只要律师能够帮其解决问题，出多少钱都不在乎。值班律师详细了解了具体的情况。原来，该当事人曾经向银行申请了200万元贷款，上个月已经到期，但是由于其资金周转出现问题而无法偿还向银行贷款的本息，于是银行到法院对其提起了诉讼。当事人还说他知道有一位朋友就是欠了银行的钱，最后找律师打官司，法院判决驳回了银行的诉讼请求，最后官司赢了一分钱都不用还。该当事人手里拿着法院送达的《民事起诉状》，声称只要律师能像他朋友的那个案子一样帮他打赢（拒绝还本付息）该案，他不在乎给多少钱的律师费。

值班律师详细了解了案情后，告知当事人，如果现在因资金周转无法偿还银行的贷款本息，可以和银行商谈以其他的方式解决，例如提供抵押向其他银行借款用于偿还本案的本息，或者通过变卖资产又或者通过其他的方式筹措资金，还可以考虑以与原告签订补充协议的方式延长还款时间。总而言之，解决问题的方式方法有很多，而不是单纯地拒绝还款。律师劝他尽早打消拒绝还款的念头。如果有需要，律师可为其提供法律服务，包括但不限于受托参加庭审以及庭外和解商谈等。

有两类人可能会给社会带来灾难性的后果：一类是无良的“专业人士”，另一类是无知的“执着者”。前者为了一己私利而歪曲事实，通过混淆视听的方式引导别人走向错误的道路从而达到不可告人的目的；后者坚信自己的所谓“信仰”，在错误的道路上越走越远而不可救药，最终沦为了前者利用的工具。因此，作为法律行业的专业人士，律师必须有德；作为一个向社会提供专业服务的人士，律师应该有才。德，可以使前进有正确的方向；才，可以让头脑有清醒的认识。

一位明智的律师，应当客观地对待当事人的各种诉求；一个讲道理的当事人，应当能够接受律师中肯的意见和方案。如果经过耐心细致的分析、说服，当事人还是坚持不合法、不切合实际的诉求，那律师应当果断地拒绝其委托。

第二节 会见客户的准备工作

一、事先了解大致的内容

（一）聚会性见面

人们往往有一些定期或者不定期的私人或公共性聚会，又或者是公私兼顾性聚会。聚集在一起的目的无非是要商讨一个共同的话题或者联络感情。

通常，私人聚会不会太过正规，大家聚集在一起谈论一些话题或者开展一些活动，只要参加者在这一段时间有收获，即视为达到了聚会的目的。因此，参加此类聚会，无须做专业性的准备。如果在聚会中有机会向参加聚会的其他人介绍律师业务的知识，临场发挥就可以了。

（二）专项事务见面

专项事务见面，是带着特定目的和为商讨事项进行的见面。因此，在见面前应该尽可能多地了解对方的大致需求尤其是事件的性质、类别（如合伙纠纷、合同产品质量纠纷、婚姻家庭纠纷、继承纠纷等）。

二、会见场所的安排

（一）事务所约见

约定在律师事务所商谈，应当与客户确定好具体的时间，尤其是对第一次到律师事务所的客户，应告知其律师事务所的具体地址和行进路线、车辆停放的场所等信息。

会见前，应准备好会见场所以及必要的设备。

（二）外出拜访会见

如果约定上门拜访，则需要了解客户约见的具体地点和行进路线、往返车辆安排。在出行前再次确定行程以及客户的日程安排，而且要准备好律师事务所有关的介绍材料。

三、设置日程和提醒

（一）日程安排

律师通常忙于自己的专业事务，日常的事务管理往往要律师助理来协助处理。因此，助理不仅要知道自己每天的工作安排和内容，还要熟悉律师的日程。出发前和接待前，必须做好有效的日程安排。无论是根据约定日期还是根据事件性质、重要程度，每一件工作都要纳入日程安排的管理之中。每一天的具体工作，都要记录在工作日记当中。

（二）日程提醒

律师助理在每天下班前要提醒律师次日重要的日程安排，每天上班见面时也要提醒其当天和近期的重要日程安排。出发前和接待前，要提醒律师和客户；尤其是在法定节假日之后上班第一天的拜访和接访，均必须在放假前落实好。

（三）行程指引

出访前要了解清楚目的地、路线，明确集合（会面）的时间和地点；接访的要告知对方接访地点、行程指引和注意事项。

第三节　与客户谈话的要求及技巧

一、与客户会谈的宗旨

（一）了解客户需求

要为客户提供专业的法律服务，首先必须全面了解客户的需求。只有了解和把握客户的真正需求，才可能提供有效的服务。

通常，倾听和提问题是最直接、最简单有效的了解客户需求的方式。通过提问可以准确有效地了解客户的真正需求，为客户提供他们所需要的服务。在激烈的竞争中，律师不仅要讲究专业技能，还要讲究营销策略，有效的营销是发挥专业技能的前提和基础。因此，从这个角度分析，营销是发现需求、满足需求的过程。我们无法想象律师在一个要委托他打官司的客户面前不断地推销常年法律顾问的业务会有什么效果。

（二）恰当彰显自我

在双向选择的情况下，要获得客户的委托，前提是得到客户的信任，信任来自认识、认同。如何介绍自己并取得客户的认同和委托，是开展业务的基础。胜败乃兵家常事，赢输是相对的，而且不同的案件有不同的影响因素。那种吹嘘自己“自己办过的案子从未输过”的律师，未必能赢得客户的好感，甚至会让客户质疑其“是否从未开张”或者“只办理了一起案件”。

是否拥有过硬的专业素养并能对客户委托的事项恪尽职守、尽心尽力，能否坚守“受人之托、忠人之事”的理念才是客户最关心的问题。除了个人的能力外，律师事务所的良好口碑、团队合作水平，才是客户最关心的。

（三）有效服务引导

客户碰到问题，希望通过咨询、了解、求助，最终在律师的帮助下解决问题。因此，在了解客户需求的情况下，要对客户做正确的服务引导，分析其需求能否实现以及实现的具体路径和方法。

课堂讨论

常言道“到什么山头唱什么歌”，要在对的时间做对的事，针对不同的客户要运用不同的表达方式，目的只有一个——能够实现有效的沟通。一个有基本法律知识的人和一个毫无法律知识的人，他们对法律制度、法条的理解并不一样，因此你的专业解答也必须因人而异。

对客户可以进行怎样的分类？如何根据不同客户的不同需求开展会谈？

二、与客户会谈的基本要求

（一）尊重事实

“以事实为根据，以法律为准绳”不仅是司法机关处理案件的标准，也是律师开展业务的基本要求。因此，了解案件的全部事实，争取还原案件的客观事实，是首先要解决的问题。如果对事实不了解，就无法做出有效的价值判断和路径选择，所采取的具体方法也难以奏效。对一些模糊不清的问题，要收集相关的证据加以分析，辨明哪些证据能够证明哪些法律事实的存在。对事实有了全面的了解之后，就要进一步分析事实经过中哪些对客户是有利的，哪些是不利的。最后才是适用法律得出结果的问题。

当事人往往会有选择地向律师介绍事实经过，容易忽略甚至回避对自己不利的信息，而不断地放大对自己有利的信息。对于事件中的疑问，要求客户能够原原本本地将事实真相讲出来，无论有利还是不利，只有对事实真相有了了解，才能有效地采取相应的应对措施。要知道，风过留痕，只要审理者认真履行职责，查清事实是完全有可能的。因此，枉顾事实、歪曲事实甚至鼓动做伪证，不但不能有效地满足客户的合理需求，甚至还会因触犯法律而使自己陷入难堪的境地。

（二）依据法律

对纷争的处理必须依据相关的法律规定，不得与法律规定相违背。对于不同的情形，法律做出了不同的规定。如何正确理解和适用法律，是律师专业水平的试金石。

律师业务，既要符合法律、法规、规章关于实施机关、实施条件、幅度等实体内容的规定，做到实体合法；又要符合法律、法规、规章规定的程序，遵循法律、法规、规章规定的具体步骤、方式、时间和顺序，做到程序合法。

司法机关根据现实社会发展，针对不同情况所做的司法解释和颁布的相关指导性案例，都值得我们认真学习。

参考案例 2-3

甲某作为100万元款项的出借人，为了保障自己到期债权能够实现，其希望借款人能够提供一处房产作为抵押，在到期不能还款的时候按照借款的本息为对价获得该抵押房产。经了解，法律有禁止流质抵押①的规定。为了规避流质抵押的禁止性规定，在签订借贷合同的同时，出借人与借款人签订了一份附条件买卖合同，在借款人到期未能偿还借款本息的时候启动买卖合同来实现以物抵债。

根据《物权法》第186条“抵押权人在债务履行期届满前，不得与抵押人约定债务人不履行到期债务时抵押财产归债权人所有”、《担保法》第40条“订立抵押合同时，抵押权人和抵押人在合同中不得约定在债务履行期届满抵押权人未受清偿时，抵押物的所有权转移为债权人所有”，以及《最高人民法院关于适用〈中华人民共和国担保法〉若干问题的解释》第57条的规定“当事人在抵押合同中约定，债务履行期届满抵押权人未受清偿时，抵押物的所有权转移为债权人所有的内容无效”，流质抵押或者表面上附条件买卖以最终实行流质抵押的合同无效。

（三）遵循诚实信用原则

诚实信用原则是民法的基本原则，它要求人们在民事活动中应当诚实守信，正当行使权利和履行义务。诚实信用原则是市场经济活动的一项基本道德准则，不仅是现代法治社会的一项基本法律规则，也是具有道德内涵的法律规范。

诚信，是做人的根本，更是律师行业的立业之基和执业之本②。根据我国《律师职业道德和执业纪律规范》第5条的规定，“律师应当诚实守信，勤勉尽责，尽职尽责地维护委托人的合法利益”。因此，律师在接受委托，处理法律事务时，必须采取合法、合乎道德的方法维护委托人的合法权益，尽最大的努力，以最高的效率和最谨慎、最认真的态度为维护当事人的利益开展工作，使每一项法津事务都能得到完美处理，使当事人的利益得到切实维护。律师不得做出虚假承诺，在案件未能达到当事人要求时要认真分析案件的处理结果和代理工作，对自身应当承担的责任不得推诿，更不得煽动当事人与司法机关的对立情绪甚至鼓动当事人通过非法的方式宣泄不满。

值得注意的是，随着社会主义法制建设的不断推进，各级律师管理机关已经逐渐建立起了律师诚信记录档案，把违法违规的律师事务所和律师记入“黑名单”，并向社会公布互联网查询网址和查询电话，将信用数据无偿向社会开放，任何单位和个人在聘请律师时

---

① 流质抵押，又称绝押，是指转移抵押物所有权的预先约定。法律规定，禁止抵押权人和抵押人在合同中约定，在债务人履行期限届满抵押权人未受清偿时，抵押物所有权转移为债权人所有。

② 赵大程．人民日报声音：诚信是律师执业之本．人民网．[2017-12-20]．http://opinion.people.com.cn/n/2013/0710/c1003-22139280.html.

都可以查询，使有不良记录者寸步难行。例如，根据各地颁布的律师诚信档案管理办法，诚信档案的内容通常包括：（1）律师事务所和律师执业基本情况的信息；（2）律师事务所和律师的优良行为信息；（3）律师事务所和律师的不良行为信息。诚信档案的信息内容记录期限至律师或律师事务所停止执业后两年时止。记录终止后，系统自动解除记录并转为永久保存信息①。

三、回答客户问题的技巧

（一）承诺服务质量

客户委托律师，在某种意义上说就是购买律师的专业服务。目前，有的客户在案件审结后，因为输掉了官司，以律师未尽职尽责为由向当地律师协会投诉的情况并不少见。

参考案例2-4

某委托人甲持某案的一审判决书向某律师事务所的律师咨询，接待他的律师看了判决书，查阅了案件的相关材料并询问了客户一些庭审的情况后，认为他请的一审代理律师业务能力有问题，在法庭上该说的没有说清，该问的事实没有问明，在举证上也存在严重的缺陷。因此，得出该一审的代理律师存在不尽职不尽责问题的结论。甲听后觉得这位律师讲得有道理，而且这位律师还表示可以帮助他继续打好这个官司。由此引发了甲投诉其一审代理律师的事情②。

作为专业律师，在为当事人提供专业法律服务时，应当尽量避免在客户面前评价甚至指责同行，尤其是当事人前一阶段聘请的是其他律师，当事人在后一阶段向你咨询或决定聘请你时，应当客观分析案情，不要过多地评价前一阶段律师的工作，否则容易陷入“不正当竞争”或者诽谤的纷争中。

作为律师，不能保证每一场“官司”都胜诉，为了维护自身的权益，应该要让客户明白保证服务质量并不等同于“胜诉”。

过去有人形容“决策时拍脑袋、遇到问题时拍胸脯、出了事情之后拍屁股”的领导为不负责任的“三拍干部”，而现实中也存在“三拍律师”。有极个别的律师为了承接案件，在当事人面前大吹大擂甚至拍胸脯保结果，但在代理过程中又未尽职尽责，在当事人对结果不满意时则转移视线，将责任推给审理者，更有甚者会鼓动当事人到处投诉，子虚乌有地指控审理者“贪赃枉法”。在很多客户投诉中，究竟代理律师有没有向客户承诺过“包赢”，除非代理律师自己承认，绝大多数最后都是“事出有因，查无实据”，律师协会通常只能从代理过程来分析律师有无失职行为。在与客户沟通的过程中，若一味地打包票，最后伤害的可能是律师自己。

律师不可承诺案件能达到某种结果，但可以对自己承接的案件承诺服务质量，让客户在整个服务过程中感受到律师的专业与负责，这样即使最后输掉了官司也不至于被客户误解为是律师失职。在实践中，不少律师在接待客户时自己出面，而在案件的准备甚至开

---

① 深圳律师协会．深圳市律师诚信档案管理办法．［2017-12-20］．http：//www.szlawyers.com/info/2b523615312c4539b6d0e1ed4acbb857.

② 牟继源．律师服务质量标准体系建设．北大法宝．［2017-12-20］．http：//www.pkulaw.cn/fulltext_form.aspx? Gid=335628440.

庭、撰写代理词时却让助理负责处理，而律师助理往往缺乏相应的专业技能和经验；即使是律师亲自出庭，也可能因准备不足而陷入被动局面。

参考案例 2－5

由于某案件的原告委托律师全权代理[①]，因此当事人没有出庭，而律师以为这是一个特别简单的交货没有全部付款的债务纠纷案，所以没有仔细了解案情，只让助理做了一些基本的资料整理工作。当庭审法官进行法庭调查问到原告“请问你方何时与被告签订的合同，何时交货，对方有无签收，至今被告有无付款”时，原告的代理律师支支吾吾地说“不太清楚”“不知道”“当事人没有和我说”。类似情况，经常在一些案件审理过程中出现。代理律师如果没有做深入的调查了解，仅凭一纸诉状就上庭，难免就会“一问三不知”，甚至就是案件基本的事实（何时何地签订的合同、合同条款约定的基本内容、具体的履约情况等）都不甚了解，对案件的争议焦点亦毫无头绪，发表代理词时更是泛泛而谈。庭审结束后，律师只会大声斥责律师助理，怪其没有准备好。

正如在我国南方比较盛行的一句俗话——“力不到不为财”（意指不尽力就不可能获得应有之收益）。律师、律师助理之间是有分工的，律师助理不可能代替律师工作，律师更不能单纯依赖律师助理，须知在庭审过程中可能会出现诸多自己难以预料的问题，这就需要在庭前做充分准备。

因此，律师只负责对外承揽业务，庭审工作全部交由助理去做的方式是万万不可取的。而律师助理在协助律师准备专业事务的时候，应及时地汇报请示和提醒相关的问题。

（二）留有余地，适当回旋

客户委托专业律师代理，总是希望能够达到自己理想的结果。因此，客户通常会向律师咨询案件处理的预期结果，甚至希望律师能够通过“关系”使其代理意见被审理者采纳。对预期结果的分析是必要的，但做出通过“走关系”影响案件的审理结果的承诺是非法的。律师要告诉客户有“回避”原则和律师职业道德的规定及要求，要帮助客户了解法律职业共同体、遵守社会主义法治理念的客观现实，让客户接受社会主义法治的公平正义观。

律师应当全面梳理客户讲述的事实以及提供的证据，帮助客户分析案件处理的可能性结果。但是，有两点是必须注意的：一是客户的表述。客户的表述是否全面、准确，要做多方面的分析，仅凭客户的讲述和提供的资料，未必能够反映案件的全部事实。此时，做出的判断也未必是准确的。二是案件的发展。即使客户讲的事实经过和提供的证据是全面的，但案件还在发展之中，后续有可能会出现一些预料之外的因素影响到案件的处理结果。

对于客户对结果的期望，律师一方面要有专业的预判，同时还要做适当的提醒；当在具体工作的开展中出现新问题时，要与客户及时沟通。在纷繁复杂的案件代理中，不要想当然地认为该案“一定会赢”并做出不适当的表述，一定要留有余地。当然，也不是要律师对本该没有任何悬念的一个案件故弄玄虚。

参考案例 2－6

一个未超过诉讼时效且设置有房产抵押担保的债务案件，事实清楚，法律关系简单，但接案的律师却向当事人的客户大谈特谈当前的司法审理不公、执行是何等的困难等，将

① 本无严格意义上的“全权代理”，如果授权委托书仅写“全权代理”而无具体授权的，诉讼代理人无权代为承认、放弃、变更诉讼请求，进行和解，提起反诉或者上诉。

客户带入“云里雾里”的境地，吓唬客户该案是何等之复杂、困难，让当事人接受30%的风险代理委托。案件得以顺利执行时，律师却将全部的成果归功于自己超高的专业水平，甚至吹嘘自己和审理者是何等熟悉等。

要知道，尽管客户不熟悉专业的知识，但社会是一个开放的系统，只要客户在事后稍微了解一下，就可知道案件正常处理的真相，从而使律师在客户心中留下坏的印象，甚至会引发客户拒付代理费的纷争。“君子爱财，取之有道”，律师向社会提供有偿的法律服务，收取律师费时除了依照规定标准之外，还要对得起自己的良心，那种“骗进来、砍一刀，让别人痛着走”的做法是不道德的，也注定是无法长久的。

（三）不轻易给出绝对的肯定性结论

客户通常希望律师对相关的问题能够给出一个结论（是否会胜诉以及胜诉的大致概率等）。由于客户所介绍的问题和给出的资料往往立足于自身的情况（如仅介绍对自己有利的一方面，而且资料收集得不够全面等），因此在尚未全面了解情况以及进行综合分析之前，即使认为有很大的把握，也不宜给出绝对的肯定性结论。

参考案例 2-7

一位当事人向律师咨询时问：“律师，您看我这个案子的胜诉率大概是多少呀?”律师回复道：“这个，不好说百分之多少。”“可我昨天到××律师事务所问过了，×××律师说有60%的把握能赢呢!”律师为了能够将这个案子拿下，于是说：“我想想，我觉得这个案子要是我来办的话，百分之百能赢，你放心好了。”

无论是刑事还是民事又或者是行政纠纷案，考虑到案件事实、证据以及庭审中无法预测的情况的出现，不同的人对相同的问题可能会有不同的理解，结果也会是不确定的。合理的预判①固然重要，但它不同于“第六感”②，需要有一定的依据，与知识的掌握以及经验的积累有关。

第四节　客户关系管理

一、客户关系管理的概念

客户关系管理，是指商品（或服务）提供者为提高竞争力，利用相应的信息技术协调与客户在产品、营销和服务上的交互，从而提升自身影响力、吸引更多客户的管理过程。

律师的客户管理，就是指律师为了提高竞争力而利用相应的技术手段协调与客户之间的关系，从而提升影响力和吸引更多客户的管理过程。

二、客户关系管理的意义

客户管理的最终目标是保留老客户、吸引新客户并将已有客户转为忠实客户，以求增

① 根据现有掌握的材料和经验以及知识对事情的发展有（做）预先的评估和判断。

② 普通人的感官（五感）包括：眼（视觉）、耳（听觉）、鼻（嗅觉）、舌（味觉）、肌肤（触觉）。第六感又称“心觉”或者“超感官知觉”，是指能透过正常感官之外的管道接收讯息，能预知将要发生的事情，它与当事人之前的经验累积所得的推断无关。

加市场的占有份额，最终实现更多的盈利。

为何一个客户在咨询多个律师事务所的不同律师之后，最终选定由某个律师事务所指定的某位律师代理其法律事务？为何不同的律师在开拓客户资源的时候所取得的效果不尽相同？核心就在于能否抓住客户的心理和满足客户的需求，实现有效的客户管理。

三、客户关系管理的开展

（一）老客户的日常维护

开拓和维护是客户管理的两个方面。我们曾经听过一个熊掰玉米，掰一个掉一个的寓言故事。这样做的结果就是，一天到晚在忙，不断花大力气开拓新客户却从未想过维护好原有的客户资源，工作量翻倍，业务量却原地踏步。因此，律师助理要协助律师建立一个全面、科学、有效的客户管理系统。

"不忘老朋友。"如何留住你曾经的客户，使老客户有需求时仍然会想到你，这是需要解决的问题。因此，平常不仅要服务好自己的常年法律顾问单位，还要经常联络那些你曾经服务过的客户。当一个服务项目结束之后，定期和不定期的回访、征询意见是很有必要的。此外，除在传统的重大节日发送问候信息外，还可以通过建立微信群等形式，向老客户和新客户通报最新的立法情况、事务所的信息等。

（二）新客户的拓展

"结交新朋友。"正所谓"雁过留声，人过留名"。人是群居的动物，即便是社交活动很少的人，也有他自己的朋友、家属和亲戚人脉圈。一个人如果真正成为你的朋友，那么他的人脉圈也可能直接或者间接地成为你的人脉圈，你的人脉圈就会不断地扩大。良好的口碑，会在客户之间口口相传。

【引例评析】

在本章引例中，小张要协助律师会见客户商谈常年法律顾问的事宜。客户管理，表面上是一个专业之外的问题，而且也无定律，常言道"兵无常势，水无常形"，虽然如此，但深入探究就会发现总有规律可循。首先，了解对方公司的基本情况，在可能的情况下尽量详细了解对方的实际状况和需求，甚至商谈者个人的喜好和忌讳，做好相应的准备方案。其次，对于自己的优势、专长和可以提供的法律服务及收费标准，乃至对具体工作开展的设想等，都要做好准备。最后，对于集合、出发、路线，以及对方对接人员的基本情况甚至衣着打扮、言谈举止等细节问题也要考虑在内并妥善安排。

【练习题】

一、概念

客户；当事人；客户代表；供给侧结构性改革；客户关系管理

二、简答题

1. 如何理解客户与律师业务开展的关系？
2. 怎样应对客户不合法、不合理的诉求？

3. 在事务所怎样准备一次客户接待的工作？
4. 与客户会谈的宗旨是什么？
5. 如何进行客户关系管理？

【模拟实训】

客户会谈

一、模拟场景

你的师父（陈律师）约了一位当事人（王总）于某个时间在律师事务所的办公室见面。

二、结合以下模拟情景，灵活处置相关事宜

模拟实训（情景）：当事人一迈进律师事务所的门，见不到约见的律师，就喋喋不休地开始埋怨："你谁呀？助理，助理是干什么的？小朋友，毕业几天啦？你师父呢？这什么律师事务所？门面这么差劲！连我的小小的分公司都不如！"

"我早就已经和你师父约好时间了，我已经迟到5分钟了，可是他为什么到现在还不来？是不是看不上我这个小案子？我和他可是十几年的朋友了，想当初他和你一样还是学徒、给他师父跑腿的时候我就帮衬了他不少，他现在是不是开始学着摆架子了？"

问题1：作为律师助理的你，应当如何回答和安排这位"大牌"客户？

当事人接着介绍自己的问题："我呀，要找律师，找大律师！咱不缺钱，甭跟我谈钱，但要解决问题，彻底地！什么事？我碰到事了，我摊上大事了！要律师给我解决呀，这也就是你们碰到事了呀，遇见大事了呀！我给你们钱。要多少？不缺钱，真的不缺钱！可是你们这个门面嘛，装修得的确不好，是哪家装修公司做的呀？我在这行当里有熟人，我找他说去。"

问题2：如何面对瞧不起律师助理，甚至瞧不起你的师父乃至律师事务所装修的客户，将一个胡吹乱侃的当事人拉回到正题上来？你有准备好相应的"台词"吗？

"什么，讲正事？我说的不是正事吗？正事就是我向别人借的款到期了，没还，他竟然到法院告了我了。你说，这个事搞的！欠债还钱天经地义，这我懂。我最看不惯那些仗势压人的，不就欠点钱嘛，有嘛了不起的！别人还欠了我不少钱呢。说吧，这个案子在×××人民法院，听说是由×××法官经办的，你们认识他吗？能不能搞定？咱不差钱，给你钱没有问题呢。"

"什么？别逗了，现在打官司不就是打关系的嘛。你要是不认识法官，满大街的律师我干嘛找你师父呀，你说是不是？认识他有嘛好处，瞧你说的，认识他好办事呀，请他吃吃饭聊聊天，就把这个案子给办了。"

"还什么还？我不还。早就还给他钱了，利息全都给了，本金也全都还了。什么？你问我他为什么还告我？我哪知道，人品差就这样呗。"

师父（律师）出现："王总，您好！有段时间没有见面了。听说您今天要来，我特意准备了一下。这是我们律师事务所编的一套《公司法律风险控制应用》。小陈，怎么回事？王总来这么久了你也没有给倒杯茶？"

王总："哎呀呀，你还认得我！不怪小朋友啦，我们聊得正起劲呢！讲什么？讲你刚

刚入道时我们的友谊哦。你呀，一见面就送书（输），太不吉利了嘛！我们做生意很讲究这些的啦。这些东西不用给我，你自己看懂就可以了噢！以后我就让你做我们公司的法律顾问，我不用知道法律！”

师父（律师）：“王总，这不是输，是赢。书名就是‘应用’，就是怎样赢怎样用。”

王总：“哈哈哈，小陈律师，不，你现在是大律师了，陈大律师！你真会说话。那我就收下。你帮我公司设立一个法务部吧，派几个像这位小朋友一样的助理到我那里上班，我会给他们补贴，也省得你来回跑。没有办法，生意做大了，事情就多了，难免会碰到这样那样的一些法律问题哟。”

师父（律师）：“好的，王总，谢谢您！言归正传吧。您这次亲临，有何指教？”

王总：“哦，没有什么大不了的事情，就是想你，来看看小弟你过得怎样了呢！最近，我碰到了一件事需要你来帮助解决一下……”

问题 3：当事人和你师父见面并谈到实质性问题时，你应该怎么做？

第三章　律师咨询业务

【本章引例】

张三和李四是高中同学，高中毕业三十年的聚会是他俩毕业后的第一次见面。张三得知李四和几个朋友投资的一家公司办得不错，于是有加盟的想法。聚会后，李四打电话联系张三，称其公司有股东准备对外转让其持有的20%的公司股份，问张三是否有兴趣。张三对公司股份转让的事情不懂，李四就让他找律师咨询一下。但张三一直以为要打官司的时候才要找律师，所以就将信将疑地去律师事务所咨询。

【学习的目的与要求】

了解律师咨询的范围、律师咨询的收费标准以及在开展具体咨询活动中应当注意的事项。

【重点问题】

- 律师咨询的范围
- 律师咨询的收费标准
- 律师进行咨询应当注意的问题

第一节　律师咨询及其范围

一、律师咨询概述

咨询的拉丁语为"consultatio"，原意为商讨、协商。在中国古代"咨"和"询"分别表示商量、询问，后来逐渐形成一个复合词，表示以供询问、谋划、商量、磋商等意思。咨询作为一项具有参谋、服务性的社会活动，已成为辅助决策的重要手段，在军事、政治、经济等诸多领域发挥着重要的作用，并逐渐演化为一门应用性很强的软科学。

律师咨询，是指律师运用其所掌握的法律知识为客户解答疑问、提供专业性参谋和决策建议的一项专业性活动。

正所谓“闻道有先后，术业有专攻”，随着专业分工不断细化，也就有了“隔行如隔山”和“内行看门道，外行看热闹”的说法。我们不可能样样事情都精通，因此在管理学领域流传着“你可以不懂解决问题的具体方法，但你必须要掌握解决问题的路径”的说法。

专业人士，就是指具备专业技能，并依赖此类技能为生的职业人士。上述解决问题的路径，其实就是要找到懂得解决具体问题的专业人士，通过专业人士去解决具体的专业性问题。古人早就有“知之为知之，不知为不知”的劝导，遇到专业问题千万不要不懂装懂。

我们生活的社会纷繁复杂，需要求助的专业人士很多，专业的事情要交给专业人士去做。

参考案例3-1

香港大亨李嘉诚曾经对外说：“没有律师的意见，我不敢在合同上签字。离开了律师，我什么也做不了!”英国著名法官丹宁勋爵在其著作《最后的篇章》中引述了由凯恩斯讲述的一个故事：凯恩斯到布雷顿森林参加货币会议，只有秘书陪同。他的美国朋友问他：“你的律师呢?”“我没有律师”，凯恩斯回答。美国朋友听后，便问：“那谁替你思考?”的确，没有专业人士，谁替你出谋划策？对自己不熟悉的事情，要找专业人士咨询一下，了解相关的原理和规定后，依要求去做，才可能将事情做对、做好。

二、有关确权关系的咨询

（一）确权的概念

确权，最先出现在房地产管理领域，是指依照法律、政策的规定，经过房地产申报、权属调查、地籍勘丈、审核批准、登记注册、发放证书等程序，确认某一房地产的所有权、使用权等权属关系和他项权利。

法律广义上的确权，就是指依照法律规定确认权利的内容及其归属的活动。通常所说的确权就是，这项权利是属于哪一个主体的。

法律有两大作用：一是确权，二是维权。而维权是以确权为基础的，两者从静态和动态的不同角度来维护社会的稳定和秩序。

（二）确权纠纷的表现

1. 不动产的确权

根据《物权法》第14条的规定，不动产物权的设立、变更、转让和消灭，依照法律规定应当登记的，自记载于不动产登记簿时发生效力。鉴于不动产登记公示的效力，凡是发生不动产权属纠纷的，首先要看登记信息。

在现实生活当中，往往出于各种考虑，当事人之间会出现表面登记的权利人与实质出资人不一致的情形。

参考案例3-2

依照商品房限购政策，甲无法在某城市购买第三套商品房。此时，甲与乙商定，借用乙的购房资格，以乙的名义购入一套商品房。显然，该套商品房是登记在乙的名下，但实际出资人则是甲。房产证在甲的手中，在甲居住该房子且以乙的名义支付物业管理费等费用的情况下，本无纠纷。客观上，这类似于夫妻二人购入一套商品房但却登记在一人名下一样，在夫妻关系存续期间一般不会产生纠纷。但是，当登记人意欲处分该商品房时，往往实质出资方会提出自己享有房产所有权的主张，从而引发纠纷。

很明显，即使甲乙双方签订了关于该房产属于甲的内部协定，如果乙以自己的名义将房产出售给善意第三方丙并且办理了过户登记手续，那么甲是无法以自己是实际的房屋产权人的身份来否定乙与丙之间的交易，行使所有权的。

2. 动产的确权

动产，与不动产相对，是指能够移动而不损害其经济用途和经济价值的物品，一般指金钱、有价值的物品等。发生物权变动遵循，动产采用交付主义，不动产需登记；在诉讼管辖及涉外法律适用上，动产采用属人主义，不动产采用的是属物主义。

根据《物权法》第23条的规定：“动产物权的设立和转让，自交付时发生效力，但法律另有规定的除外。”在货物贸易关系中，如果没有“所有权保留”① 的特殊约定，动产交付就会产生所有权的转移。尽管买方没有支付货款，但只要有交付货物的行为发生就产生了货物所有权转移的法律后果。一般情况下，谁持有动产，就推定谁拥有该动产的所有权。

在未设定所有权保留的状态下，货物交付就产生了所有权转移的后果，即便买方未付货款而是仅与出卖人之间形成了债权债务关系，出卖人也不可直接取回所谓“自己的货物”。

3. 准不动产的确权

一些性质上能够移动，本质上属于动产，但因其价值较高，在交易习惯上转让程序较为慎重。在法律上亦具有不动产某些特征的物，在学理上称之为“准不动产”，如船舶、车辆、航空器等。根据《物权法》的规定，船舶、航空器和机动车等物权的设立、变更、转让和消灭，未经登记，不得对抗善意第三人。亦即，在未登记前，当事人之间的物权变动仅在内部产生效力，而不能对抗善意第三人的物权主张。

但是，《侵权责任法》第50条规定：“当事人之间已经以买卖等方式转让并交付机动车但未办理所有权转移登记，发生交通事故后属于该机动车一方责任的，由保险公司在机动车强制保险责任限额范围内予以赔偿。不足部分，由受让人承担赔偿责任。”可见，因使用机动车侵权造成的赔偿，并非以登记为判断责任主体的标准。

（三）确权纠纷咨询中应注意区分的问题

人们通常按照常理认为只要是自己出资的就是属于自己的。这样的理解有一定的道理。例如，甲、乙两人出资设立一个有限责任公司，那么甲、乙就是公司的股东，在公司有税后利润时就可能获得分红；又如，甲与房地产开发商签订了房地产买卖合同，房产办理在甲的名下，甲就是该房产的所有权人；再如，甲向乙购买了一批货物，收到货物之后货物的所有权就属于甲。但是，法律上的确权与民间理解的归属是有一些不同的。

---

① 《合同法》第134条规定：当事人可以在买卖合同中约定买受人未履行支付价款或者其他义务的，标的物的所有权属于出卖人。

1. 不动产与动产

法律在认定不动产所有权的归属时，最直观的判断依据是要看登记在谁的名下；而认定动产所有权的归属，首先要看是谁持有。在转移所有权的时候，不动产以登记为转移所有权的必要条件；动产在没有特殊约定的情况下以交付为条件。根据最高人民法院《关于审理买卖合同纠纷案件适用法律问题的解释》第 34 条的规定，“买卖合同当事人主张合同法第一百三十四条关于标的物所有权保留的规定适用于不动产的，人民法院不予支持。”可见，所有权保留条款的设置，仅限于动产买卖合同中而不适用于不动产交易。

2. 物权与债权

双方交易时签订的合同，只是债权产生的依据，只有发生不动产登记或动产交付的行为才会产生所有权的转移。因此，在法学上就有了债权行为（签订合同）与物权行为（登记、交付）之分。

参考案例 3-3

甲将属于自己的房屋出售给乙，甲已经收取了乙的全部购房款并将钥匙交付给了乙，乙也入住了该房屋，但双方未到房地产管理部门办理过户手续；此后房价大涨，甲又将该房屋以更高的价格出售给了丙，在丙尚未支付全部购房款的情况下，甲和丙一起到房地产管理部门办理了房产过户登记手续，丙领取到了房产证。

这个案件就是百姓通常所讲的“一房二卖”现象。该涉案房屋的产权究竟是属于乙还是丙？人们通常会认为乙已经住进去了，而且也付清了全部的购房款，而丙尚未付清款项，也没有拿到房子的钥匙，房子当然是属于乙的。然而，依照物权登记原则，若乙提出该房产属于自己的，这个主张通常是不会得到支持的，乙只能要回自己支付的购房款并追究甲的违约责任。可见，甲乙之间形成的仅仅是债权债务关系，而丙因有物权转移行为能最终享有该物权。

3. 真正权利人与实际控制人

正常情况下因物而产生的侵权由所有权人对外承担责任。但是，在特定情况下，因物而产生的侵权，可能首先要追究实际控制人的责任。例如，承租人实际使用房屋并因其过错导致高空落物致他人损害，要承担侵权责任。又如，《侵权责任法》第 49 条规定：“因租赁、借用等情形机动车所有人与使用人不是同一人时，发生交通事故后属于该机动车一方责任的，由保险公司在机动车强制保险责任限额范围内予以赔偿。不足部分，由机动车使用人承担赔偿责任；机动车所有人对损害的发生有过错的，承担相应的赔偿责任。”

三、有关合同关系的咨询

（一）合同的概念

合同，又称为契约、协议，是平等的当事人之间设立、变更、终止民事权利义务关系的协议。《民法通则》第 85 条规定：“合同是当事人之间设立、变更、终止民事关系的协议。依法成立的合同，受法律保护。”《合同法》第 2 条规定：“合同是平等主体的自然人、法人、其他组织之间设立、变更、终止民事权利义务关系的协议。婚姻、收养、监护等有关身份关系的协议，适用其他法律的规定。”

在法律上，合同不是指作为证据的合同书，而是指一种权利义务关系。

（二）合同纠纷的表现

合同纠纷，是指因合同的成立、生效、解释、履行、变更、终止等行为引起的合同当事人之间争执不下的事项。

合同纠纷的表现形式相当广泛，凡是对合同成立，合同法律关系产生、变更与消灭的法律事实以及法律关系的内容，持不同的观点与看法的，均可纳入合同纠纷的范围。

（三）合同纠纷咨询中应注意的问题

1. 分清纠纷出现的不同阶段

（1）商谈阶段。“无合同则无责任”是相对于合同成立之后的责任而言的。在合同的谈判阶段，尽管有一些分歧需要解决或者有一些关系需要协调，但毕竟合同关系（权利义务）尚未建立和确定，因而不存在合同纷争的问题。合同谈判需要投入相应的人力、物力和财力，最终能否达成协议，存在着一定的风险，而这种风险通常是纳入商业风险中处理的。但是，在理论上以及立法上已经取得了“无合同则无责任”的突破，这就是承认将“缔约过失责任”作为一种“无合同则无责任”的例外情形加以处理。

缔约过失责任，是指在合同订立过程中，一方因违背诚实信用原则所产生的义务，致另一方的信赖利益损失而应承担的损害赔偿责任。《合同法》第 42 条明确了缔约过失责任：当事人在订立合同过程中假借订立合同恶意进行磋商、故意隐瞒与订立合同有关的重要事实或者提供虚假情况，又或者有其他违背诚实信用原则的行为，给对方造成损失的，应当承担损害赔偿责任。

可见，即使最终未建立合同关系，在合同谈判阶段也应遵循诚实信用原则。

（2）合同成立但尚未生效。合同成立，是指订约各方当事人的意思表示一致，达成合意的状态。一般情况下，合同成立之时合同就已经生效了。但是，特殊情况下尽管合同当事人已经达成了合意，因程序性要求（如中外合资合同必须经过批准）或者当事人的特殊约定（如附条件或附期限），合同尚未产生对当事人的约束力。合同成立但尚未生效与合同已经生效所引发的纷争，两者处理的依据以及结果是不同的。

（3）合同生效但未履行。合同生效就意味着对当事人产生了约束力，未经协商一致解除或者未依法解除，履行合同是当事人的义务。未履行，可能是尚未到履行期，并非是无须履行。如在等待履行期间，负有履行义务的一方当事人明确表示拒绝履行，或者以行为表明其在今后不再履行合同义务的，将构成明示违约或者默示违约，守约方可依法追究其违约责任。

（4）合同正在履行阶段。合同当事人应当依约全面、实际、正确履行合同义务。合同履行期限届满前，不予履行或者履行不全面、不正确，都会构成违约。即使是在履行期限届满时，也不能免除其继续履行之责任。

（5）合同已经履行完毕。正常情况下，合同履行完毕，当事人的合同关系就结束了，也就不再对合同的对方当事人承担义务。但是，相对于缔约过失责任的“先合同义务”，在履行完合同的主要义务后，还有依据合同法规定的诸如通知、配合、保密等善后阶段所应承担的“后合同义务”。《合同法》第 92 条对“后合同义务”进行了规定：“合同的权利义务终止后，当事人应当遵循诚实信用原则，根据交易习惯履行通知、协助、保密等义务。”

2. 明确合同关系的主体

合同具有相对性，权利义务只限于合同当事人之间。因此，明确合同关系的主体尤为重要。通常，合同上所记载的主体与合同签约的主体（签字的个人、加盖印章的单位）应当一致。但是，现实中往往存在着合同上记载的主体与签约主体不一致的情形，这就需要了解清楚签约主体是否获得了记载主体的授权，是代签合同还是打印记载错误。在纠纷处理实践中首先必须查清合同上记载的主体与签约主体之间的关系，只有明确合同关系的主体，才能进一步确定是否构成违约和解决责任的承担问题。

3. 确定合同的效力

（1）有效合同。有效合同，又称生效的合同，是指具有法律约束效力的合同。有效合同未经双方协商一致不得变更，对合同当事人均具有约束力，违约者应当承担违约责任。

（2）无效合同。无效合同，又称绝对的无效合同，是指虽然已经成立，但因其严重欠缺有效的要件，在法律上不按当事人之间的合意赋予其法律效力的合同。根据《合同法》第 52 条的规定，以下合同为无效合同：一方以欺诈、胁迫的手段订立合同，损害国家利益；恶意串通，损害国家、集体或者第三人利益；以合法形式掩盖非法目的；损害社会公共利益；违反法律、行政法规的强制性规定。无效合同绝对、自始至终无效，其不因合同当事人的意志而改变为有效合同。无效合同不存在违约及违约责任承担的问题，只有无效合同的善后处理问题。

（3）可撤销合同。可撤销合同，又称相对无效合同，是指因欠缺一定的生效要件，其有效与否取决于有撤销权的一方当事人是否行使撤销权的合同。不涉及国家利益，双方当事人因重大误解、受欺诈或胁迫而签订的合同，属于可撤销合同。在有撤销权的一方行使撤销权之前，合同对双方当事人而言是有效的。在可撤销期内（重大误解为 3 个月，受欺诈、胁迫为 1 年），合同当事人是否行使了撤销权是关键。如果超过了撤销期限，则可撤销合同就成了有效合同。

（4）效力待定合同。效力待定合同，是指已成立但因欠缺一定的生效要件，其生效与否尚未确定，须经过补正方可生效，在一定的期限内不予补正则视为无效的合同。限制民事行为能力人订立的合同、无权代理下订立的合同、无处分权的人处分他人财产的合同，均属效力待定合同。其法定代理人、被代理人、权利人可依法追认，善意的相对人也可依法撤销。法定代理人、被代理人、权利人未依法追认，善意的相对人依法撤销的，合同无效；真正权利人予以追认的，合同有效。

4. 了解合同的具体条款

（1）必备条款、非必备条款和补充条款。必备条款又称主要条款，是指根据合同的性质和当事人的特别约定所必须具备的条款，缺少这些条款将影响合同的成立。《合同法》第 12 条规定，合同一般包括当事人的名称或者姓名和住所，标的，数量，质量，价款或酬金，履行的期限、地点、方式，违约责任，解决争议的方法共八项条款，其中当事人、标的是必备的条款。

非必备条款，又称普通条款，是指根据合同的性质，在合同中不是必须具备的条款，即使不具备这些条款也不应当影响合同的成立，如有关履行期限、数量、质量等条款。在缺少这些条款的情况下，可以根据《合同法》第 61 条、第 62 条的规定填补漏洞。

补充条款，是合同正文之外另行约定补充的内容，或者是改变原合同的条款。通常，以补充协议的方式呈现。

(2) 实体条款和程序条款。凡是规定当事人在合同中所享有的实体权利义务内容的条款都是实体条款。如有关合同标的、数量、质量的条款都是实体条款。

程序条款，是指当事人在合同中约定的履行合同以及解决合同纠纷程序的条款，以及解决合同争议的条款。

(3) 违约条款和免责条款。违约条款，又称有责条款，是指当事人约定违反合同的具体情形并由此应当承担的责任的条款。

免责条款，是指当事人在合同中约定的，免除或限制（减轻）其未来责任的条款。

(4) 普通条款、特别条款和格式条款。普通条款，又称非格式条款，是指允许双方协商而最终确定的条款。

特别条款，又称特别声明条款，是指双方当事人特别强调的条款。特别条款在合同中具有较高的效力，其他条款与之发生冲突时，以特别条款为准。

格式条款，是指一方为了反复使用而预先制定的，在订立合同时未与对方协商的条款。

5. 梳理纷争焦点和纷争成因

(1) 争议焦点。焦点，在物理学上指平行光线经透镜折射或曲面镜反射后的会聚点，在社会上比喻问题的关键所在或争论的集中点。争议焦点，就是当事人之间争论的聚焦点。只有抓住了当事人争论的焦点，才有可能顺利解决纷争。因此，2015 年最高人民法院《关于适用〈中华人民共和国民事诉讼法〉的解释》第 226 条规定："人民法院应当根据当事人的诉讼请求、答辩意见以及证据交换的情况，归纳争议焦点，并就归纳的争议焦点征求当事人的意见。"第 228 条规定："法庭审理应当围绕当事人争议的事实、证据和法律适用等焦点问题进行。"

(2) 纷争成因。导致当前纠纷的成因（形成的原因）究竟是什么，如果不搞清楚这一点，就无从判断是非，更无法处理纠纷。在合同纠纷中，经常会有当事人提出因第三方造成了自己无法向对方履行合同的后果，以此为由提出抗辩，但最终仍被认定构成违约要承担违约责任。《合同法》第 121 条明确规定了"当事人一方因第三人的原因造成违约的，应当向对方承担违约责任。当事人一方和第三人之间的纠纷，依照法律规定或者按照约定解决"。

6. 辨析违约行为及后果

(1) 违约行为。违约行为，是指当事人一方不履行合同义务或履行合同义务不符合约定条件的行为。

根据违约行为发生的时间，可分为预期违约和实际违约两大类。预期违约，又被称为先期违约、事先违约、提前违约、预期毁约等，是指当事人一方在合同规定的履行期到来之前，以明示或默示的方式表示其将来不再履行合同的违约行为。实际违约，包括不履行（拒绝履行或根本违约）、不符合约定的履行和其他违反合同义务的行为。

(2) 违约后果。从双方当事人关系的角度来看，合同关系的建立意味着双方将实现自己未来可预期利益的愿望寄托在对方的身上，违约将会使违约者的诚信度下降甚至导致信用危机，也会使对方合同目的无法实现。从经济运行的角度分析，合同关系是整个社会关系的构成部分，违约可能会使社会关系产生不良的连锁性反应。从社会治理的角度研究，合同违约将扰乱社会秩序。

7. 指出解决途径和方法

(1) 协商和解。在合同纠纷出现的初期，彼此出于维护合同关系的初衷，当事人之间通常不愿意激化矛盾。因此，此阶段双方能友好地沟通，平心静气地将问题摆出来，本着互谅互让的精神，大多能够取得共识，或者求同存异地先解决部分问题。合同是当事人之间的事情，当事人最清楚发生纷争的原委及后果。通过协商和解的方式解决问题是最好的选择，因为打起官司来毕竟“杀敌一万，自损三千”，因此，“不战而屈人之兵”才是上策，在商战中讲究的是双赢。

(2) 调解。在双方陷入僵局的情况下，继续生硬地直面对方，恐怕不能解决问题，反而有可能激化矛盾。此时，引入外力进行调解，既保留了一定的面子，也为今后进一步维权留有余地。中国人大多好面子、讲关系，因此素有“不看僧面看佛面”的说法。当事人就争议的实体权利、义务，在某特定机构或者个人的主持下，自愿进行协商，通过教育疏导，促成各方达成协议，因此在解决纠纷中调解有着积极的意义。律师可以充当调解人，人民调解委员会也可以作为调解机构，此外还有程序中的调解机构如人民法院、仲裁委员会等。

(3) 仲裁。仲裁，又称公断，是指由双方当事人协议将争议提交第三者，由第三者对争议进行评判并做出裁决的一种解决争议的方法。中国仲裁法学研究会发布的一份报告显示，2015 年是我国《仲裁法》实施 20 周年，全国 244 家仲裁委员会共受理案件 136 924 件，案件标的总额达到 4 112 亿元，同比分别增长 20%和 55%。现在很多人在合同中加入仲裁条款，将民商事纠纷提交给仲裁机构来解决，是因为其可以在依据事实、不违反法律的前提下更多地考虑到商业习惯，对案件进行便捷的处理。

(4) 诉讼。诉讼是一种传统的也是最终解决纠纷的途径。诉讼可以充分、全面保护当事人的权益，生效的裁判文书具有执行力。但是，如果要走完二审程序，所需时间较长，而且还会耗费一定的资金（如律师费、诉讼费等），甚至有可能使双方的关系恶化。

四、有关侵权关系的咨询

(一) 侵权的概念

侵权，是指侵害他人权益的行为。尽管说侵权及合同都可能是产生责任的前因，但侵权行为与合同的违约行为两者之间有着根本性的区别。合同是双方合意的结果，且当事人对自己的违约行为所造成的损害应有合理的预判；而侵权则是非合意的，受害者无法预知加害人是谁以及受害的结果。

(二) 侵权行为的种类

侵权行为，可按不同的标准进行划分：

1. 按构成要件划分

一般侵权行为，是指行为人基于过错直接致人损害，适用民法上一般责任条款的侵权行为。

特殊侵权行为，是指行为人虽无过错，但依民法特别责任条款或民事特别法的规定，应当承担责任的侵权行为。

2. 按侵害对象划分

侵害财产权的行为，是指侵害物权及知识产权的侵权行为。侵害财产的行为，一般承担的是恢复原状、赔偿损失的责任。

侵害人身权的行为，是指侵害他人身体或人格的侵权行为。侵害人身权的行为，除赔偿实际损害外，还要对精神损害予以补偿。

3. 按致害人的人数划分

单独侵权行为，是指致害人仅为一人的侵权行为。单独侵权行为由侵权人承担责任。

共同侵权行为，是指致害人为二人或二人以上的侵权行为。共同侵权行为，由致害人承担连带的损害赔偿责任。

4. 按行为性质划分

积极侵权行为，是指致害人以积极作为的形式致人损害的行为。

消极侵权行为，是指致害人以消极不作为的形式致人损害的行为。

5. 按照责任领域划分

除一般侵权行为外，还有特殊领域的侵权所产生的责任，如产品责任、机动车交通事故责任、医疗损害责任、环境污染责任、高度危险、饲养动物损害责任、物件损害责任等。

（三）侵权纠纷咨询中应注意的问题

1. 了解事实

侵权是一种行为，如果由该行为引发的结果和承担责任的问题而发生纠纷，就必须要回到引发纠纷的原点。因此，搞清楚整个事件的来龙去脉尤为关键。如果对事实的经过不清楚，仅凭一面之词就提出所谓的对策，这种做法是不可取的。无论是医疗纠纷还是交通事故纠纷，如果对患者的病情和医疗方案不了解，对交通事故的原因不清楚，就无法做出准确的判断和想出下一步的对策。当前，假借医疗事故进行的“职业医闹”成为一种产业，严重影响了社会的稳定，必须依法对其予以打击。律师应当为维权提供专业性的法律帮助，绝不能助纣为虐。

2. 明确过错

按过错责任原则，行为人在有过错的情况下，才承担民事责任；没有过错，就不承担民事责任。不同类型的纠纷案件，举证责任的承担有所区别，一般情况下采取的是“谁主张谁举证”的“举证责任正置”规则，在特殊情况下才适用“举证责任倒置”规则，而且只有在法律明确类型化规定的情况下才适用“无过错”的究责。

3. 分清责任

通常而言，侵权责任的承担要有行为、过错、损害、因果关系四个要件。在因侵权受害事件中，是一人施害还是多人施害，受害者本身有无过错以及是否需要承担一定的责任是分清责任中需要搞清楚的问题。例如，路人在乡间道路横穿马路被超速驾驶的机动车撞伤，此时行人和机动车驾驶员存在混合过错。

4. 责任承担

应当由谁承担、承担什么责任这是责任承担要解决的问题，而且要结合侵权行为所违反的法律以及所造成的损害结果来确定侵权责任形式。从大的方面看，法律责任包括了刑事法律责任、行政法律责任和民事法律责任，而与侵权有关的民事法律责任，根据《民法总则》的规定，有停止侵害，排除妨碍，消除危险，返还财产，恢复原状，修理、重作、更换，赔偿损失，赔礼道歉等。

五、其他有关权利、义务的咨询

除较为典型的违约责任和侵权责任之外，不同法律关系中的当事人不一样，权利义务也不完全相同，相关当事人要承担的责任也有区别。因此，其他的权利和义务，须结合具体的法律关系和事实加以具体分析和处理。现实中，会较多地涉及婚姻家庭关系的问题。

第二节 律师咨询的收费标准

一、案件代理的免费咨询

律师提供专业咨询是否收费，一般会根据咨询业务量并结合是否代理该案件来决定。

如果是代理该案件的，前期的咨询通常是免费的。这犹如一个业主要求装修公司出具一个装修方案，如果接受装修方案并委托该公司施工的话，通常是不收设计费的。律师也可以依照收费标准对当事人的咨询部分单独收费，或者分段（咨询阶段、代理阶段）收费。

课堂讨论

既然律师咨询大多是不收费的，或者在代理之前的咨询是免费的，那么会不会有当事人打着“准备聘请律师”的旗号，到不同的律师事务所分别进行咨询，最后将各个所的意见总结一下，也就不用请律师了？或者说，作为律师，如何面对希望获得免费咨询的客户以及如何开展咨询活动？

二、单独咨询的收费标准

律师咨询收费，应当根据各地物价、司法行政管理部门颁发的标准执行。以广东省为例，根据《广东省物价局、司法厅律师服务收费管理实施办法》（粤价［2006］298 号）的规定，计时收费方式的收费标准为 200～3 000 元/小时。

网上有大量免费的所谓专业律师咨询，既然有免费的咨询，为何要选择收费的？要回答这个问题，就要看看免费咨询与收费咨询的区别。当你在网上提交“别人欠了我的钱到期没有还，我应该怎么办?”这样的问题进行咨询时，你会得到“可以依法提起诉讼”这样免费的回答。而真正专业的咨询，律师要了解债务形成的原因、支付经过、偿还情况、诉讼时效、对方拒绝偿还的理由、借贷合同的特殊约定等情况，等到将这些情况全部了解清楚之后，专业律师才会给你提出解决的建议和方案。就像是一个患者自认为得了感冒，他可以通过身体的自我调节来慢慢化解，也可以直接到药店购买药品服用，还可以到一般的医院去看普通门诊，甚至还可以到大医院挂专家号就医。如果真的是一般感冒，凭自身的抵抗力就可痊愈，吃药只不过是加快痊愈的速度而已，似乎没有什么区别；普通门诊大夫也仅仅是确认这真的是感冒，但专家诊断时会通过相应的检测和专业技术认定这只是普通感冒而排除是其他病症的并发症的可能。如果这不是感冒而是其他病症的并发症，那区别就体现出来了。人们事后通常会发出这样的感慨——“早知道这样，我就不会花这个冤枉钱了”；“早知道是这个结果，我就不会省这点小钱了”。不少人在签订二手房交易合同时，未咨询专业人士，匆忙间签订的合同有较多疏漏，直到打起官司来才发现很多条款是对自己不利的，最终自己败诉时才后悔当时没有请律师介入提供专业帮助。有人形象地比喻律师咨询费就像 5 元的停车费，再便宜都有人会觉得贵！直到有一张罚单贴在你车上，让你交 200 元违章停车罚款的时候，你才后悔早知如此，哪怕是交 20 元停车费也愿意！

第三节　律师咨询的要求

一、依据事实

尽管纠纷或者案件可以类型化，但是每一个纠纷都是独一无二的。“以事实为根据，以法律为准绳”是解决纠纷的基本原则，如果事实不清甚至事实错误，那么给出的建议或者答案往往是错的。因此，在回答相关问题之前，首先要了解清楚事实，而事实则需要通过相关的证据来佐证。当事人的陈述自然是帮助律师了解事实的最直接的方式，但当事人的陈述通常带有主观性和选择性。“主观”，是指带着自己的感情去看待事物，并实施行为、做出决策和下定论的表现。当事人往往会从自己的角度出发，把对自己有利和对对方不利的方面自觉不自觉地夸大，严重的甚至会歪曲事实。尽管律师一般都会立足于自己当事人的角度相信当事人的陈述，但在具体问题上还是应当尽量搞清楚事实的真相和原委，尤其是在相关证据显示出来的事实与当事人的陈述不一致时，更应注意了解事实真相和听取当事人的解释。

律师讨好当事人或者为了能够收取到相应的代理费，而枉顾事实提出不切合实际的方案，可能会得到当事人一时的赞赏或认可，但并非长久之策，而且最终有可能被别人揭穿而落下话柄。

二、符合法律

法律是解决纠纷的直接评判标准。在解决纠纷时，通常有以下四种情形：（1）法律有直接的规定；（2）法律有原则性规定；（3）法律针对不同的情况分别有不同的规定；（4）没有法律规定。

《民法通则》第 6 条规定：“民事活动必须遵守法律，法律没有规定的，应当遵守国家政策。”《民法总则》第 10 条则规定：“处理民事纠纷，应当依照法律；法律没有规定的，可以适用习惯，但是不得违背公序良俗。”

法律是具有原则性和一定稳定性的规范，而社会则是一个复杂多变的系统，二者之间的矛盾一直都会存在。运用哪一个具体的法律条款来处理某一个特定的问题，这不仅是一个实质性问题，还是一个技巧问题。

在处理民商事纠纷时，在有法律规定的情况下如何正确适用法律；在没有法律规定时，如何在不违背公序良俗的前提下适用习惯，是判断一位专业律师水平的试金石。

三、化解矛盾

法律需要体现公平和正义，其终极目标是要通过保障权利来维护社会秩序的稳定。

尽管警察、检察官、法官和律师所站的角度不同，但作为法律职业共同体中的一员，他们执行国家统一的法律，都以保障人应有的权利以及维护社会秩序的稳定为己任。尤其是在民商事领域出现的纷争毕竟是属于私权处分的范畴，很少有不可调和的矛盾。因此，律师在介入案件之前的咨询活动，必须要把握好问题处理的基本原则和尺度，应当以不激化矛盾为基本原则，以化解矛盾为目标。那种“无理搅三分，有理不让人”的做法，不仅无助于问题的解决，也不利于维护当事人的权益，更会严重扰乱社会秩序。因此，作为一个有良知的律师，不应说激化矛盾的话、不该做激化矛盾的事、不能出激化矛盾的主意。

对当事人的咨询，律师应当给出专业、合情、合理的解答，对相关的解决方案更应做出适时、合理的评估。有些行为在表面上看似乎是一种技术性的策略，但从专业的角度来看却是不可取的，甚至可以说是扰乱司法秩序的行为。

参考案例3-4

某当事人在合同中约定了明确、具体、有效的仲裁条款，在对方提起仲裁并得到受理的情况下，其代理律师为帮助当事人转移财产争取时间为目的，向人民法院提出了仲裁管辖的异议，甚至让当事人在另一个法院提起了诉讼，当管辖异议被驳回后又以同案件被法院受理为由要求仲裁庭中止审理。更有甚者，在仲裁开庭时，该律师又提出了仲裁员回避申请，当其回避申请被驳回后，在第二次开庭时，又申请延期审理，还提出了办案秘书的回避申请以及评估的申请等。如此一来，一个简单的案件由于管辖异议、向法院另案起诉、仲裁员回避、申请延期审理、申请秘书回避、评估鉴定等原因，竟然在长达两年的时间内都结不了案。

这种表面上有理，实际上阻挠正常仲裁程序开展的行为，客观上拖延了时间并激化了双方矛盾，可纳入“滥讼”乃至“恶意诉讼”的范畴。

【引例评析】

作为代理人为当事人办理民事和行政诉讼事务，作为辩护律师为犯罪嫌疑人或者被告人提供辩护，自然是律师的主要业务。日常工作中，律师为当事人提供咨询服务，往往是开展其他业务的基础，也是体现专业水平和道德水准的重要方面。长期以来，社会上不少人都知道律师可以作为代理人或者辩护人，但在日常的生活中不会想到去咨询律师，因而出现了不少本可避免的纷争。如二手房买卖没有咨询律师，也没有聘请律师见证或者参与，一旦价格出现较大波动，交易的一方就可能会爽约，有的人违约了还不自知甚至振振有词。

【练习题】

一、概念

律师咨询；确权；合同纠纷；争议焦点；侵权

二、简答题

1. 律师咨询有什么作用？
2. 合同纠纷的解决方式有哪几种？
3. 律师咨询要符合什么要求？

【模拟实训】

一、模拟场景

由一部分学生扮演专业律师和律师助理，另外一部分学生扮演当事人和当事人的家属，到律师事务所咨询一个专业性的问题。

二、题目（当事人可灵活机动地提出一个在实体法中已经学习过的具体问题向律师咨询）

1. 模拟一个确权问题，根据物权法的规定解答当事人关于物权归属和物权登记的问题。例如，女方以自己的名义向开发商购买了一套价值100万元的商品房并支付了首付款40万元，剩余的款项申请银行按揭贷款，女方拿到了只登记自己名字的房产证；此后女方认识了一位男士，两人共同向银行还款40万元。在尚有20万元银行按揭贷款未付清的情况下，二人要分手，对于该房产的权属产生了纠纷。双方一致确认按照当前的房价标准计算该房屋的价格已经增值到了200万元。现在双方到律师事务所来咨询：第一，该房产应该属于谁？第二，如果房子属于某一方，那么另外一方可以得到怎样的补偿？

2. 模拟一个合同关系，债权人到律师事务所咨询如何行使债权。

3. 模拟一个离婚事件，律师围绕离婚条件、子女抚养和析产问题给予回答。

第四章　律师代书业务

◆【本章引例】

小王大专法学专业毕业后进入一家民营公司的销售部工作。一天，销售部经理带他去外地出差商谈一笔交易，经理和对方的法定代表人就一笔300万元的交易进行商谈，最终达成了一致意见。销售部经理让小王按照他俩商谈的主要内容起草一份合同。小王第一次接到这样的任务，担心起草的合同不符合要求，于是向经理请示能否请律师代书，经理同意了。

◆【学习的目的与要求】

依据事实和法律，为维护当事人的权益而以当事人的名义书写法律文书，是律师业务的一种。学生应当结合司法文书写作的相关要求，了解代书的作用、基本要求和不同种类代书的特征开展代书业务。

◆【重点问题】

- 律师代书的作用
- 律师代书的要求
- 律师代书的种类

第一节　律师代书及其作用

一、律师代书的特征

（一）律师代书的概念

古代的代书，是代人撰写文稿，也指以代人撰写禀帖诉状等为业的人。后来，代书是指自己不能或不愿亲笔书写而委托他人代笔书写的文字材料，包括请人代笔写信、写起诉状、写遗嘱等。

律师代书，是指律师根据委托人提供的事实和证据，按照委托人的意志并以委托人的名义，依据法律，代替委托人书写相关法律事务文书的专业性活动。

律师代书，只是利用专业知识为当事人书写具有法律意义的文书而已，并非传说中古代无所不能的“刀笔吏”①。

（二）律师代书的特征

除了公、检、法等机构可以自己制作具有法律效力的法律事务文书外，相关的公民、组织也可依法书写相关具有法律意义的文书而启动或者参与法律程序活动。作为一项专业的活动，代书对文书的格式及内容都有相应的要求，因此代书不同于其他的律师代理活动，有以下特征：

1. 当事人的意志性

律师代书，仅仅是代理当事人起草具有法律意义的文书，而不是书写以自己的名义递交的相关文书。律师以当事人名义写出书面材料，完成后交给当事人，最终如何使用由当事人自己决定，并且由当事人自己承担使用该文书引起的法律后果。律师除了按当事人需求书写文书外，并不进行其他的法律活动，对其书写的法律文书所引起的后果不负责任。

律师代写的法律文书必须反映当事人的意志和要求，不能夸大、缩小和曲解当事人的意思和要求。

律师以“委托人的名义”代书时，不仅在称谓上要使用第一人称，而且在内容甚至语气方面也应当反映出委托人（当事人）的特点，而不应当站在代书者（律师）的角度。因此代书明显区别于代理词或者律师函。

2. 事实性

与代写家书或者一般的技术性代写活动不同，律师代书必须以事实为根据，对一些关键、重要的事实，律师应要求当事人提供证据，当缺乏证据或证据不足时，应当要求当事人提供线索，必要时律师可以自行调查、收集必要的证据。

3. 合法性

律师在代书过程中不能触犯法律，不得有违公序良俗。律师代书只能反映委托人的合法意志，对当事人提出的一些无理、非法的要求（例如代写敲诈勒索信），律师应予以说服、规劝，对于违法的所谓代书，必须予以拒绝。

4. 格式性

每一类法律文书都有自己的规范格式，对法定的以及形成惯例的格式必须严格遵守，不得随意更改。

5. 技巧性

代书要反映委托人的主要观点、请求、事实及法律依据，但在具体的行文和措辞方面，代书者可以运用自己的专业知识和写作技巧进行技术性安排，例如是以顺序还是倒叙的手法来写，都是属于技巧性的表述问题。对同一个委托人的相同的事实及目的，不同的代书者写出来的文书不会完全相同。

---

① 古人用简牍时，遇有错讹，则以刀削之，而后改写，故读书人及政客常随身携带刀和笔以便随时修改错误。因刀笔并用，历代的文职官员也就被称为“刀笔吏”。

二、律师代书的作用

（一）提供专业帮助

由于法律文书具有专业性，所以非专业人士难以写出符合要求的文书来。通过代书，律师可以为当事人提供专业的帮助、维护当事人的权益。

参考案例 4－1

传说古时候湖南有一讼师廖某，在当地颇有名气。有一少妇年少守寡，欲再嫁，恐丈夫家人阻拦，于是找到廖某。廖某为之代书，其中最为经典的就是“为守节失节改节全节事：翁无姑，年不老；叔无妻，年不小”以表达孀妇再嫁是为了保节、守节而做出的一种无奈选择。最终，“县官受词，听之”。

客观情况摆在那里，谁都能看得出来，但是怎么说才能让人感到改嫁不仅是符合情理的，同时还能激发人们对孀妇的恻隐之心。这就需要讼师具有一定的学问和水平。

（二）宣传法制

在代书活动中，律师会了解当事人的需求和目的，回答当事人对该问题所涉及的法律的疑问，并帮助其理解相关的法律制度以及具体的规定，这在一定程度上提高了公民的法律意识，教育公民遵纪守法。因此，代书活动过程本身就是一个法律宣传的过程。

（三）有利于程序顺利进行

无论是诉讼程序还是非诉讼程序，法律业务活动中很多是属于定式的程序性活动，相关的文书有规范格式的要求，也有内容专业的要求。律师作为专业人士，可以较好地理解相关程序的要求，依照法律职业共同体的要求使用相应的专业术语，写出能被该领域人员理解的文书。可见，一份合专业要求的法律文书可以促进专业活动（诉讼、仲裁）程序的顺利进行。

第二节　律师代书的要求

一、了解目的和要求

律师不能对当事人委托代书的目的不闻不问，应当通过与当事人沟通了解清楚其要求书写的文书是用于何种情形，为实现何种目的。只有了解了用途和目的，才能更好地写出有针对性的法律文书。对涉及国家秘密、商业秘密事项的文书，要告知当事人其特殊性，不宜接受代书委托。

二、坚持原则

律师开展代书业务，与从事其他法律事务一样，都必须坚持以事实为根据的原则。尽管委托人对基础事实的客观真实性负责，但要代写法律文书，其中所陈述的事实必须要有相应的证据作支撑，不能凭主观推断而胡编乱造，夸大、缩小或者随意取舍、断章取义。

律师代书的文书，在运用法律或者法律依据方面，不能空喊口号，应当有具体的法条依据，以体现出其专业性。

对于符合代书要求且有相应证据来证明事实、要求合理且有法律支持的委托，可依法代书，对于那些违法、缺乏证据、无理的要求，应当做好相应的劝导工作，绝对不能为违法犯罪行为代书。代书的内容应仅限于法律事务的范围内，不具有法律意义的民间书信不属于律师代书的内容，涉及参政议政或者单位内部事情处理等方面的也不属于律师代书的内容。

三、符合格式规范

不同的文书有其统一、固定的格式并有其特定的要求。在符合格式和事项的前提下，突出要求、事实及法律根据，以简练、朴实的语言表达出来。法律文书不宜使用描述性强、比喻色彩重的文学词语来表达。

四、建立档案

一般情况下代书不会出现代书者的名字，但是特定文书可能会出现代书者的名字并需要代书者签名，如代书遗嘱等。因此，代书过程必须要保留详细的书面材料和其他相关的证据材料（录音、证明人）。因此，律师代书应当建立相应的档案，不仅要有当事人签名的委托书，还要有谈话记录，更重要的是对于代书中陈述的事实所依据的证据要审核原件并复印留档。

如果代书业务有涉及商业秘密的资料，要专门作保密（密封）处理，拆封查阅要经过领导的审批并登记。

第三节　律师代书的种类

律师代书，有一定的范围限制，不是所有“书”均可“代”。律师代书主要有以下几类。

一、诉状代书

（一）诉状的种类

诉状，起诉状（起诉书）的简称，是指向法院提起指控要求做出判决的文书。诉讼案件有刑事诉讼、行政诉讼和民事诉讼三大类，诉状也有刑事起诉状、行政起诉状、民事起诉状三类。上诉状的写作和起诉状的写作要求大致相同，因此上诉状可纳入诉状的范围。

刑事案件要区别公诉案件和自诉案件。公诉案件是由检察机关代表国家提起控诉的刑事案件，而自诉案件则包括以下三类：告诉才处理的案件；被害人有证据证明的轻微刑事案件；被害人有证据证明被告人侵犯了自己人身、财产权利的行为并应当依法追究刑事责任，而公安机关或者人民检察院不予追究被告人刑事责任因而向法院提起指控的案件。

（二）诉状的结构

起诉状可分为首部、正文、尾部三部分（可在尾部加附项）。

1. 首部

(1) 标题。标题要写明案件性质和文书种类名称，如“刑事自诉状”、“民事起诉状”或“行政起诉状”。

(2) 当事人。包括案件中当事人（法定代表人）、代理人的基本身份情况。民事诉讼、行政诉讼中原告、被告双方，写时依照先原告后被告的顺序，依次写明姓名、性别、年龄、民族、籍贯、职业、工作单位和住址。如涉及机关、团体或企事业单位，应写明单位名称的全称、所在地和法定代表人的姓名与职务等。

(3) 案由。明确列出案件的主要类型，如刑事自诉、合同纠纷、撤销不法行政决定等。

2. 正文

(1) 请求事项。诉讼请求事项要写明请求法院解决的有关刑事、民事或行政权益争议的具体问题，如要求依法判处被告人三年有期徒刑、判决被告承担违约责任、判决撤销被告错误的行政决定等。

(2) 事实和理由。事实是以直接的方式来叙述，将涉及的时间、地点、人物、事情起因、事情经过、事情结果（危害）、争议核心七大方面的要素讲清楚。

理由是针对请求而言的，强调可以支撑请求的具体原因。要根据事实和证据以及法律规定来阐明理由，通常是采取先写事实后写理由的分述法，也可采取边写事实边讲道理和法律依据的夹叙夹议法，具体方法可视案情而定。

3. 尾部

在正文下面，另起一行写明收文机关，并在其右下方由具状人签名或盖章，注明具体的年月日。如由律师或他人代书，可写明代书人姓名和工作单位。

4. 附项

应具体说明起诉状副本的份数和证据的种类、名称、数量以及证人的姓名、住址等。可附“证据目录”。

(三) 代书诉状的注意事项

第一，必须符合法律规定的条件。如刑事自诉状只适用于刑事自诉案件，公诉案件起诉书则由人民检察院在提起公诉时制作。

第二，诉状内容要以事实为根据、法律为准绳。在事实的叙述方面，要结合现有的证据来展开；在理由的阐述上，不但要结合结果和相关书证，还要结合相关的法律规定和司法解释来做出充分的论证。

第三，诉讼请求要写得明确、具体和有依据。诉讼请求是要求法院做出处理的事项，关系到请求能否得到法院的支持，判决后能否得到执行，因此在书写时需要认真考虑。

参考案例4-2

张三与李四是夫妻，张三（丈夫）经常外出参加赌博，使家庭经济每况愈下，李四多次劝导无效还招致张三的殴打，李四不得不向当地的居委会求助，并希望张三能够改过自新。每次在居委会调解时，张三都口口声声说要戒赌，而且发誓不再打老婆了，但隔三岔五又“旧病复发”。李四决定要离婚，但张三不同意。于是李四准备请律师为自己写一份需求离婚的诉状，她不希望在诉状里讲太多张三的不是（例如不做家务、不顾家、不尊重老人、不注意卫生等），只强调是因为两人无法共同生活下去了，所以要离婚。

一份诉状应当包括哪些内容，先后顺序的安排以及格式，都是有要求的。能否判决离婚，关键要看是否具备离婚的条件。因此，离婚诉状一定要将离婚的理由写清楚。至于与离婚有直接关联的具体事情或者问题，可以省略。

二、答辩状代书

（一）答辩状及其作用

答辩状，是被告（人）、被反诉人、被上诉人、被申请（诉）人针对起诉状、反诉状、上诉状、再审申请（诉）书的内容，在法定期限内根据事实和法律进行回答和辩驳的文书。答辩状是诉讼文书中使用频率较高的文种之一。

答辩，是法律赋予处于被告地位的案件当事人的一种权利。答辩是一种权利，答辩人可以选择答辩也可以选择沉默。

答辩人通过递交答辩状行使答辩权，既有利于保护被告（人）的权益，也有利于法院全面了解案情和聚焦争议焦点。“兼听则明”，只有在听取多方面不同申辩意见并结合证据基础上才能认定事实、判明是非，做出正确的判决。

（二）答辩状的结构

答辩状由标题、答辩人的基本情况、答辩事由、尾部和附项组成。

1. 标题

针对不同案件的答辩状，要写明是“刑事答辩状”“民事答辩状”还是“行政答辩状”，还必须注明案号。如果是二审的上诉案件的答辩状，则须明确是“刑事上诉答辩状”“民事上诉答辩状”还是“行政上诉答辩状”。

2. 答辩人的基本情况

如果答辩人是公民，就要列出答辩人的姓名、性别、年龄、民族、籍贯、职业和住址。有代理人的，要标明代理人的种类（法定代理人、指定代理人、委托代理人），并写明其姓名、性别、年龄、民族、籍贯、职业和住址。如果是委托律师代理，须写明其姓名和职务。

如果答辩人是企事业单位、机关、团体（法人），要先列出答辩人及其单位全称和所在地。另起一行列写该单位的法定代表人及其姓名、职务。再另起一行，列写委托代理人及其姓名、职务。

3. 答辩事由

一审案件答辩事由和上诉案件答辩事由的写法不同：

一审案件答辩事由的具体行文为：“因××（案由）一案，现答辩人提出答辩如下：”。上诉案件答辩事由的具体行文为：“上诉人×××（姓名）因××（案由）一案不服×××人民法院××年×月×日×字第×号×事判决（或裁定）提起上诉，现答辩人提出答辩如下：”。

答辩的理由是答辩状的主体部分，写法无绝对统一的标准，可针对原告在诉状中提出的事实和理由，或上诉人在上诉状中提出的上诉请求和理由进行答辩，并可提出相反的事实、证据和理由，以证明自己的理由和观点是正确的，所提出的答辩反驳是合理的。

4. 尾部和附项

呈送的机关。分行写为“此致”“×××人民法院”。

右下方写明“答辩人×××（签名或盖章）”并注明具体的时间（年、月、日）。

附项应注明证物、书证的名称和件数。

（三）代书答辩状的注意事项

第一，避免长篇大论。答辩状是一种被动写作的文书，不能过于自主发挥，必须针对诉状所陈述的事实以及理由，结合其诉求来阐述，因此篇幅不必太长，但必须要抓住重点。

第二，突出纷争焦点。要通过答辩状体现出纷争焦点，使审理者了解本案原告（指控者）与被告（被指控者）双方争论的焦点问题。

第三，指出错误所在。答辩状要重点抓住起诉状中那些与事实不符、证据不足、缺少法律依据的内容，对其进行系统性辩驳，以便于法院在审理时查证相关问题，从而做出正确的裁判。

三、控告书代书

（一）控告信及其作用

控告，是指机关、团体、企事业单位和个人向相关机关揭露违法犯罪事实或犯罪嫌疑人，要求依法惩处犯罪分子的控诉和告知的行为。

控告一般是由遭受违法、犯罪行为直接侵害的被害人或其近亲属提出，主要是基于维护自身权益而要求追究被控告人刑事责任。控告也是公民享有的重要权利和同违法犯罪行为作斗争的重要手段，也是刑事案件立案材料的主要来源。公民的控告权受法律保护，严禁打击报复和陷害控告者。

控告书，是指被害人或其近亲属或其诉讼代理人，依法向司法机关告发侵犯被害人合法权益的违法犯罪行为，要求对予以惩处的控诉告知文书。

严格意义上看，控告书区别于申诉书。申诉书，是当事人认为自己的权益遭到非法或不当侵害时，向相关机关提出申请表达诉求，要求变更或撤销原错误处理决定、赔偿损失以及惩处责任人的文书。申诉书的受理机关必须按照有关规定对所申诉的事情做出处理，切实维护当事人的权益。

控告区别于报案、举报。报案，是指任何单位和个人（含被害人）发现犯罪事实后，向公安、检察院、法院报告请求审查处理的行为。报案人一般是偶然发现犯罪行为或事实，并不一定知道实施犯罪的人是谁。举报，是指与案件无直接利害关系的其他知情人向公安司法机关揭露犯罪事实或嫌疑人的行为。

参考案例 4-3

某村，甲与乙由于长辈的恩怨，一直视对方为仇人。甲在村民大会选举中得到票数最多，依照程序最终被选为村委会主任。乙对此耿耿于怀。此后，甲在自己的宅基地上挖地基准备建房子，乙则以甲建房子越界为由予以阻挠。在双方争执的过程中，乙将甲的儿子打伤，后经公安机关调查，最终乙被处以 15 天的治安拘留。乙为此怀恨在心，不断鼓动村民到县、市去控告甲贪污受贿，但最终都没有如愿。乙认为正是因为自己不会写控告信所以才告不倒甲，于是到律师事务所希望由律师为其代书一份有专业水平的控告信，希望能将甲告倒。

（二）控告书的结构

控告书由首部、事实与理由、尾部（含附项）三大部分组成。

1. 首部

（1）首部的标题。必须明确控告书的类型，如“刑事控告书”或“行政控告书”。必须注意，只有依赖国家公权力及机关处理和处分的情形，才存在控告的问题，纯属私权处分的情形不存在民事控告的问题，私权主体依法可独立行使诉权（提起诉讼）。

（2）相关人员的基本情况。控告人和被控告人的基本情况必须详细、具体地列出。

以在控告书上是否署名为标准，可将控告分为实名控告和匿名控告两种。匿名控告，是指不具名，化名或者假托他人姓名向有关国家机关或者司法机关指控和告发违法失职的国家机关及其工作人员或者犯罪分子及其犯罪事实的行为。控告人匿名的原因大致有害怕遭受打击报复、有难言之隐、意在诬陷他人三类。

对匿名控告检举要慎重对待，认真调查，不要轻易接受匿名控告的代书要求，防止委托人借专业律师之手捏造犯罪事实来诬告陷害他人。

（3）控告请求。控告请求是写控告书的主要目的，通过控告，要求接收文书的机关立案调查、最终依法将违法犯罪分子绳之以法，以维护法律的尊严和社会秩序的稳定。因此，请求必须是具体、可行的。

2. 事实与理由

事实，应当是控告者的亲身经历，而不是道听途说的东西。控告书必须将事实写清楚，并附相关的证据材料或者证据线索、证据来源等。

控告的理由主要是支持控告请求的理由，相关的法律规定就是最主要的依据。

3. 尾部和附项

呈送的机关。分行写“此致”，“×××公安局”、“×××人民检察院”或“×××人民法院”等相关的接收机构。

右下方写明“控告人×××（签名或盖章）”并注明成文时间（年、月、日）。控告信代书人也要签名或盖章并签署日期。

附项应注明证物、书证的名称和件数、证人的联系地址和联系方式。

（三）代书控告书的注意事项

第一，区分性质。控告通常是由受害人或其家属提出，而且一般适用刑事违法犯罪领域，其区别于报案、举报、申诉、起诉等行为。如果是一般的治安违法案件的报案，或者民事起诉，则要明确告知当事人可以通过其他的方式处理，而不是以控告的方式解决。

第二，审查事实。开展控告书的代书活动，应更加严格地对相关的事实加以审查，严防通过代书诬告、陷害他人，扰乱社会秩序的行为。对于道听途说、夸大事实、诬告陷害等不当行为，应当告知当事人相关法律规定并予以劝说，不得与当事人沆瀣一气、胡乱编造控告书。代书中所述事实应当客观、真实，不得带有过多个人的情感化表达，不得出现人身攻击、诽谤、谩骂等语言。

第三，保留证据。凡是经审查符合代书条件而应委托人要求代书控告书的，必须复印证据材料存档，每一份复印的证据材料上都必须加盖“本件与原件核对无异”的印章，并且要由当事人亲笔签名加以确认。当事人与律师的交谈过程要全程录音，有条件的还需要录像保存。

第四，处理结果的记录。对当事人使用该代书控告书的范围、时间、递交机关以及处理结果等相关信息，也要做相应的记录。按照规定，控告可以以书面或者口头的形式提出。口头控告的，接待的工作人员应当制成笔录文件，经宣读无误后，由控告人签名或盖章。接收控告的工作人员应当告知控告人：控告应实事求是，不得诬告陷害他人，并说明诬告应负的法律责任。按照《刑事诉讼法》的规定，人民法院、人民检察院或者公安机关对于控告材料，应当按照管辖范围进行审查，认为有犯罪事实需要追究刑事责任的，予以立案；认为没有犯罪事实，或者犯罪事实显著轻微，不需要追究刑事责任的，不予立案，并且将不立案的原因通知控告人。控告人如果不服，可以申请复议。

代书后代书律师应当通过电话回访的方式了解当事人使用控告书的结果，并将结果记录存于代书档案中。如果相关机关联系代书律师了解相关事实和证据的，代书律师应当予以配合。

四、遗嘱代书

（一）遗嘱代书及其效力

遗嘱代书，又称“遗嘱代笔”，是指因遗嘱人不能书写而由其口述内容，委托他人代为书写遗嘱的活动过程。

遗嘱是遗嘱人预先对自己的财产或其他事项所作的处理，应当由遗嘱人自己完成。但是，遗嘱人因不识字或生病等原因不能书写，又或者不愿意自己书写的，可以委托他人代写遗嘱。由他人代写的遗嘱，被称为代书遗嘱，代书遗嘱须经法律证明属实。根据《继承法》第17条的规定，“代书遗嘱应当有两个以上见证人在场见证，由其中一人代书，注明年、月、日，并由代书人、其他见证人和遗嘱人签名”。

（二）遗嘱的基本内容

代书遗嘱，必须符合自书遗嘱的要求，内容上应当明确记载遗嘱人、与遗嘱相关的当事人、见证人、遗嘱的实质内容、遗嘱记录日期等。

遗嘱的相关当事人有：

（1）立遗嘱人。立遗嘱人也就是今后的被继承人，其姓名、性别、年龄、民族、户口所在地、住址、婚姻家庭情况等信息必须详细、清楚、准确无误。

（2）遗嘱见证人。遗嘱见证人，是遗嘱人立遗嘱时在场见证全过程并可以作证的无利害关系的人。见证人必须是无利害关系的人，因此与其相关的信息（姓名、性别、年龄、单位、住所地、联系方法、与立遗嘱人以及遗嘱受益者的关系等等）尤为重要。必要时，还应当注明见证人见证立遗嘱的起因和介绍人的信息（介绍人的姓名、性别、年龄、单位、住所等）。

（3）遗嘱继承人或受益人。遗嘱继承区别于法定继承，立遗嘱人可以在法定继承人范围内指定继承人的范围以及遗产份额，但是根据《继承法》第19条的规定，“遗嘱应当对缺乏劳动能力又没有生活来源的继承人保留必要的遗产份额”。因此，代书遗嘱时要了解清楚立遗嘱人与被指定继承或者接受遗赠的当事人之间的关系。

（4）代书人。严格意义上，代书人也是见证人之一。应明确代书人与立遗嘱人、继承人或受益人之间是否存在利害关系。

课堂讨论

在古代，一般是自己不会写字才会要求别人代书。现在，尽管自己会写字，但由于某些特定事务涉及一些专业问题，故而请律师代书。自书遗嘱很常见，需要代书遗嘱通常是有特殊情况的。假如一个病人在自己神志清醒、行动自如且完全具有书写能力的情况下，要求律师代书遗嘱，应该怎么办?

(三) 代书遗嘱的注意事项

第一，了解动因。通常情况下，立遗嘱人在不会书写（不识字）或者无法书写（患病）的情况下，才会求助于他人代书遗嘱。而且，立遗嘱并非要以代书的形式才具有法律效力。还可以通过公证的方式赋予遗嘱更高的效力。因此，律师首先要了解清楚立遗嘱人需要代书的动机，必须解释我国《继承法》的相关规定和关于书面遗嘱效力以及其形式和内容方面的要求。

如果是家属委托律师到场代书遗嘱的，一定要了解清楚立遗嘱人自己的真实意图，杜绝家属在场迫使立遗嘱人接受事先准备好的所谓的口头遗嘱见证之后转换为书面代书遗嘱的做法。必要时，应当将委托人（亲属或者有利害关系的人）与立遗嘱人隔离问话、记录。

律师必须向立遗嘱人讲清楚代书遗嘱的前因和委托人所陈述的情形，检查立遗嘱人的文字书写能力，通过交谈了解其是否有代书遗嘱的真实意图。明确介绍代书遗嘱的程序、代书遗嘱的法律效力；介绍无利害关系的见证人并征询其意见。

第二，查清事实。首先，了解当事人的基本情况。了解立遗嘱人是否具有完全民事行为能力（年龄、智力状态），其书写、阅读、听力和理解能力是否满足陈述遗嘱内容的基本要求。必要的时候，可以要求其书写一些基本的文字并朗读或者让其陈述主要内容。除了立遗嘱人的基本情况外，还要了解其家庭关系（如夫妻关系、父母子女关系）。此外，还有见证人的基本情况。其次，了解遗嘱内容所涉的基本情况，如财产、相关问题处理的具体内容，凡是涉及财产的要具体到名称、所在地、现状、权属状况等，以房产为例，要明确房产证号、产权人、具体的地址、权属状况等。以存款为例，要明确开户银行、存款人姓名、存折号或卡号、存款性质（活期还是定期）、存款金额、截止日期等。最后，确认遗嘱的真实意思表示。要多次询问立遗嘱人遗嘱内容是否是其真实的意思表示，是否受到不当因素的干扰或影响。如果其显示出犹豫状态，应当明确告知现在先不确定，留下联系方式等其决定或者通知，待之后寻找机会再次询问。

第三，告知法律。立遗嘱人对相关的法律规定可能不了解，代书律师应当明确告知关于继承的法律限制性规定（如不能通过立遗嘱的方式处分夫妻关系存续期间的全部夫妻共有财产，不能通过立遗嘱的方式剥夺未成年人或缺乏劳动能力又没有生活来源的继承人的继承份额）和相关制度以及立遗嘱的方式和效力。

第四，建立档案。录音、录像，书面记录、代书遗嘱要审核无误，立遗嘱人要亲笔签名并按指印（明确记载具体是哪个手指），见证人和代书人都要亲笔签名。如果立遗嘱人要求保密，并指定遗嘱执行人，必须依照立遗嘱人的意愿和要求对遗嘱的内容保密，将遗嘱交给遗嘱执行人保管，代书律师应当建立档案保留相应的证据材料和代书原件。

五、其他法律文书的代书

除上述常见的诉状、答辩状、控告、遗嘱代书之外，根据社会实际需要，律师还可以在业务范围内开展其他法律文书的代书活动。

其他法律文书的代书，基本要求和上述介绍的大体一致，就是依据法律、立足事实、遵守格式规范要求，建立档案。

【引例评析】

在国际贸易中，大型跨国公司之间的谈判，通常都会有律师参加。商务谈判的负责人主要是考虑商务合作条件和经济成本以及收益等主要问题，至于合同条款以及具体的行文、表述等，基本上是交由律师来处理的。聘请律师参与整个项目的谈判，或者全程提供法律服务，又或者请律师代书等行为，已经逐渐被商事活动主体所接受。

【练习题】

一、概念

律师代书；诉状；答辩状；控告书；遗嘱代书

二、简答题

1. 对律师代书有什么要求?
2. 民事诉状中的“事实与理由”中的“事实”应当包括哪些基本的要素?
3. 答辩状的书写应当注意什么事项?
4. 律师代书遗嘱必须查清哪些问题?

【模拟实训】

一、模拟场景

1. 一个民事借贷关系的出借人，手持借款合同、借据、银行转账单、催收通知函到律师事务所，咨询律师并请律师代书诉状。

2. 一位到律师事务所的客户称：其家属年事已高（98 岁），现在因病危（神志尚清醒），要求律师到医院代书遗嘱，并提供了远亲近邻 5 人作为见证人。

二、题目

1. 律师通过咨询了解相关情况；按照法律文书的要求书写出一份民事起诉状。

2. 律师通过咨询了解相关要求；按照法律文书的要求草拟遗嘱，并建立相应的资料档案。

第五章　律师事务所合同及公函

【本章引例】

小张在某律师事务所实习了一段时间，一直都是在做整理资料、接待当事人之类的工作，见到其他的律师助理跟着律师进进出出忙碌的样子，甚是羡慕。一天，律师事务所的高级合伙人告诉小张让他准备好出差的证明，明天带他和律师助理一起外出进行调查取证。小张接到任务后十分兴奋，但一时又不知道出差前要准备什么公函。

【学习的目的与要求】

通过本章学习，了解律师事务所业务活动中涉及的主要合同，明确合同的主要条款及其内容设置的要求以及授权委托书应当记载的内容及表述要求。了解不同公函的使用目的以及公函的具体内容。

【重点问题】

- 律师事务所的业务合同
- 授权委托书
- 律师事务所的公函种类及内容

第一节　律师事务所的业务合同

一、常年法律顾问合同

（一）常年法律顾问合同的概念

常年法律顾问合同，是指委托方因业务发展和维护自身利益的需要，根据《律师法》《合同法》的有关规定，聘请律师事务所指派的律师作为常年法律顾问时签订的合同。

(二)常年法律顾问合同的内容

1. 首部

常年法律顾问合同的首部，包括合同标题、编号、委托方、律师事务所的名称和地址以及联系人等相关的基本信息。必要时可加“鉴于条款”①。

2. 主体内容

常年法律顾问合同的主要内容有：

(1) 工作内容和工作方式。常年法律顾问的工作内容通常包括：解答法律咨询、依法提供建议或者出具律师意见书；协助草拟、制定、审查或者修改合同、章程等法律文书；应委托方要求，参与磋商、谈判，进行法律分析、论证；受委托方委托，签署、送达或者接收法律文件；应委托方要求，就已经发生或者可能发生的纠纷，进行法律论证，提出解决方案，出具律师函，发表律师意见，或者参与非诉讼谈判、协调、调解；应委托方要求，讲授法律实务知识；办理双方商定的其他法律事务。常年法律顾问的工作内容一般不含诉讼（仲裁）代理，如果要包括年度内发生的诉讼（仲裁）案件代理工作的话，是否另行计费必须做出明确的约定。

常年法律顾问的工作方式，常见的为不定期见面的方式，如果是定期见面的工作方式，在特殊情况下应提前通知律师。不定期见面的方式，应当明确通信方式和文件交接形式。根据需要，也可以指派律师或者律师助理到委托方单位坐班。

(2) 指派的律师。双方商定由律师事务所指派专门的律师为委托方提供法律服务，通常情况下中途不得更换律师，但特殊情况下双方应另行商定（如指定的律师转所或者由于特殊情形无法继续提供法律服务的，应由律师事务所另行指派符合条件的律师接替原来律师的工作）。

(3) 服务收费以及支付方式。常年法律顾问的收费，应当依照收费规定由律师事务所与委托人协商确定，可以按年度一次性支付，也可以按季度或者按月支付。但是，顾问费应当支付给律师事务所而非直接支付给律师个人。差旅费以及其他工作费用应根据财务制度的规定报销。

(4) 权利义务。委托方的权利义务：有权获得合同约定的法律专业服务。派员配合并如实介绍相关情况和提供相应的材料，负担除常年顾问费用外的相关工作支出。

律师事务所的权利义务：有权依约收取费用，抵制不合法的委托事项；指派律师开展业务，提供专业的法律服务，对业务内容严格保密。

(5) 争议解决。委托方与律师事务所的争议，可约定诉讼或者仲裁。

3. 尾部

尾部，包括委托方、律师事务所的名称、签署人和加盖的公章以及日期。必要时可加附件。

---

① 又称“叙述性条款”，是由双方当事人就双方订约的背景、基础、目的、希望和意图所作的陈述性说明。如发生纷争，鉴于条款可起到解释订约目的与意图及某些具体条款的作用。

二、专项法律服务合同

（一）专项法律服务合同的概念

专项法律服务合同，是指客户与律师事务所签订的关于律师事务所向客户提供专项法律服务的合同。

（二）专项法律服务的范围

专项法律服务的范围相当广泛，凡是针对某一特定事项提供法律服务的，都可以称为专项法律服务。除了常年法律顾问业务和诉讼代理业务外，都可以纳入专项法律服务的范围之内。常见的专项法律服务包括：法律可行性研究、资信调查、律师见证、为交易提供法律意见、为股权转移提供法律保障、为特定项目提供全程法律服务、授权发表声明等。

（三）专项法律服务合同的内容

专项法律服务合同的主要内容包括服务事项、服务内容、服务期限、服务团队、服务方式、服务要求、工作配合、专项法律服务费用、争议解决等。

现在政府部门、事业单位以及国企，均已将所需要的专项法律服务纳入政府采购的招标范围，通过对外公布招标公告的形式招标，最后中标者和招标单位签订专项法律服务合同。

三、刑事法律服务合同

（一）非诉讼刑事法律服务合同

1. 非诉讼刑事法律服务合同的概念

非诉讼刑事法律服务，是指律师依法接受委托，针对与刑事法律相关的实体法和程序法问题，以不直接参加司法机关主导的刑事诉讼活动的方式，为需要刑事法律帮助的单位、个人提供诉讼外刑事法律服务的业务事项。

非诉讼刑事法律服务合同，是指客户因需要非诉讼刑事法律服务而由委托人和律师事务所签订的合同。

2. 非诉讼刑事法律服务的业务范围

目前非诉讼刑事法律服务的业务主要有："一般非诉讼刑事业务"和"为诉讼参与人提供刑事法律协助"两大部分。前者包括为个人、单位提供临时性刑事法律咨询，为个人、单位的刑事申诉或控告代书或做预诉调查，担任单位（政府、企业、事业、团体）、个人的常年刑事法律顾问。后者包括为刑事诉讼当事人提供法律服务，为刑事诉讼的证人提供法律服务，为参与刑事诉讼的律师、辩护人、代理人提供法律协助等。

（二）刑事辩护委托合同

1. 刑事辩护的概念

刑事辩护，是指任何人在遭司法机关追究刑事责任时，都有权针对被指控的罪行进行无罪、罪轻、减轻或者免除处罚的辩解和辩论。辩护权是犯罪嫌疑人、被告人的一项基本权利，也是保证司法公正的一项制度。

根据《中华人民共和国刑事诉讼法》的规定，在我国的刑事辩护制度中，根据辩护权的产生，刑事辩护可以分为自行辩护、委托辩护和指定辩护三种。

2. 刑事辩护的意义

刑事辩护制度扎根于"尊重人的尊严"这一思想，强调犯罪嫌疑人、被告人在未经法律规定的程序判决有罪之前，被推定为无罪。其享有辩护权及其他的诉讼权利，可委托律师或其他辩护人参与刑事诉讼程序，通过充分行使辩护权，与追诉机关进行平等对抗，以维护其合法权益。不仅任何人不得被迫自证其罪，而且还要确保每一个被指控的人都享有辩护的权利，这对完善诉讼结构形态，查明案件事实的真相，实现程序的正义，提高诉讼效率都起到一定的积极作用。

3. 刑事辩护委托合同的主要条款

刑事辩护委托合同，是指犯罪嫌疑人、被告人或其家属为了让相关机关对犯罪嫌疑人、被告人依法做出无罪、罪轻、减轻、免除刑事处罚的决定或者取消、改变相应刑事措施而与律师事务所签署为犯罪嫌疑人、被告人提供法律服务的合同。

刑事辩护委托合同的主要条款包括：委托人信息；受理机关和具体的案号；犯罪嫌疑人或被告人被指控的罪名；律师提供法律帮助的阶段（侦查、审查起诉、法院一审审理、二审上诉、申请再审、申诉等）；律师收费；等等。

4. 签订刑事辩护委托合同的注意事项

首先，应当明确委托的事项。不同于民商事、行政纠纷案件，刑事案件从公安机关的立案侦查、申请批捕、移送起诉到一审，再到二审直至移交执行，会经过不同的阶段，司法机关对犯罪嫌疑人或被告人所采取的刑事措施也可能有所不同，如刑事拘留、逮捕、监视居住等。因此，律师在为犯罪嫌疑人、被告人提供法律帮助时，必须明确是在哪一个阶段针对哪一项开展的。

其次，严格依照规定收费。关于刑事案件的法律服务收费，我国各省级司法行政机关会同当地的财政部门做出了相应的律师收费规定，可以采用分段收取法律服务费的方式，也可以采用全程收取法律服务费的方式，但必须严格执行收费标准。为刑事案件当事人提供法律服务，不允许采用风险收费方式（以不判决某个刑罚为实现目的的收费，或者以预期判刑与实际判刑时间之差作为收费的计算依据）。特别要强调的是，律师个人不得向当事人（犯罪嫌疑人、被告人或者作为委托人的家属）收取合同约定外费用。如果犯罪嫌疑人、被告人拒绝接受辩护或者法律服务，那么对于相关费用的具体处理方式，应当做出明确的约定。

最后，必须征询犯罪嫌疑人、被告人的意见。律师只有持授权委托书、律师事务所函，并出示律师执业证才可到看守所会见犯罪嫌疑人、被告人。因此，在犯罪嫌疑人、被告人被采取刑事措施（拘留、逮捕）的情况下，通常是由其家属代为聘请律师、签订刑事辩护委托合同。犯罪嫌疑人、被告人享有辩护权，因此他们有选择自己为自己辩护的权利，也有选择让他人为自己进行辩护的权利，如果不接受家属为其聘请的律师，他们有权另行选择辩护人或者拒绝现有的辩护人为其辩护。《刑事诉讼法》第 33 条规定："犯罪嫌疑人、被告人除自己行使辩护权以外，还可以委托一至二人作为辩护人。"第 45 条还规定："在审判过程中，被告人可以拒绝辩护人继续为他辩护，也可以另行委托辩护人辩护。"因此，律师接受家属的委托，在会见犯罪嫌疑人、被告人时，首先要确认其是否接受家属为其聘请的辩护律师，如果不接受，应当让其书写拒绝接受及拒绝理由的文件并且亲笔签名确认。

四、委托代理合同

（一）委托代理合同的概念

委托代理合同，是指委托方因特定需要，根据《律师法》《合同法》的有关规定，聘请律师事务所指派的律师为某项程序性活动提供代理活动时签订的合同。

（二）委托代理合同的种类

委托代理合同根据委托代理内容划分种类，按照不同的标准可以划分为民商事代理、行政代理、刑事代理（辩护），还可以分为诉讼代理、仲裁代理，又或者分为一审代理、二审代理、再审代理、执行代理等。

（三）签订委托代理合同的注意事项

第一，明确界定委托事项、代理权限和代理期限。无论是民商事案件还是行政案件又或者是刑事案件，委托律师代理的事项必须明确、具体。在我国，普通的民商事案件可能要经过二审，有的案件可能还要申请法院强制执行。因此，必须明确委托律师代理的是哪一个审级的活动。

委托的权限不仅要在委托代理合同中明确，还要在授权委托书中予以具体体现。

代理活动的期限与代理活动的审级有关，通常表述为“一审代理”、“二审代理”或者“再审代理”（要注意究竟是代为提出再审即结束代理活动，还是从提出申请到再审整个程序完结才结束代理活动）。强制执行代理合同中不得出现“全程代理”或者“全部代理”等含糊其词的表述。

第二，明确双方的权利义务。委托人与律师事务所各自有何权利和义务，必须在条款中予以明确。

第三，确定费用以及支付方式。代理费按照何种标准计算，具体怎样支付必须确定，尤其是采取风险代理收费的，应当对特殊情形做出明确的约定，如委托人撤回起诉（反诉），或者与对方达成和解、调解的，又或者委托方无正当理由终止授权的情形，是否视为风险代理所约定的目标已经实现？如果没有明确的约定，往往容易产生付费方面的纠纷。

第四，约定违约责任及争议解决方法。根据《中华人民共和国合同法》第 114 条“当事人可以约定一方违约时应当根据违约情况向对方支付一定数额的违约金，也可以约定因违约产生的损失赔偿额的计算方法”的规定，当事人可以在合同中约定违约金的具体数额或者违约金的计算方法。对于纠纷的解决方式，可以约定是通过诉讼或者仲裁的方式来解决。

参考文书

委托代理合同

×××所（201__）刑/民/经/行/非字第__号

（甲方）因××一案，现委托×××律师事务所（乙方）律师出庭代理/辩护，经双方充分协商，订立合同如下：

一、乙方接受甲方的委托，指派律师________为甲方第________审代理人/辩护人。

甲方委托乙方代理权限是：____

二、律师必须根据事实和法律参加诉讼活动，认真负责地履行律师的职责，维护委托人的合法权益。

三、依国家关于业务收费标准的规定，甲方向乙方支付代理费________元。

四、乙方为本案调查、出庭所产生的差旅费，按国家规定标准全部由甲方负担。甲方向乙方支付差旅费________元。

五、甲方必须真实地向律师叙述案情，提供证据。在接受委托后，如发现甲方捏造事实，弄虚作假，乙方有权终止代理，依本合同所收费用不予退还。

六、如乙方无故终止合同，代理费和标的费应全部退还甲方；如甲方无故终止合同，代理费和标的费不予退还。

七、如一方要求变更本合同条款需另行协议。

八、本合同经甲乙双方或其代表人签字（或盖章）生效。

九、本合同有效期限：自签订之日起至本案终结止（判决、调解、案外和解、撤诉及调查结案）。

十、本合同一式两份，双方各持一份。

甲方：　　　　　　　　　　　　乙方：×××律师事务所

住所：　　　　　电话：　　　　住所：　　　　　电话：

年　　月　　日

课堂讨论

如果客户准备和律师事务所签订合同的时候，突然提出律师事务所使用的格式合同条款有一些他不能接受的地方，甚至提出要变更或者增加某些条款，例如约定：客户与律师事务所如果发生纠纷，应当提交某某仲裁委员会，指定某位仲裁员担任独任仲裁员，采用书面审理的方式裁决。遇到客户提出类似这样的超出合同范本内容的情况，如何解决？

第二节　授权委托书

一、授权委托书及其作用

授权委托书，是当事人、法定代表人、第三人委托他人代为参加法律活动的证明文书。授权委托书是代理人接受被代理人代理权限的合法依据，也是相关机构接纳代理人参与诉讼活动的根据。

根据《律师法》第30条“律师担任诉讼法律事务代理人或者非诉讼法律事务代理人的，应当在受委托的权限内，维护委托人的合法权益”的规定，结合《民事诉讼法》第59条“委托他人代为诉讼，必须向人民法院提交由委托人签名或者盖章的授权委托书”的规定，律师在开展业务时，应当出示授权委托书。

二、授权范围及律师的职责

律师在业务范围和当事人的授权范围内开展代理活动，在一般情况下律师可以运用专业知识并根据实际情况进行灵活处理，遇到重大问题时可以征询当事人的意见再做处理。如果当事人事先有授权，则代理律师可在事先商定的范围内直接做出意思表示并处理。

民法中的代理是指代理人在代理权限内以本人（被代理人）的名义向第三人（相对人）作意思表示或受领意思表示，该意思表示直接对本人发生法律效力的民事法律行为。简单来说，就是代理人的行为等同于本人的行为，产生的后果由被代理人承担。因此，对委托人的授权范围必须有明确的界定。授权委托书必须写明委托事项和权限，司法实践中委托授权有一般授权和特别授权两种。

为当事人进行相关的联系，调查取证，出庭参加庭审活动（指控、抗辩、举证质证和辩论等）的，只需一般授权即可。

特别授权代理，是指委托人除赋予律师一般代理权限以外，还赋予其代理当事人对案件的实体问题直接做出处理决定并明确表态的诉讼代理权限。《民事诉讼法》第 59 条明确规定："委托他人代为诉讼，必须向人民法院提交由委托人签名或者盖章的授权委托书。授权委托书必须记明委托事项和权限。诉讼代理人代为承认、放弃、变更诉讼请求，进行和解，提起反诉或者上诉，必须有委托人的特别授权。"

仅写"全权代理"而无具体授权内容的，在司法实践中被认为是一般授权代理。授权委托书的授权范围源自委托代理合同。因此，授权委托书的代理权限，应当与委托代理合同所约定的委托代理权限一致；如果不一致的，以当事人签署的授权委托书为准。

参考文书

授权委托书

委托人：（单位名称、地址、法定代表人、地址、联系方式、个人信息）________

受委托人：（律师事务所，律师姓名，执业证号）________________________________

委托人________根据法律的规定，特委托××律师事务所________律师为委托人与________纠纷一案的________代理人。

代理人的代理权限为（在下述栏目中选择其一）：

1. 一般代理。即代为参与诉讼，提供法律帮助。

2. 特别授权。即代为起诉，承认、放弃或变更诉讼请求，代为和解，代为提起反诉或上诉，代收法律文书等。

代理期限：至本案（一审）审理终结时止（或特殊约定）。

委托人（单位盖章、个人亲笔签名）：________

××××年××月××日

第三节 律师事务所的公函

一、介绍公函

律师事务所作为一个单位，对外活动需要开具各类相应的公函。公函，是指正式的或官方的书信。公函是党政机关、人民团体、企事业单位间商洽和联系工作时使用的一种文体。公函的使用范围很广，平行机关或者不相隶属机关间，上下级之间在联系、询问、答复时，都可以使用公函。

根据函询、函告、函复的不同事项，可选择运用不同的结束语，如"特此函询""请即复函""特此函告""特此函复"等。如属便函，可以像普通信件一样使用"此致""敬礼"。

介绍公函，也称介绍信，是指出具单位向特定的接待单位开具的用来介绍商洽人员，希望得到对方接待的公函。介绍公函具有介绍、证明的双重作用，可以使对方了解来人的身份和目的，以便得到对方的信任和支持。

介绍公函有两种类型：一种是印好格式的介绍信，使用时只需在空格内填入相关内容即可；另一种是用公用信笺打印或书写的介绍信，可根据实际需要灵活书写。

介绍公函的内容包括：拟前往的特定单位名称、指派的工作人员姓名、联系工作的内容（目的）、希望得到配合的意思表示和感谢、介绍信的成文单位、成文时间（有效期）、开具介绍信的联系人等。

参考文书

（20××）××律介字第____号

介绍信

________（单位名称）：

兹有我律师事务所________、________等（律师或同志）前往贵单位联系________事宜，敬请接洽并予以配合为盼。

此致

敬礼！

××律师事务所（印章）

××××年××月××日

本介绍信____日内有效。

律师事务所联系人：×××，联系电话：×××××××××××

二、调查公函

调查公函，又称律师事务所调查专用介绍信，是律师事务所向有关单位或个人出具的，明确律师调查事宜的专门文书。调查公函的作用是证明律师身份并向有关单位（个人）介绍律师调查的相关事宜，以便得到有关单位（个人）的接待、配合。

根据《律师法》第35条“受委托的律师根据案情的需要，可以申请人民检察院、人民法院收集、调取证据或者申请人民法院通知证人出庭作证。律师自行调查取证的，凭律师执业证书和律师事务所证明，可以向有关单位或者个人调查与承办法律事务有关的情况”的规定，律师在开展业务时有权依法进行调查。

参考文书

（20××）××律调字第____号

调查专用介绍信

依据《中华人民共和国律师法》第三十五条的规定，特派我所律师________、________（律师证号）赴你处，调查________事项，请接洽并予以配合为盼。

此致

________（被调查的单位或者个人）

××律师事务所（印章）

××××年××月××日

本介绍信____日内有效。

律师事务所联系人：×××，联系电话：×××××××××××

根据民商事案件“谁主张谁举证”的一般举证规则，当事人应当为自己的主张提供证据，律师在代理活动中也应当积极收集证据。当出现《民事诉讼法》第64条规定的“当事人及其诉讼代理人因客观原因不能自行收集的证据，或者人民法院认为审理案件需要的证据，人民法院应当调查收集”的情况时，人民法院有权向有关单位和个人调查取证，有关单位和个人不得拒绝。人民法院也可以根据情况和当事人的申请，签署调查令，由律师持调查令进行调查取证。

参考文书

（20××）××法调令字第____号

××人民法院

调查令

我院受理原告（上诉人）________与被告（被上诉人）________纠纷一案，________申请人因无法取得有关证据，根据《中华人民共和国民事诉讼法》第六十四条的规定，经本院审查决定，现委托________律师事务所律师________（性别，律师证号）为我院代为调查以下事项：

1. ×××；
2. ×××；
3. ×××。

请你单位在核对持令人单位、姓名无误后，在有效期内，向持令人提供上述指定证据。对本调查令指定调查内容以外的证据，你单位有权拒绝提供。

有义务协助调查令实施的单位和个人，应当积极协助持令人收集、调查证据。无正当理由拒绝或妨碍调查取证的，人民法院可以责令其履行协助义务。

此令。

××人民法院（印章）

××××年××月××日

法院联系人：×××，联系电话：×××××××××××

律师事务所自己开具的调查介绍信与法院发出的调查令的主要区别在于：第一，开具的主体不同。调查介绍信是律师事务所自己开具的；调查令是法院签发的。第二，依据不同。调查介绍信是律师事务所根据律师法和具体业务开展需要而开具的；调查令是依据民事诉讼法由法院行使职权而签发的。第三，强制力及后果不同。调查介绍信只是一般的介绍性质，尽管依法了解案件的人都有配合的义务，但对拒绝向律师提供相关证据的单位或个人，通常难以追究法律责任；法院调查令具有较强的法律震慑力，拒绝配合调查及不履行相应义务的单位或个人可能会被依法追究责任。在某些判例法国家，如果拒不服从法庭的命令，将被判“藐视法庭”① 罪。

① 凡不服从或不尊重法庭或法官、可能影响司法运作的言行皆可人蔑视法庭罪。该罪名源于判例法，英国亨利二世时期（1154—1189年）就设置了藐视法庭罪，主要针对拒不接受法庭传召或拒不执行法院令状者。最具有典型意义的是英国1981年的《蔑视法庭法案》。

三、通知公函

通知公函，又称律师事务所函，简称律所函，是指由律师事务所向公安机关、人民检察院、人民法院、仲裁机构等部门出具的，用以证明律师代理人或辩护人真实身份情况的书面函件。

根据法律规定，律师事务所接受委托人的委托，指派律师担任代理人，除应向有关机关提交授权委托书外，还应提交律师事务所的相关函件，以证实代理律师的资格和身份。《律师法》第33条规定："律师担任辩护人的，有权持律师执业证书、律师事务所证明和委托书或者法律援助公函，依照刑事诉讼法的规定会见在押或者被监视居住的犯罪嫌疑人、被告人。"

律师事务函区别于律师函。律师函，是指律师接受客户的委托，就有关事实或法律问题直接向对方或者相关方披露、通知、评价而制作、发送的专业法律文书。

参考文书

（20××）××律（民、行、刑）函字第____号

律师事务所函

________（单位名称）：

贵院（会、办、委）受理________________________一案，本所接受________的委托，指派________律师为本案________的委托代理人。

特此函告。

此致

________（单位名称）

××律师事务所（印章）

××××年××月××日

附：授权委托书一份。

律师事务所联系人：×××，联系电话：×××××××××××

【引例评析】

律师开展业务活动，难免要与外界打交道。因此，事务所就会根据不同的活动要求开具不同的公函，以满足律师对外开展活动的需要。律师或律师助理，应当了解并正确使用不同的公函。

【练习题】

一、概念

常年法律顾问合同；刑事辩护委托合同；授权委托书；特别授权代理；律师事务所公函

二、简答题

1. 签订委托代理合同应当注意哪些问题？

2. 民事诉讼代理需要特别授权的有哪些?

3. 律师事务所的调查介绍信与法院的调查令有何区别?

【模拟实训】

一、模拟场景

根据网上某法院公布拟开庭审理的一个民事案件，或者虚拟一个当事人，委托律师代理一起民事诉讼案件。

二、题目

1. 草拟出一份民事代理合同。

2. 律师事务所根据某项业务需要，请某单位协助进行一项证据调查，拟开具一份调查介绍函。

第六章　法律顾问业务

◆【本章引例】

小李就读于某司法警官职业学院法律系，其中学同学王某说自己父亲的一位好朋友开了一家公司，在对外贸易中经常发生一些合同纠纷，想托其找一位常年法律顾问帮他处理一些法律事务，但又不认识律师。王某的父亲让王某找小李谈谈，看看小李是否能在课余时间帮这位公司的老板处理一些法律事务。这样小李不仅可以得到锻炼的机会，还可以赚取一些生活费。

◆【学习的目的与要求】

通过本章学习，了解律师事务所为个人、企事业单位或者党政机关提供的常年法律顾问业务的内容，明确聘请法律顾问的相关程序、业务范围和职责以及具体的工作要求。

◆【重点问题】

- 个人日常法律顾问
- 企事业单位常年法律顾问
- 党政机关法律顾问

第一节　个人日常法律顾问

一、个人日常法律顾问及其特征

（一）个人日常法律顾问的界定

顾问，泛指在某个领域或者某件事情上具有专业知识，可为当事者出谋划策之人。在《汉书·匈奴传赞》中就有“顾问冯唐，与论将帅”的记载。能够成为顾问的人，必须是在某专业领域的认知已达到了专家的程度，其提供的意见必须是独立和中立的。

常年法律顾问，是指依法接受个人或单位的聘请，以自己的法律专业知识、技能为聘请方提供多方面的法律服务的律师。

个人日常法律顾问，也称个人律师，是指接受个人聘请，在一定时间内以法律专业知识、技能为聘请的个人提供多方面法律服务的律师。

私人律师起源于商品经济发达的西方社会。随着社会的进步和文明的发展，涉及个人法律事务的领域不断扩大，而繁杂的经济活动使一些商人无暇亲自打理个人的涉法事务，所以其更多地利用专业人士来维护自己的权益，私人律师越来越多地介入公民个人及其家庭生活。在英美的电影或者电视剧中，人们经常看到这样的情节：一个犯罪嫌疑人被抓获时，警察会说："你被逮捕了！你有权保持沉默，但从现在开始你讲的每一句话都将会成为呈堂证供。"而被逮捕者往往会大喊："我要见我的律师!"律师与他会面之后往往还能将其保释出来。甚至，更让人疑惑的是，在美国电影《教父》中，连"黑社会"都有自己的律师。"规避工作和生活中的法律风险，追求利益最大化，防患于未然"是个人常年法律顾问服务的宗旨与职责，因此，随着社会的发展，私人律师服务有遍及社会生活方方面面的发展趋势。

（二）个人日常法律顾问的特征

1. 私密性

单位有自己的秘密，企业有自己的商业秘密，而个人也有很多的隐私信息。如果当事人出了问题再去找律师，一来时间紧迫，二来对委托的律师不熟悉、不了解，也担心其不能很好地保守秘密，三来律师工作繁忙也未必能够提供及时的专业服务。而私人律师通常与委托人建立了很强的信任关系，律师对委托人的财产状况、经济行为、意思表示等比较熟悉，委托人对律师的专业水平和个性也有相当的了解和信任。故而，私人律师必须严格保守秘密，更严格地履行忠诚义务。尤其是涉及纯粹私人事务方面的活动（如立遗嘱），甚至不得将该内容透露给其配偶、子女。

2. 专业性

无论是过去的科学界巨人阿尔伯特·爱因斯坦（Albert Einstein），还是当代的世界首富比尔·盖茨（Bill Gates），或是被誉为"股神"的沃伦·巴菲特（Warren Buffett），他们都未必熟悉法律领域的相关知识和处理方式。所谓"隔行如隔山"，皆因"闻道有先后，术业有专攻"。在有一定经济条件的前提下，利用他人的专长来帮助自己发展是个人成功必不可少的条件。比尔·盖茨经常被问到是如何成为世界首富的，他的回答是："我请了一群比我聪明的人来帮我工作"。

3. 稳定性

个人的隐私信息被越少的人知道越安全。交往的时间越长对一个人的了解就越深。因此，私人律师通常与雇主保持着长久的合作关系，不会轻易被解雇。而单位的常年法律顾问则不同，通常一个单位的最高领导的更换会导致常年法律顾问的更换。

二、个人日常法律顾问的业务范围

（一）个人私生活领域

政府有自己的职能，公司有自己的经营范围，个人有自己的私生活。有人常说现代社会的个人，需要三个顾问：第一个是健康顾问，第二个是理财顾问，第三个是法律顾问。

人们生活在这个社会之中，或多或少地会碰到一些问题，而这些问题又或多或少地与法律有关。准备起草遗书却不知道放在哪里保管，存在银行的款项被他人持克隆的银行卡取走，如此等等。你是自己处理，还是委托律师为你提供法律服务？个人的理财、家庭关系处理，乃至日常活动，凡是涉及法律的，例如投资、与他人合作、购买商品房、赠予、接受继承、登记结婚、离婚等等，都可纳入个人私生活的领域而需要法律服务。

（二）程序性活动领域

律师可以代理公证、涉税或者其他具有法律意义的程序性、手续性事务活动。例如，缴纳个人所得税的问题既专业，又限时，在市场经济发达的国家和地区，税务师通常会依法给雇主策划，力求最大限度地少纳税和最大限度地享受到税收优惠政策。避税与偷税、逃税，仅一字之差，但却是本质不同的两类行为。凡是可以通过律师代理的程序性事务，都可委托律师进行。

（三）涉治安、刑事领域

尽管现在已经有了“人脸识别技术”①，但该技术尚未在行政管理和治安管理领域全面铺开，治安、刑事领域或需要法律服务。

参考案例6-1

2003年3月17日晚10点，毕业于武汉科技学院、之后在深圳一家公司工作，然后应聘成为广州某服装公司平面设计师的孙志刚，因上街没有随身携带身份证而被相关人员送到了派出所。孙志刚在电话中让某先生“带着身份证和钱”去保释他，某先生和另一个同事赶往派出所，由于孙志刚曾经与执勤人员发生口角，因此某先生被告知“有身份证也不能保释”。之后，孙志刚被转到了收容遣送站，20日上午9时50分孙志刚在收容遣送站死亡，死亡证明上写有“脑血管破裂？心脏病猝死？”的内容。

一个年轻人在广州有工作单位、有合法的住处，仅仅因为上街没有携带身份证就被警察带走，因为与执勤人争执了几句，不仅不让保释，还被移交到了收容遣送站，最后甚至在收容遣送站被打死了。最终，相关责任人员不同程度地被处罚，或判刑、或被施予行政处分。

资料来源：根据网络资料编写。

三、个人日常法律顾问的工作要求

（一）交朋友，显专业

个人日常法律顾问的需求者是自然人，其需要法律顾问的原因一方面出于对律师专业性的考虑，但更多的还是出于对该律师的信任。因此，这与某个单位、特定项目通过招标的形式来比对、衡量多个律师事务所的团队及其专业性有很大的区别。日常法律顾问与聘请者往往已经超出了一般的律师与雇主的关系，或多或少地隐含有一些“朋友”关系，只

① 人脸识别技术，又称人像识别技术、面部识别技术，是指利用摄像、计算机数据分析等手段，基于人的脸部特征信息进行身份识别的一种生物识别技术。人脸识别技术的研究始于20世纪60年代，80年代后随着计算机技术和光学成像技术的发展得到提高，进入初级的应用阶段则在20世纪90年代后期。2014年3月，某团队发布研究成果，基于原创的人脸识别算法，准确率达到了98.52%，首次超越人眼识别能力（97.53%）。至2018年年初，人脸识别技术已经在多个领域被广泛应用。

不过这个朋友是要付费的法律专业的朋友而已。

（二）全天候，无死角

一旦成为某个私人的日常法律顾问，就意味着24小时随时可能要开展工作，而没有传统上下班时间的区分。而且，凡是涉及客户的涉法实务，都要纳入工作的范围。

（三）守秘密，维权益

个人日常法律顾问必须尊重雇主的个人隐私并为其保守秘密，尽最大可能维护其权益。

（四）为个人，有单位

律师作为个人日常法律顾问，是以个人的专业法律知识为雇主服务的，但合同由律师事务所与雇主签订。因此，执行职务工作时必须公私分明。

第二节　企事业单位常年法律顾问

一、企事业单位常年法律顾问的聘请

（一）企事业单位常年法律顾问的概念

企事业单位常年法律顾问，是指依法接受企业（公司）、事业单位的聘请，在一年及一年以上的连续时间内为其提供专业法律服务活动的律师。

（二）企事业单位对常年法律顾问的要求

企事业单位的法律顾问分为常年法律顾问和专项法律顾问，大型的企事业单位一般都会聘请常年法律顾问，因其能为企事业单位的生产、经营、管理和其他活动提供全方位的法律帮助。有人做过调查分析，通过哪些企业需要聘请常年法律顾问、企业聘请常年法律顾问的走向如何、常年法律顾问哪方面的价值最受关注、常年法律顾问的当前服务满意度如何、企业对常年法律顾问的服务需求是什么、常年法律顾问的当前服务方式是什么、常年法律顾问费用究竟该是多少、企业与常年法律顾问一般合作多久、企业一般如何聘请常年法律顾问、企业什么时候会换常年法律顾问等方面的调查来告诉你，企业喜欢什么样的常年法律顾问。

调查表明：国有企业、外资企业与民营企业聘请常年法律顾问的比例分别占86.36%、73.62%、62.94%。在聘请常年法律顾问的企业调查中，超过90%的被调查者认为专业性是首选因素。而对于常年法律顾问不满意的地方首先是其提供服务不够及时（占47%，能够在三天之内回复咨询的只有20%，而法律文件能够及时回复的不到10%，三天之内回复的比率高达45.49%）；其次是无法有效地解决问题（占39%）。有近67%的企业认为常年法律顾问团队人数应为1～3人，仅有7%的企业可接受只有1个人的法律顾问团队。在多项选择中，企业对法律顾问服务最基本的需求是法律咨询（超过90%）和法律文件的制作（接近75%），且绝大多数的常年法律顾问提供的法律服务也只包括这两项，而对于法律培训、法律资讯等其他方面的服务较少。在服务方式上，大多以电子邮件和电话的方式回复，较少以书面方式回复。在收费方面，常年法律顾问收费金额大部分集中在1万元到5万元的区间（占60%）；5万元到10万元的仅占14%。常年法律顾问仅签1年的接近一半，签1年以上3年以内的占37%，签3年以上5年以内的占9.2%，而签5年以上的仅占4.44%。企业获得律师信息最常见的三种途径分别为朋友介绍、线下

活动（例如讲座）以及线上链接（例如网络搜索）。尽管向企业推荐顾问律师的多为人力资源部的负责人（约占 48%）和总经理（约占 39%），但最终做决定的基本上（约占 71%）都是企业的总经理。

尽管上述的调查是针对 2016 年 1 月 1 日到 2016 年 10 月 31 日某地级市的，而且只是从 1 500 家企业中随机抽选出 343 家来进行数据分析，但这些数据仍可以说明当下的一些问题，也值得我们思考。

首先，企业有常年法律顾问的需求，但需要支出经费和能否发挥作用的疑问影响了聘请的普及性。现代企业领导意识到在法治社会里，依法依规经营，必须要遵守法律和依法维权，但并未清晰认识到常年法律顾问与发生问题时临时聘请律师的区别。企业并非真的到了连一年 5 万元都出不起的地步，只是觉得出这个钱没有价值或者回报，反正到了有“官司”的时候还得聘请律师支付代理费。

其次，聘请常年法律顾问仍然是考虑熟人因素并由高层领导决定。聘请常年法律顾问的提议或者人选，虽然通常由人力资源部经理提出，但最终的决定权往往掌控在总经理手里。

再次，低价竞争与延时服务形成了恶性循环。为了先占“地盘”、结识人脉、维护好关系，只有稳住这个阵地才可能获得企业未来变量的法律业务从而补偿收费，所以不少的律师情愿接受一年 1 万元常年法律顾问的低收费，甚至有律师宁愿不收常年费用也要占据常年顾问这个位置；而这样的“贱卖”往往会让人感觉“便宜没好货”；合同一经签订，律师往往心有不甘，对应该开展的服务采取不理不睬的态度，反过来又增加了企业的埋怨。

最后，单兵作战与传统的服务方式难以提升影响力。作为一个大中型企业，日常运营中涉及的法律问题是相当多的，除非其本身设置有“法务部”，有专人处理相关的法律事务，否则仅凭一个常年法律顾问无论如何也是忙不过来的，更何况律师还有自己的日常业务，甚至有的律师兼任数家乃至数十家企业的常年法律顾问，他既“顾”不过来，也“问”不了。

（三）企事业单位聘请常年法律顾问的程序

无论是基于熟人介绍还是通过其他途径促成律师与企事业单位领导的认识，尽管事实上开展业务活动的是单个律师或者是律师团队的成员，但最终签订合同的主体仍然是律师事务所，聘请单位的常年法律顾问费必须直接支付给律师事务所，严禁由企事业单位以给本单位员工发工资的方式向律师直接支付“工资”或者报酬。

二、企事业单位常年法律顾问的工作内容

（一）法律咨询

企事业单位碰到需要咨询的经营、职权范围内相关的法律事务问题，可向常年法律顾问提出，法律顾问应当及时对疑问进行法律剖析并提供相应的（口头或书面）处理意见。

（二）审查制度

根据单位的要求，审查单位的内部管理制度、集体劳动合同文本及与之相关的培训协议、保密协议等。

（三）参与决策

就单位的重大计划提出初步的法律意见，应要求旁听相关的会议，见证单位的重大决议。

（四）审查修改法律文件

根据单位的要求，协助审查并修改因日常业务运营需要而与第三方签订的合同及其他法律文书，出具一般性的法律意见。

（五）对外交涉

处理单位在日常业务运营中的债权债务纠纷，协助单位与第三方进行交涉，出具律师函，维护单位的合法权益。

（六）沟通调解

在单位与第三方（含劳动者）发生争议时，协助单位沟通、调解。

（七）发布公告

应单位要求，起草并以单位名义在公共媒介上发布具有法律意义的公告、声明、通知等。

（八）协助联系

参与并协助单位同政府相关部门、各商业合作伙伴就单位的经营和业务的涉法律事务进行联系。

（九）告知动向

不定期地向单位提供与行业经营相关的最新法律动向，以利于单位适时、适度做出调整；必要时可发出法律警示。

（十）法律培训

向单位的相关员工提供有关的法律培训（每年不少于一次）。

（十一）其他事务

除上述10项常规性业务外，可商定另行收费的其他相关法律事务，如诉讼（仲裁）、专项的法律可行性研究、代办公证、代办工商登记、代办非诉讼（仲裁）的其他业务等。一般情况下，常年法律顾问另行代理的业务，根据规定以及习惯做法，收费时可在标准收费基础上给予一定幅度的优惠（如8.5折）。

参考案例6-2

一天，某公司的董事长让秘书打电话约公司的常年法律顾问到公司来谈公事。陈律师到了公司见到董事长，董事长紧握住他的手说："你来啦，我有点私事要找你帮我解决。我太太一个亲戚家的小孩不懂事，在乡下偷了几辆摩托车被警察抓了。你安排一下，疏通一下关系，把人给放了吧。我亲戚那边会带回去好好训斥这家伙的。"陈律师说："感谢董事长的信任。这件事，恐怕还得麻烦您那位亲戚到事务所来，我安排其他律师接访和办理，必要的话签订委托合同后律师会依照程序和规定办理的，至于能否放人还要看具体情况。"

现实中，不少企业会聘请常年法律顾问，而企业领导并没有聘请个人日常法律顾问，当他个人有相关的法律实务需要处理时，往往会求助于常年法律顾问；或者单位并没有聘请常年法律顾问，当单位有涉法事务需要处理时也自然而然地会要求个人日常法律顾问出面处理。律师通常因情面而不好拒绝，也难以另行商定收费。这样一来，就会出现"公私兼顾"的情形。

课堂讨论

当公司的常年法律顾问碰到公司领导要求律师办理私人法律事务的情况时，应当如何处理？通常的处理方式有：一是爽快答应，至于收费，可以考虑纳入今后的常年法律顾问费用之中一起结算或者计入下一期常年法律顾问费用中。二是拒绝，明确告知这件事情与公司常年法律顾问是两回事，公司的常年法律顾问的业务不包括公司领导个人法律事务。三是委婉地说明这与公司常年法律顾问事务有区别，感谢其信任，一定会尽力尽快安排其他律师商谈和处理。

三、企事业单位常年法律顾问开展工作的注意事项

（一）常年顾问并非单位员工

常年法律顾问是律师事务所的律师，而非聘请单位的员工。因此，除特定要求和特殊计费以外，常年法律顾问一般不会常驻聘请他的顾问单位，也不直接接受聘请单位的工作安排或者指令，更不直接向聘请单位收取“工资”或者“酬金”。聘请单位的领导将常年法律顾问当成自己的员工，直接给其安排工作并要求其坐班、加班的做法是错误的；常年法律顾问也不是聘请单位领导的私人日常法律顾问，领导私人涉法事务应当另行办理委托手续处理。常年法律顾问要公私分明，妥善处理好各种关系。

参考案例6-3

一天，某公司的总经理让秘书打电话请公司的常年法律顾问到公司来。陈律师到了公司见到了总经理，总经理表示希望陈律师在最近两个月的时间内到公司来上班，负责组建公司的法务部，并明确公司成立法务部之后就不再需要陈律师这个常年法律顾问了。陈律师听后深感为难。

对于不同的需求，要提供不同的服务形式。因此，在签订常年法律顾问合同时，要与对方进行充分协商，必须要让聘请单位的负责人明确常年法律顾问的工作职责、工作形式和具体要求。对于合理的要求，必须尽职尽责；对于不合理的要求，要说明和解释，必要时应当予以拒绝。

（二）讲究时效同时兼顾质量

商场如战场，在争分夺秒的竞争状态下，常年法律顾问要及时解答单位的法律咨询或者完成常年法律顾问的本职工作。对于一般性的专业问题要及时回复，对于重大的、需要认真研究的专业性问题，也要在顾问合同要求的时间内解决，决不能以自己有案件需要处理为借口来拖延。

（三）与时俱进发出善意提醒

国家的法制建设在不断完善，企事业单位的工作也要同步加以改进。因此，国家立法和行政规章乃至政策的改变，都可能对企事业单位的业务活动造成一定的影响。作为专业人士的律师应当与时俱进地更新知识以及方法，要将新的资料分发给单位的相关部门和负责人，并及时提出专业的警示或者通报，要求相关部门调整工作和策略。

（四）分内之事区别另行约定

常年法律顾问的工作，应当全方位覆盖聘请单位的涉法事务，也就是通常所说的业务铺开到哪里，法务工作就必须跟进到哪里。常年法律顾问合同中约定常年法律顾问的工作属于分内之事，不再另行收费，但基于工作需要支出的差旅费或者误餐补贴，应当由聘请

单位承担。对于常年法律顾问合同约定工作范围外的，可以根据收费标准另行商定。

（五）卓有成效还要有据可查

常年法律顾问工作更多的是一般、常态的事务性工作，不像个案的代理那样有一个完整的档案。因此，要做好日常事务工作记录，相关的往来文件也要做好登记或者记录，除重大的专项事务须建立单独的档案外，年末还应当有一个比较完整的工作报告。

第三节　党政机关法律顾问

一、党政机关法律顾问制度

（一）党政机关法律顾问及其意义

1. 党政机关法律顾问的概念

党政机关法律顾问，又称政府法律顾问，是指由党政机关聘请，为党政机关依法开展工作提供法律意见以及服务的专业人员。

党政机关法律顾问，不同于个人日常的法律顾问，也区别于企事业单位的常年法律顾问，其在聘请条件、程序、工作内容和要求以及职权、职责等方面都有特殊的要求。

2. 党政机关法律顾问的意义

全面推进依法治国，就是要依照宪法这个治国安邦的总章程治理国家，坚持党的领导、人民当家做主、依法治国有机统一。建立一个由完备的法律规范体系、高效的法治实施体系、严密的法治监督体系、有力的法治保障体系和完善的党内法规体系构成的法治体系，坚持依法治国、依法执政、依法行政共同推进，坚持法治国家、法治政府、法治社会一体建设，实现科学立法、严格执法、公正司法、全民守法，就能进一步夯实党执政兴国的法治基础，巩固党总揽全局、协调各方的领导核心地位，为全面建成小康社会、实现中华民族伟大复兴的中国梦汇聚团结奋斗的磅礴力量。全面推进依法治国，最终要落实到国家治理体系和治理能力现代化上，体现为不断提高党的领导水平和执政水平。因此，党政机关的日常工作必须严格依法开展，而党政机关法律顾问制度就是有效的保障机制之中的重要内容。

（二）依法行政及党政机关法律顾问制度的发展

1978 年党的十一届三中全会提出了健全社会主义民主和加强社会主义法制的任务。

从 1985 年开始，在全国范围内开展广泛和深入的“依法治理”工作。

1989 年 12 月 23 日，为适应政府法制建设的需要，加强对律师担任政府法律顾问工作的领导和管理，司法部颁布了《关于律师担任政府法律顾问的若干规定》，明确了政府法律顾问的职责是，为政府在法律规定的权限内行使管理职能提供法律服务，促进政府工作的法律化、制度化。

1997 年 9 月，党的十五大将过去“建设社会主义法制国家”的提法，改变为“建设社会主义法治国家”，明确提出依法治国是党领导人民治理国家的基本方略。

1999 年 11 月，国务院发布了《国务院关于全面推进依法行政的决定》（国发［1999］23 号），要求各级政府及其工作部门加强制度建设，严格行政执法，强化行政执法监督，不断提高依法办事的能力和水平。

2004年3月22日，国务院印发了《全面推进依法行政实施纲要》，提出了依法行政的基本要求：合法行政、合理行政、程序正当、高效便民、诚实守信、权责统一。

2013年11月12日，中国共产党第十八届中央委员会第三次全体会议通过了《中共中央关于全面深化改革若干重大问题的决定》，明确提出了“普遍建立法律顾问制度”的改革任务。

2014年10月20日，中国共产党十八届四中全会首次以全会的形式专题研究部署全面推进依法治国这一基本治国方略。2014年10月28日，《中共中央关于全面推进依法治国若干重大问题的决定》发布，进一步明确：“积极推行政府法律顾问制度，建立政府法制机构人员为主体、吸收专家和律师参加的法律顾问队伍，保证法律顾问在制定重大行政决策、推进依法行政中发挥积极作用。”要求“各级党政机关和人民团体普遍设立公职律师，企业可设立公司律师，参与决策论证，提供法律意见，促进依法办事，防范法律风险”。

2016年6月，中共中央办公厅、国务院办公厅印发了《关于推行法律顾问制度和公职律师公司律师制度的意见》，对建立和健全党政机关法律顾问制度做出了明确而具体的规定。该意见明确要求2017年年底前，中央和国家机关各部委，县级以上地方各级党政机关普遍设立法律顾问、公职律师，乡镇党委和政府根据需要设立法律顾问、公职律师，国有企业深入推进法律顾问、公司律师制度，事业单位探索建立法律顾问制度，到2020年全面形成与经济社会发展和法律服务需求相适应的中国特色法律顾问、公职律师、公司律师制度体系。

参考案例6-4

某地方政府的一个职能局，拟依照规定聘请常年法律顾问。局长看中了某个律师事务所的团队，于是就给办公室主任打招呼，让其以“单一来源采购”① 的方式确定该律师事务所，之后与该事务所签订合同。

根据《政府采购法》第2条的规定，政府采购，是指各级国家机关、事业单位和团体组织，使用财政性资金采购依法制定的集中采购目录以内的或者采购限额标准以上的货物、工程和服务的行为。而该法的第26条明确了政府采购采用的方式为：(1) 公开招标；(2) 邀请招标；(3) 竞争性谈判；(4) 单一来源采购；(5) 询价；(6) 国务院政府采购监督管理部门认定的其他采购方式。而且，公开招标应作为政府采购的主要采购方式。第31条明确规定只有符合下列情形之一的货物或者服务，方可依照该法采用单一来源方式采购：(1) 只能从唯一供应商处采购的；(2) 发生了不可预见的紧急情况不能从其他供应商处采购的；(3) 必须保证原有采购项目一致性或者服务配套的要求，需要继续从原供应商处添购，且添购资金总额不超过原合同采购金额百分之十的。可见，正常情况下政府机构聘请常年法律顾问，应当采取公开招标的形式。

二、党政机关法律顾问的职责

根据1989年司法部的《关于律师担任政府法律顾问的若干规定》，律师担任政府法律

① 单一来源采购，又称直接采购，是指采购人向唯一供应商进行采购的方式。适用于达到了限购标准和公开招标数额标准，但所购商品的来源渠道单一，或属专利、首次制造、合同追加、原有采购项目的后续扩充和发生了不可预见的紧急情况不能从其他供应商处采购等情况。该采购方式最主要的特点是没有竞争性。正常情况下，政府机构聘请常年法律顾问，不能使用“单一来源采购”方式。

顾问，受政府委托办理下列法律事务：(1) 就政府的重大决策提供法律方面的意见，或者应政府的要求，对决策进行法律论证；(2) 对政府起草或者拟发布的规范性文件，从法律方面提出修改和补充建议；(3) 参与处理涉及政府的尚未形成诉讼的民事纠纷、经济纠纷、行政纠纷和其他重大纠纷；(4) 代理政府参加诉讼，维护政府依法行使行政职权和维护政府机关的合法权益；(5) 协助政府审查重大的经济合同、经济项目以及重要的法律文书；(6) 协助政府进行法制宣传教育；(7) 向政府提供国家有关法律信息，就政府行政管理中的法律问题提出建议；(8) 办理政府委托办理的其他法律事务。

根据 2016 年 5 月 26 日中共中央办公厅、国务院办公厅发布的《关于推行法律顾问制度和公职律师公司律师制度的意见》，党政机关法律顾问履行下列职责：(1) 为重大决策、重大行政行为提供法律意见；(2) 参与法律法规规章草案、党内法规草案和规范性文件送审稿的起草、论证；(3) 参与合作项目的洽谈，协助起草、修改重要的法律文书或者以党政机关为一方当事人的重大合同；(4) 为处置涉法涉诉案件、信访案件和重大突发事件等提供法律服务；(5) 参与处理行政复议、诉讼、仲裁等法律事务；(6) 所在党政机关规定的其他职责。

党政机关法律顾问的基本职责，除了依据相关规定明确的工作职责外，还可以通过合同的形式具体地加以落实。总体来看，党政机关法律顾问的职责一般包括以下内容：为党政机关制定的法律、法规和规章制度提出论证意见；对重大的决策、行为进行法律可行性研究；为重大合同提供法律意见；为涉法涉讼案件或者纠纷事件提供法律解决方案；为维护党政机关正常运转而需要履行的其他职责。

三、党政机关法律顾问的工作要求

党政机关法律顾问的工作，直接影响到党政机关的职能发挥和依法治国方略的贯彻实施。因此，在依法治国方略下的党政机关法律顾问制度建设，具有深远的历史意义和现实意义。

（一）坚持正确的政治方向

坚持党的领导，选拔政治素质高、拥护党的理论和路线方针政策的法律专业人才进入法律顾问队伍。党政机关外聘的法律顾问，必须符合以下要求：第一，政治素质高，拥护党的理论和路线方针政策，一般应当是中国共产党党员；第二，具有良好职业道德和社会责任感；第三，在所从事的法学教学、法学研究、法律实践等领域具有一定影响和经验丰富的法学专家，或者具有 5 年以上执业经验、专业能力较强的律师；第四，严格遵纪守法，未受过刑事处罚，受聘担任法律顾问的律师还应当未受过司法行政部门的行政处罚或者律师协会的行业处分；第五，聘任机关规定的其他条件。

党政机关法律顾问，在开展顾问业务互动时，必须坚持正确的政治方向，坚持四项基本原则[①]，必须以习近平新时代中国特色社会主义思想为指导，不能仅仅着眼于经济效益，应将国家利益放在首位，要充分考虑到人民群众的合理要求。

① “四项基本原则”，是指必须坚持社会主义道路，必须坚持人民民主专政，必须坚持共产党的领导，必须坚持马列主义、毛泽东思想。1987 年 10 月，中国共产党第十三次全国代表大会把“四项基本原则”作为重要内容写进了党在社会主义初级阶段的基本路线中。

（二）树立立党为公、执政为民的思想

党政机关及其干部能不能廉洁奉公、勤政为民，直接关系到党和政府在群众中的形象和威信，关系到改革开放和现代化建设的进程。因此，必须忠于党、忠于国家、忠于人民，贯彻全心全意为人民服务的根本宗旨，以体现立党为公、执政为民的执政理念。

党政机关主要负责同志作为推进法治建设第一责任人，要认真抓好本地区本部门本单位法律顾问、公职律师的工作和公司律师制度的实施。党政机关要按照以下要求充分发挥法律顾问、公职律师的作用：第一，讨论、决定重大事项之前，应当听取法律顾问、公职律师的法律意见；第二，起草、论证有关法律法规规章草案、党内法规草案和规范性文件送审稿，应当请法律顾问、公职律师参加，或者听取其法律意见；第三，依照有关规定应当听取法律顾问、公职律师的法律意见而未听取的事项，或者法律顾问、公职律师认为不合法不合规的事项，不得提交讨论、做出决定。对应当听取法律顾问、公职律师的法律意见而未听取，应当交由法律顾问进行法律审核而未落实，应当采纳法律顾问的法律意见而未采纳，造成重大损失或者严重不良影响的，应当依法依规追究党政机关主要负责人、负有责任的其他领导人员和相关责任人员的责任。

（三）发挥专业特长、坚持原则

党政机关有自己的职责范围，但涉法律事务专业性较强，这就要求党政机关的法律顾问发挥自己的专业特长，基于专业知识和水平对相关工作提出有益的建议。诚然，各单位基于自己的职责和工作范围，难免会有部门利益的考量，领导干部也有对政绩的要求。当专业意见与领导意见或者大多数人意见不一致的时候，法律顾问应当从人民利益出发、从实际出发，坚持符合实际的、符合原则的、人民群众拥护的事情，绝不能纵容损害人民群众利益、有损党政机关形象、破坏法制的事情。

（四）履行义务，严守秘密

党政机关的法律顾问必须依照规定或者合同约定履行自己的义务。

党政机关的法律顾问在履行法律顾问职责期间应当严守保密制度，不得泄露党和国家的秘密、工作秘密、商业秘密以及其他不应公开的信息，不得擅自对外透露所承担的工作内容；不得利用在工作期间获得的非公开信息和便利条件，为本人及所在单位或者他人牟取利益；不得以法律顾问的身份从事商业活动以及与法律顾问职责无关的活动；不得接受其他当事人委托办理与聘任单位有利益冲突的法律事务，法律顾问与所承办的业务有利害关系、可能影响公正履行职责的，应当回避；应当履行与聘任机关约定的其他义务。

【引例评析】

无论是向单位还是个人提供法律顾问服务，都必须由律师事务所与当事人签订合同并向当事人收取费用，严禁律师个人向当事人收取费用。而且，向当事人提供法律顾问服务的，必须是执业律师。小李是在校学生，除了参加实习时跟随律师开展业务外，不得自己对外单独提供法律顾问服务，更不得私自对外收费。

【练习题】

一、概念

常年法律顾问；个人日常法律顾问；企事业单位常年法律顾问；党政机关法律顾问

二、简答题

1. 个人日常法律顾问有哪些特征？
2. 企事业单位常年法律顾问的主要工作有哪些？
3. 党政机关法律顾问的工作要求有哪些？

【模拟实训】

一、模拟场景

根据国内贸易型有限责任公司经常涉及的出资、融资、贸易以及内部劳动人事管理等具体问题，向常年法律顾问提出法律可行性研究的要求，律师根据其要求开展业务活动。政府出台有关政策或者制度进行决策之前，委托政府法律顾问提供法律可行性研究报告。

二、题目

1. 针对有限责任公司的股权转让问题，常年法律顾问为其提供相应的法律意见。
2. 某地方政府拟出台关于外地车辆在本市禁行的规定，请政府法律顾问提供法律意见书。

第七章　民事诉讼代理

【本章引例】

甲公司与乙公司签订了一份购销合同，约定由乙公司向甲公司销售一批货物。合同签订后，乙公司在合同约定的时间内向甲公司供货，甲公司签收后发现部分货物存在质量问题，因此拒绝支付货款并希望退换存在质量问题的部分货物；乙公司则坚持先依照合同约定支付货款，然后再依照质量保证条款进行货物的退换。双方争执不下，甲公司希望聘请律师代理提起诉讼。

【学习的目的与要求】

通过本章学习，了解律师在代理不同审级、不同阶段、不同当事人的民事诉讼案件时的具体工作要求。

【重点问题】

- 一审的民事诉讼代理
- 二审的民事诉讼代理
- 再审的民事诉讼代理
- 刑事附带民事诉讼的代理

第一节　一审的民事诉讼代理

一、起诉（反诉）代理

（一）概念的界定

起诉，全称为向人民法院提起诉讼，是指依法向法院提出诉讼，请求法院对特定案件进行审判的行为。按照案件种类的不同，起诉可以划分为民事案件的起诉、刑事案件的起诉、行政案件的起诉。

反诉，是指在本诉（一个已经开始的民事诉讼程序）中，本诉的被告以本诉原告为被告，向受诉法院提出的与本诉有牵连的独立的反请求。根据《民事诉讼法》的规定，本诉的被告可以向本诉的原告提起反诉。反诉制度的设置，不仅体现了当事人权利平等的原则，而且通过反诉与本诉的合并审理可以减少当事人的讼累、降低诉讼成本，便于判决的执行。在民商事仲裁案件中，反诉亦可参照民事诉讼的反诉制度处理。

在民事诉讼活动中，案件当事人的称谓是由案件提起时当事人的位置决定的，例如提起诉讼的一方被称为原告、另一方则被称为被告，因与案件有利害关系被列进来的被称为第三人。原、被告的诉讼地位是平等的，被告也可以依法对原告提出诉讼请求，此时他（她）既是本诉的被告，也是反诉的原告，法院可依法将两个指控合并在一个案件中审理。

民事纠纷属于私权领域，法院不能在没有原告的情形下主动审理一个民事案件或者鼓动、代替一方提出民事诉讼进而审理。

（二）起诉代理应当注意的事项

1. 建立代理关系

律师代理当事人的民事案件，首先要建立起律师事务所与当事人之间的委托代理关系，即律师获得当事人的授权。如果当事人尚未与律师事务所建立委托代理关系，律师就无权代理。值得注意的是，极个别当事人会去不同的律师事务所找律师咨询，然后将多个律师的意见综合在一起，自以为知道了打官司的方法，最后抛开律师而自己披挂上阵。例如，现实中不少人经常以“熟人介绍”为由，以“朋友”相称，去找律师咨询。律师为其出谋划策，最终却没有得到授权，更不用说收费了。正所谓的“不在其位，不谋其政”①，在正式开展律师代理活动之前，首先要确认一下委托代理关系是否已经建立，不要做无用功。

参考案例 7-1

张三最近碰到一件事情，他希望通过律师来代理提起诉讼。事情的来龙去脉是：2017年1月初，张三应李四的要求将10万元出借给李四用于生产经营，双方约定借期一年，一年期满李四归还本金并支付年36%的利息。一直到了2018年3月，李四仍以经营亏损为由拖延还款。张三分别向甲、乙、丙三家律师事务所的相关律师进行了咨询，综合了不同律师的意见，最后认为这个案件非常简单所以无须聘请律师，于是自己写了民事诉状直接到法院起诉了。丙律师事务所的王律师得知这个情况后，鉴于自己了解了张三的案件详情并给他策划了具体方案还指导其怎样写诉状，最后张三竟然没有聘请自己的情况，内心十分后悔。于是王律师对自己的助理说：“今后，对于当事人来咨询的，在尚未签订委托代理合同和未收费的情况下，不能将详细的解决方案告诉当事人。”

当事人向律师咨询时，无论是收费还是免费的，律师如何回答并给当事人提供解决方案，度的拿捏是问题的关键。

2. 了解具体案情

当律师接受一个民事纠纷案件的委托之后，必须要了解清楚整个案情的所有问题，无

① 出自《论语·泰伯》，意思是不在那个职位上，就不去考虑那个职位上的事，即不过问别人的事情。

论是对自己一方当事人有利还是不利的。如果不了解整个案情，在开庭时面对法官询问关键事实或者事实的细节时，说“我不知道”，这是不负责任的。在具体的案件代理中，一些律师甚至连最基本的事实都不向当事人核实，只根据当事人提供的一份买卖合同就主张对方依约付款。而合同签订之后是否有实际履约的行为，还需要其他相应的证据来支持。仅凭一份合同书，只能证明双方当事人建立了合同关系，而实际履约还需要有供方的发货单、委托第三方的运输单、买方签字的签收单为据。

参考案例7-2

原告的代理律师代原告向法院提起民事诉讼，指控被告收到货物之后一直没有依照合同约定支付全部的货款。但被告的律师在庭上提出抗辩，称原告根本就没有依约交货，因此提出反诉，要求反诉的被告（本诉的原告）交货并追究延迟交货的违约责任。本诉原告的代理律师说：“如果我方没有供货，你方怎么可能支付部分的货款呢?”被告的代理律师则说：“尽管你方没有交货，但是在你方当事人提出缺乏备货资金，请求我方先行预付部分货款的情况下，我方才先行支付了部分的货款。因此，不能以我方预付部分货款的事实来反推你方已经供货。”

被告的付款原因有多种，可以依据合同约定支付定金、预付款，也可能是在收到货物之后付部分货款，还可能是其他经济贸易关系的付款或是因重大误解而支付的款额。根据“谁主张谁举证”的规则，以对方部分付款来反推己方已经客观上全部或者部分交货，在逻辑上是不能成立的。交货，是原告的义务，是否已经交货需要原告举证来加以佐证。

律师必须要了解清楚整个案件的事实经过，谁、什么时间、什么地点、做了什么事情、结果如何，每一件事情有谁参与、有什么证据可以佐证。而且，了解的事实必须全面，不能凭个人喜好或者以对自己一方当事人有利为标准进行选择性了解，否则在开庭和处理案件时就容易陷入被动状态。

（1）主体。纠纷涉及哪些当事人、证人、其他相关人员。对每一份文书上的签字，都要仔细了解该签字（含摁的指印）是否是其本人签字和摁的哪一个指印，是在什么状态下所为；该主体与当事人或者特定的单位是什么关系（一般员工还是部门负责人，是法定代表人还是合同中有特殊指向性约定的人），其现在的身份是否发生了变化。

参考案例7-3

张志强因为需要一笔资金，于某年某月某日向张三借款人民币10万元，借款当时写下了一张借条，记载“借条：今借到张三人民币10万元，定于2018年5月20日前归还，利息8千元。此据。借款人：高佬强。”张志强是张三的好朋友，因为张志强个子比较高，因此朋友们都称呼其为“高佬强”。借款期满，张志强拒绝还本付息。于是，张三持借据到张志强住所地的法院提起民事诉讼，在立案时，工作人员要求张三出示能证明张志强就是高佬强的证据材料。张三要求张志强住所地的派出所出具证明，派出所查核了户籍档案，未见有张志强曾用名“高佬强”的记录，于是拒绝提供高佬强就是张志强的证明。最终，张三无法提供相关主体关联性的有力证据，其起诉因主体不适格而被驳回。

在民事法律关系当中，主体的问题错不得。如果发生主体错误，可能会导致无法获得程序性救济的严重后果。

参考案例7-4

某电器厂向银行借的200万元已经到期，但由于资金紧张无法偿还银行贷款的本息。电器厂已经筹集到了利息，只要还了银行贷款的200万元本金，就可以通过银行新签订的“还旧贷新”① 的方式再次获得200万元的贷款。于是电器厂的厂长找到了某房地产公司的总经理，希望房地产公司能够借给电器厂200万元作为“过桥资金”②。这样，从电器厂借到的200万元实际上就是起到一个“过账”的作用，很快又可返还给房地产公司。碍于情面，房地产公司总经理通知财务将200万元出借给了电器厂。但是，在签订合同时，“借款人”一栏打印的是“某某电器厂”，而在合同上最终加盖印章的则是“某某电器有限责任公司”（该电器有限责任公司是由电器厂全资出资的有限责任公司、独立法人，但是法定代表人都是同一个自然人）。房地产公司的总经理认为两个公司都是同一个法定代表人，而且两人的私交不错，无所谓加盖哪一枚印章。最终将款项按照对方的要求转入了电器有限责任公司的账上。之后，从电器有限责任公司的账上转入了电器厂的借款账号上，银行最终成功扣款。但是，银行最终并没有按口头约定重新向电器厂发放贷款。这样一来，“过桥”的资金就因“桥断”而无法原路返回了。房地产公司总经理由于私自动用公款被撤职；电器厂的厂长（兼电器有限责任公司总经理）也因为经营不善而被撤职。新任的房地产公司总经理委托律师向电器厂追债，电器厂新任厂长（兼电器有限责任公司总经理）委托律师处理该纷争，律师称：“向房地产公司借款的实际单位并非电器厂，而是电器有限责任公司。现在电器有限责任公司资不抵债，不能偿还到期债务，已经依法向法院申请破产了。”

在合同上打印的主体名称，与最后在合同上加盖印章的单位名称应当一致，而且在合同实际的履行中更应认真审核合同的主体，不能一错再错，否则很容易造成难以挽回的损失。

（2）法律关系的性质。法律关系无非就是受到法律调整的当事人之间的权利义务关系，但是不同性质的法律关系适用的法律不同，其权利义务也不同。例如，买卖关系和租赁关系，尽管都是物的所有权人与他人所建立的关系，但是称谓和权利义务均不同。又例如，合同约定期满还本付息、保底的共同投资收益约定，究竟是合作投资还是借贷，还是以某种形式掩盖实质的表现。只有正确地界定清楚法律性质，才能立足于法律制度和规定来分析及解决实际问题。

（3）事情经过和争议。凡事均有因果和先后顺序。整个事情的发生、发展和结局，要按照时间先后、逻辑关联捋顺。最终的争议是什么，各自持什么态度，依据又是什么，只有将这些客观的东西整理好，才能做出正确的价值评判。

（4）相关证据。本案涉及的直接证据有哪些、间接证据有哪些，直接证据证明什么问题，间接证据是如何形成证据链的。合同、合同附件、补充协议通常是民商事案件的主要证据。但是，客观上，双方当事人之间往来的公函，个人代表单位的信件，负责人相互沟通过程中的微信和移动电话信息的具体内容，项目负责人之间的邮件往来等，也是关键的证据。

---

① “还旧贷新”，是指贷款到期后不能按时收回，又重新发放贷款用于归还部分或全部原贷款的行为。

② 过桥资金，是一种短期资金的融通，目的是通过短期资金的暂时性垫付来实现长期资金的获得。

(5) 现状。纠纷的现状以及相关客体的现状，往往也是影响诉请是否能够得到支持的关键。例如，当出现了事实履行不能（如交易之标的物房屋已经被过户至善意第三人的名下）的客观情况时，原告要求被告继续履行的诉请通常就无法获得支持。又如，交易的房屋已经由买方重新装修之后实际入住，此时该涉案房屋的现状评估就可能产生与原先的"毛坯房"的评估形成价差的结果。又比如，按当时的成交价签订的合同在两年之后的现在仍未履行，在房价飙升的状态下，如何计算延迟交付或者根本性违约的拒绝交付甚至履约不能时的差价以及索赔的金额等，都是问题。

3. 确定受诉法院

并非所有的纠纷都可以纳入人民法院的民事诉讼管辖范围。根据《民事诉讼法》的规定，只有属于人民法院管辖的民商事纠纷案件，在没有仲裁条款①的前提下，人民法院才有管辖权。

而且，在确定民商事纠纷案件属于人民法院管辖的前提下，还要注意纠纷案件的级别管辖、地域管辖、专属管辖、移送管辖、指定管辖等相关问题。基于管辖恒定的原则②，原告一旦选定了管辖法院即具有相对的稳定性，而且也决定了今后的二审法院。

4. 分析诉讼请求

要将当事人在纠纷中希望达到的最终目的转换为"诉讼请求"，应做全面、客观分析并加以权衡。律师应详细了解当事人的要求，对于无理、完全不可能获得支持的请求，要做出相应的解释。将当事人合理、合法、可能获得支持的要求转化为起诉状中的"诉讼请求"时，也要注意：首先，分项列出诉讼请求；其次，诉讼请求要基于事实、符合法律规定；再次，诉讼请求要能够获得支持；最后，诉讼请求应可在今后申请强制执行。

5. 组织证据材料

原告方提出了什么样的主张，有哪些待证事实需由哪些证据予以支撑，是问题的关键所在。要注意的是，不同类型纠纷案件所涉及的证据可能有所不同。

原告需要组织的证据、被告抗辩可能需要的证据，以及审理者从中立、宏观层面需要审核的证据，三个不同的角度只是出发点不同而已，最终还是要全面地考量本案所涉及的相关证据。作为一个案件的启动者，原告应当对全案所涉及的证据做全面的权衡、取舍。

参考案例 7-5

张三向李四出借了10万元的款项，双方签订了一份借款合同，合同中约定了借款人、借款本金、利息、借款期限、违约责任、纷争处理方式等内容。合同签订后，张三依约向李四出借了款额，但是李四未依约还本付息。张三依照约定向法院或者仲裁机构提起诉讼或者仲裁申请。审理过程中，除非被告（被申请人）对不利于自己的事实构成自认，否则审理者就必须要对借贷纠纷案件主要涉及借贷关系中出现的借款合同、款额出借的支付证明或者借条、还款的转账证明或者收据等关键的证据进行审查。张三仅提供一份书面的借款合同只能证明双方存在着借款的合意，而不能证明张三已经履行了出借义务。类似的货

① 仲裁条款，是指在合同中或者在纠纷发生之后，当事人约定将纠纷提交民商事仲裁机构解决的条款。我国对民商事纠纷案件采取"或裁或审"的做法，即约定仲裁的不得交由法院审理，约定诉讼的不得提交仲裁。"没有仲裁条款"，包括从未有仲裁条款，也包括有仲裁条款但仲裁条款无效的情形。

② 管辖恒定是指确定案件管辖权，以起诉时为标准，起诉时对案件享有管辖权的法院，不因确定管辖的事实在诉讼过程中发生变化而影响其管辖权的基本准则。

物买卖合同纠纷案件也一样，买卖合同本身不能证明卖方已经依约供货，必须有交货的签收单、货物质量证明材料、付款的相关证据等才能形成一条证据链。

“谁主张，谁举证。”什么样的证据能够证明什么样的事实，需要认真思考和处理。

6. 撰写起诉文书

民事诉状是启动民事诉讼的主要法律文书，应当严格依照相关的规定来起草，确定提交人民法院申请立案之前应当和当事人交换意见。起诉之后应当交一份副本给当事人。

7. 跟进立案情况

到法院递交资料后，关于是否被受理以及后续的诉讼程序的相关信息，可以通过受理法院给的收件回执上记载的联系方式、对外公布的联系方式或者“12368 诉讼服务平台”① 获得。

（三）反诉代理应当注意的事项

1. 符合反诉条件

依照《民事诉讼法》的规定，本诉提起后被告可以依法提起反诉，但必须符合以下条件：（1）本诉被告只能向本诉原告提起，而不能对原告以外其他人提起；（2）只能向受理本诉的法院提起；（3）反诉与本诉必须是适用同种诉讼程序；（4）反诉不能是其他法院专属管辖；（5）反诉与本诉的诉讼请求必须在事实或法律上有牵连；（6）必须在举证期限届满前提出。

值得注意的是，被告提出反诉就意味着对本诉的法院管辖是没有异议的。被告不能一方面提出本诉的管辖异议，另一方面又针对本诉提起反诉。一旦针对本诉提起了反诉，就意味着对本诉的管辖无异议或者撤回对本诉管辖的异议。而且，尽管存在着无权管辖的情形，但一旦被告做出了实质性的答辩，就意味着他放弃了对管辖的异议。

2. 明确反诉请求

反诉请求，必须与本诉请求有针锋相对性，通常具有全部或部分抵销、吸收的功能，也就是说，如果支持了反诉的全部或部分请求也就意味着本诉的请求将不会获得支持；如果支持了本诉的请求，反诉的全部或部分请求就不会得到支持。

参考案例7-6

某建筑工程承包公司以发包方（业主）未依约支付工程款为由，向法院提起了诉讼，要求发包方依约支付应付的工程款 100 万元。而发包方则以承包公司施工延迟而应依照合同约定支付工程延误损失赔偿款 120 万元，扣除未付款之后还应支付 20 万元赔偿款为由提起了反诉。

工程竣工验收后，双方就应结算，并按确定的结算额支付款项。在结算过程中就应当对工程的实际施工量和最终结算额予以核实，当然也包括了提前竣工的奖励和延误工期的损失赔偿。本案中，原告仅立足于自身提出了应将结算工程款额减去工程进度预付款，而通过数学计算得出了一个应付未付额；被告则在此基础上，加入了一个“延误工程损失赔

① “12368”是最高人民法院确定的、全国法院系统通用的司法信息公益服务号码。“12368”司法服务热线首个试点单位——北京法院“12368”司法服务热线于 2009 年 1 月 7 日正式开通。当事人、诉讼代理人在工作时间拨打 12368，可以查询案件是否受理、合议庭组成人员、开庭时间、案件办理进度、办理结果等信息，也可以咨询诉讼程序性问题，还可以通过自助系统实现 24 小时案件信息的查询。

偿”的款额进行计算，最终得出了“应将结算工程款额减去工程进度预付款，再减去延误工程损失额”的负数的结论，因此要求原告作为反诉的被申请人支付20万元的赔偿款。可见，原告与被告的诉请，都是立足于工程施工合同以及实际施工情况，其诉请的数额之间存在相互吸收、抵销的情况，被告（被申请人）在答辩期内提出的反诉，审理者应合并审理、一并做出裁决。

3. 要求合并审理

反诉相对应本诉而言是一个独立的诉，只不过是当事人相同、基于同一个法律关系，有相同的事实，而且在诉请方面具有逻辑上抵销、吸收的关系，故合并审理、一并做出判决是可行的。是否合并审理、一并做出判决，通常要根据案件的实际情况，由当事人提出或者由审理者决定。如果当事人不愿意合并审理、一并做出判决，可依法另行起诉，也可以在提出反诉之后要求法院另案处理。

4. 提出相关证据

通常，被告答辩要针对原告指控的主张来提出证据。而反诉，则应当按照原告的地位和诉请提出相应的证据。

参考案例7-7

原告主张与被告之间建立了借贷关系，原告已经依约将款额出借给了被告，指控被告未依约还款而构成违约，要求法院判决被告依合同约定及法律规定还本付息、承担支付违约金的责任。被告抗辩称：自己全部履行了还本付息的义务，不存在违约，故无须承担违约责任。被告提出的反诉是：由于自己的理解错误，误将合同约定的“年息24%”理解为“月息24%”而向原告多支付了利息，因此提出反诉要求：请原告退还多支付的利息。

无论是原告还是被告，都必须要为自己的主张提供证据。本案中，被告需要提供已经还本，尤其是每月已经实际支付了24%利息的证据。

二、被诉代理

（一）被诉的界定

被诉，全称被起诉，是指在民商事诉讼（仲裁）活动中被提起诉讼（仲裁），作为被告（被申请人）的主体。

原告、被告是根据提起民商事诉讼时提出者和被指控者的对应地位而划分出来的一对诉讼主体概念。原告未必一定胜诉，被告未必一定败诉，两者的诉讼地位是平等的，根据反诉的规定，被告也可能在反诉中成为原告，而本诉的原告也可能会在反诉中成为被告。但是，对律师而言，代理原告和代理被告的案件，办理思路、举证技巧等则是有别的。

（二）被诉代理应当注意的事项

1. 明确管辖

接到一个被诉案件之后，要全面了解整个案件的事实和来龙去脉。首先要看合同（含附件、补充协议）中或者在当事人的往来函件中是否约定有仲裁条款、对法院的管辖有无特殊的约定。其次要分析该约定是否有效，只有在确定了法院对该案件有管辖权的情形下，才能考虑做出下一步的策略性安排。如果有仲裁条款，或者受诉法院无管辖权，必须要在答辩期内提出管辖异议，否则将会影响到下一步案件的处理。最后，做出实质性答辩。

参考案例7-8

原告向A法院针对被告提起了一个不动产交易的诉讼；被告在答辩期内向法院提出了管辖异议。经法院对管辖异议的审理，查明：双方当事人合同约定交易的涉案房产在A法院的管辖范围内，而且被告住所地亦在A法院的管辖范围内。故被告提出B法院才有管辖权的异议不能成立。最终，A法院裁定驳回了被告关于本案管辖权的异议。

依据民事诉讼法的规定，一审法院的管辖有明确的规定。当事人对法院管辖有异议的，可以依法提出管辖异议。但是，根据相关规定，即使是没有管辖权的法院受理了案件，如果被告没有提出管辖异议甚至做出了实质性的答辩并参加了庭审活动，则视为被告对管辖无异议，受理法院就有管辖权。

2. 了解诉求

原告的诉讼请求是什么，不但是审理者要了解的，也是被诉者的代理律师要明确的。审理者不会超出原告的诉求来审理和处理案件，被诉者答辩时也不应超出该诉请范围漫无边际地乱说一通。

如果原告提出的诉求是矛盾的或者不明确的，可要求审理者行使释明权使之明确，方可确定答辩的思路。

参考案例7-9

原告提出要求追究被告的违约责任，具体请求判决被告双倍返还定金、追究其违约责任和支付违约金。而依据《合同法》的规定，既约定并支付了定金，又约定违约金的情况下，守约方只能在双倍返还定金或者支付违约金中二选一。当原告提出不同请求的时候，被告有针对性地提出的答辩也会有所不同。

究竟是选择定金罚则，还是选择让违约方支付违约金，这本属于守约方的选择性权利。但守约方必须在二者中明确选择一个，否则被指控方就难以答辩，审理者也就无法做进一步的审理。

参考案例7-10

在某买卖合同中，双方当事人在约定了“所有权保留”条款的情况下，原告需要在要求被告继续支付剩余的货款或者取回货物的诉请之间做出选择。如果同时提出这两个诉请，那么审理者通常会要求原告明确诉请。再如，在合同纠纷案件审理中，如果审理者认为合同无效，在做出无效判决前，审理者通常也会行使释明权，询问原告是否变更诉讼请求，一旦原告变更诉讼请求，被告则可根据新的请求做出新的答辩。

在原告具有可选择诉请的情况下，原告的诉请必须十分清晰。审理者在碰到相关问题时，通常也会行使释明权，要求当事人做出明确的选择，并在明确诉请的范围内由审理者继续审理。

3. 审核时效

债权有诉讼时效的问题，对是适用一般的诉讼时效还是特殊的诉讼时效，又或者是适用最长的诉讼时效，诉讼时效是否有中止、中断的情形等相关问题，还需要做客观、全面的分析。关于诉讼时效抗辩的问题，属于私权处分的范畴，审理者不会主动审核。超过诉讼时效的抗辩如果被接纳，最终也只是达到使一个债权失去了法律强制力保护的效果，该债权变成了一个自然之债，双方债权债务的关系并未彻底消灭。

4. 挑明焦点

通常，在答辩期内提交书面答辩，有利于审理者把握双方的纷争和审理案件。但一些律师往往会考虑到如果在答辩期内提出书面答辩，无疑会给原告充分的准备时间，因此会选择在开庭审理时才提交书面答辩状或者提出口头答辩。尽管提交书面答辩状是被告的权利，但在“防止诉讼突袭”的规则下，如果当庭提出口头答辩并提供相应的证据，有可能影响证据交换和案件的审理。如果在答辩期内仅仅提供相应的证据而不提出书面的答辩状，则抗辩不够明确。除非是特殊类型的案件，一般案件都是公开审理的，因此法院可能会安排在庭前进行证据交换和质证，一旦错过了该程序则可能会影响抗辩支撑证据的提出和案件的审理。

在做出实质性答辩的时候，必须挑明争议的焦点，以便审理者明确双方纷争的核心所在，也使原告知道其诉请不能被被告接受的理由。被告提出自己的抗辩，应当为自己的主张提供相应可佐证的证据。

法律不维护人情，当被告对某一事情耿耿于怀，甚至为自己明明有理但说不出来而深感委屈的时候，律师应做全面、专业的分析和耐心的疏导。对于不知法而违约甚至发生侵权的，要对其做出说明；对需要特定专业性理解和处理的，要认真研究并采取对策。

参考案例 7-11

某加工方接受对方的委托，生产了一批容器，委托方以不符合定做质量要求而拒收，加工方于是将自己生产的容器出售。之后委托方拿出自己的专利权证书起诉加工方，指控其构成专利侵权。加工方深感委屈，觉得自己的生产是得到委托方的许可的，而且委托方从未告知自己该容器是其获得专利保护的产品。

一般情况下，生产者对自己将生产的产品有查询义务，即了解该产品是否属于他人的专利产品。而本案中，委托方本身就是专利权人，作为委托加工方就有告知的义务，委托方的告知义务取代了加工方的查询义务。显然，委托方以加工方未经许可生产并销售其专利产品构成侵权的指控，在情理上是有问题的。至于该纷争应当如何处理，需要律师从专利产品生产的查询义务与告知义务方面进行深入的学理研究，结合相应的法律规定，最后拿出有效的应对性抗辩策略。

5. 适时和解

《民法总则》在第 179 条中规定了“继续履行”的承担民事责任的方式。在合同纠纷中，如果被告确实有履行合同义务的责任，且原告又提出了诉请要求判决“继续履行”，则双方在调解时可考虑采取“搁置争议、求同存异”的方式进行和解，将纠纷分为“无争议”或“可先行实施”部分和“有争议的部分”，先就可以实施、必须履行的部分达成和解，而将有争议的部分（如是否构成违约以及违约责任如何承担）交由审理者裁判。这样做，既有利于化解矛盾、减少后续违约行为，也充分体现出当事人的契约精神和诚实信用。

课堂讨论

原告起诉被告的一个债务纠纷案，在庭审阶段经法官的主持达成了和解协议，最终原告提出申请撤案，法院审查后同意原告撤诉，案件终结。但是，撤案后被告并未依照和解协议履行支付义务。原告究竟是应该按和解协议还是以原来起诉的诉讼请求来主张自己的权利?

第二节　二审的民事诉讼代理

一、上诉代理

(一) 上诉的界定

上诉，是指当事人在法定期限内，对人民法院所作的尚未发生法律效力的一审判决、裁定依法声明不服，提请上一级人民法院重新审判的活动。

根据《民事诉讼法》的规定，民商事案件一般实行“四级[①]两审终审制”，即一般的民商事纠纷案件，最多经过两个级别的法院两次审理就终结的审理制度。上诉制度，有利于维护当事人的权益，也是上级人民法院监督和指导下级人民法院审判工作的方式。

(二) 上诉代理应当注意的问题

1. 确定能否上诉

尽管说“四级两审终审制”是一种基本的制度，但是在这个基本制度内，仍然有一些例外。一般案件实行“两审终审”，但是特殊类型的案件实行一审终审，如：最高人民法院作为一审法院审理的案件；选民资格案件、宣告失踪或者宣告死亡案件、认定公民无民事行为能力或者限制民事行为能力案件、认定财产无主案件、确认调解协议案件和实现担保物权案件；不服不予受理、驳回起诉、管辖权异议以外的所有裁定；督促程序审结的案件；公示催告程序审结的案件；以特别程序审结的案件；依照破产程序审结的案件；一审以民事调解书结案的案件。

案件能否上诉，通常在裁判文书中会有所交代。如果属于可上诉的，通常会有“如不服本判决，可在判决书送达之日起十五日内，向本院递交上诉状，并按对方当事人的人数提出副本，上诉于××人民法院”的记载。如判决书上明确“本判决为终审判决”的，则不存在上诉二审的问题。

能否上诉属于制度性规定，在具体案件中是否要上诉则是在制度规定的范围内当事人选择的结果或者权利行使的表现。律师应当和当事人一起客观地分析一审的判决结果。如果是以事实为根据、以法律为准绳而做出的正确判决，则应尊重并通过一定的方式说服当事人接受这个结果并履行后续的义务；如果判决确有错误，当然可依法提起上诉。律师不可与当事人一起无依据地埋怨、指责法院的判决，更不应动辄怀疑法官贪赃枉法、偏向对方当事人，甚至鼓动当事人上访或者采取极端的方式发泄、投诉、报复。

2. 明确受诉法院

一般情况下，可上诉进入二审的案件，其一审法院对应的上级法院为当然的二审法院，并且在一审裁判文书中会指明受诉的二审法院。此为诉讼管辖的级别管辖，不因当事人的合意而改变。

---

① 四级，是指中华人民共和国全国的人民法院从高到低分别有最高人民法院，省级（直辖市、自治区）的高级人民法院，地级（市、自治州）的中级人民法院，县级（区、旗）的基层人民法院四个级别。

当事人对于可进入二审的案件确定要提出上诉，必须在法定的期限内提起上诉，并依照要求提供上诉状的副本、证据材料和预缴上诉费用。律师代理二审时，必须在上诉期内递交资料并通知当事人缴纳上诉费用。对判决提起上诉的期限为 15 日，对裁定提起上诉的期限为 10 日（均自当事人收到判决书、裁定书的次日起计算，如果最后一日落在法定节假日内的，以节假日后第一个工作日为截止日）。

3. 提出上诉请求

上诉，只不过是启动了二审程序的一个开关。上诉的目的是希望在二审纠正一审的错误，因此上诉的请求无非是要求二审法院直接改判，或者要求二审法院撤销一审错误的判决，又或者要求二审法院将案件发回一审法院重新审理。具体要撤销哪一项、改判哪一项（改为什么样的结果），都应当明确具体。

在二审程序中，原审原告增加独立的诉讼请求或原审被告提出反诉的，第二审人民法院可以根据当事人自愿的原则就新增加的诉讼请求或反诉进行调解，调解不成的，告知当事人另行起诉；双方当事人同意由第二审人民法院一并审理的，第二审人民法院可以一并裁判。

4. 指出错误所在

上诉的当事人不服一审判决的结果而上诉的真正原因是认为一审的判决结果有错误。上诉人所提出的上诉请求能否得到二审法院的支持，关键还在于说理和论证。任何一个裁判文书得出的结论，都隐含着一个基本的逻辑结构，如果这个逻辑结构是正确的，就意味着这个结果是不可推翻的；如果这个逻辑结构是错误的，也就意味着这个结果可能是错误的。因此，整个上诉的说理和论证必须能够打破一审裁判文书的逻辑结构。

一审当事人论证的着重点在于对方的行为是否合法以及如何适用法律，而二审的着重点则在于论证一审结果是否正确。一审结果的错误，可能源于（或者表现于）以下的三个方面：一是程序性错误；二是事实认定的错误；三是法律适用的错误。换而言之，如果无法证明一审判决存在程序性错误，又无法证明事实认定错误，更无法证明法律适用错误，那么上诉结果只能是——维持原判。

二、被上诉代理

（一）被上诉人的界定

被上诉人，向人民法院提起上诉的上诉人的对称，即不服一审法院的裁判而提起上诉的人的对方当事人。一审的当事人依法享有上诉权，提起上诉的人为上诉人，被提起上诉的人则是被上诉人，两者的诉讼地位是由上诉行为由谁发起以及发起上诉行为的先后顺序决定的。如果原审的双方当事人均提出上诉，则二者均为上诉人同时又互为对方的被上诉人。

（二）被上诉代理应当注意的事项

1. 做好书面答辩

二审与一审有一些区别，二审立案后如果只涉及法律适用问题的，可以书面审理，在事实核对清楚后，合议庭认为不需要开庭的，可直接做出判决或裁定。因此，在收到合议庭组成人员名单以及相应的告知材料后，被上诉方的代理律师应当及时提出回避的申请或者提交二审代理词，并了解是否需要开庭审理。

2. 围绕一审展开

被上诉人如果认为一审结果是正确的，那么他无疑就和一审判决的结果站在了同一立场上，他就要极力维护一审结果所依据的逻辑结构并主张其正确性。被上诉人应采取反推的形式从最基础的方面逐一往上进行叠加式论证。例如，一审的程序并无不当，其认定的事实有充足的证据予以佐证，证据是全面的、经过质证并可采信的，所得出的认定结论符合事实，最终适用的法律正确，因此一审结果是必须维持的。

3. 提供新的证据

根据《最高人民法院关于适用〈中华人民共和国民事诉讼法〉的解释》第101条的规定：当事人逾期提供证据的，人民法院应当责令其说明理由，必要时可以要求其提供相应的证据。当事人因客观原因逾期提供证据，或者对方当事人对逾期提供证据未提出异议的，视为未逾期。第102条规定：当事人因故意或者重大过失逾期提供的证据，人民法院不予采纳。但该证据与案件基本事实有关的，人民法院应当采纳，并依照《民事诉讼法》第65条、第115条第1款的规定予以训诫、罚款。

如果在一审庭审结束后发现新的证据，或者当事人在一审举证期限届满前申请人民法院调查取证未获准许，二审法院经审查认为应当准许并依当事人申请调取的证据，应当在二审开庭前或者开庭审理时提出；二审不需要开庭审理的，应当在人民法院指定的期限内提出。

第三节　再审的民事诉讼代理

一、再审及再审申请的代理

（一）再审及其意义

再审，是指人民法院对裁判已经发生法律效力的案件再一次进行审理并重新做出裁判的诉讼活动。

再审不同于重审，重审是指当事人不服一审裁判而提起上诉后，二审人民法院经过审理认为原审裁判确实有错误，且不宜直接改判，于是裁定撤销原裁判、发回原审人民法院，由原审人民法院对案件重新进行审理。

我国实行“两审终审”制度，一般的案件最多经过两个审级法院的审理而告结束。再审程序属于“非常程序”，其目的在于纠正生效裁判的错误。

（二）再审的决定

1. 再审决定的做出

再审须由本院院长提出，或由最高人民法院、上级人民法院指令下级人民法院再审，或因上级人民检察院提出抗诉而实行。再审应另行组成合议庭进行，原为一审案件，按一审程序进行，所做出的判决、裁定可以上诉或抗诉；原为二审案件，依照二审程序进行审理，其判决或裁定是终审的判决或裁定，不得上诉。

2. 再审的条件

当事人的申请符合下列情形之一的，人民法院应当再审：（1）有新的证据，足以推翻原判决、裁定的；（2）原判决、裁定认定的基本事实缺乏证据证明的；（3）原判决、裁定认定事实的主要证据是伪造的；(4) 原判决、裁定认定事实的主要证据未经质证的；(5) 对审理案件需要的主要证据，当事人因客观原因不能自行收集，书面申请人民法院调查收集，人民法院未调查收集的；(6) 原判决、裁定适用法律确有错误的；(7) 审判组织的组成不合法或者依法应当回避的审判人员没有回避的；(8) 无诉讼行为能力人未经法定代理人代为诉讼或者应当参加诉讼的当事人，因不能归责于本人或者其诉讼代理人的事由，未参加诉讼的；(9) 违反法律规定，剥夺当事人辩论权利的；(10) 未经传票传唤，缺席判决的；(11) 原判决、裁定遗漏或者超出诉讼请求的；(12) 据以做出原判决、裁定的法律文书被撤销或者变更的；(13) 审判人员审理该案件时有贪污受贿，徇私舞弊，枉法裁判行为的。

(三) 再审申请

1. 申请期限

通常情况下，人民法院可依照监督程序对于自己发现有错误的生效裁判决定再审，人民检察院也可以通过提出抗诉而再审。但更多的则是因案件当事人不服生效裁判而向该院或者其上级人民法院提出再审申请，请求人民法院予以再审。

当事人申请再审，应当在判决、裁定发生法律效力后六个月内提出；如果据以做出原判决、裁定的法律文书被撤销或者变更，以及发现审判人员在审理该案件时有贪污受贿、徇私舞弊、枉法裁判行为的，自知道或者应当知道之日起六个月内提出。

2. 受理条件

根据 2009 年最高人民法院《关于受理审查民事申请再审案件的若干意见》第 6 条的规定，申请再审人提出的再审申请符合以下条件的，人民法院应当在 5 日内受理并向申请再审人发送受理通知书，同时向被申请人及原审其他当事人发送受理通知书、再审申请书副本及送达地址确认书：(1) 申请再审人是生效裁判文书列明的当事人，或者符合法律和司法解释规定的案外人；(2) 受理再审申请的法院是做出生效裁判法院的上一级法院；(3) 申请再审的裁判属于法律和司法解释允许申请再审的生效裁判；(4) 申请再审的事由属于《民事诉讼法》第 179 条规定的情形。只要符合受理条件的再审申请通常都会被受理。

受理后，法院会通过审阅原案件的材料、询问当事人、组织当事人听证等方式对案件的情况进行全面的了解，最终会做出驳回申请或者再审的决定。

(四) 代理再审申请的注意事项

1. 区别再审受理与再审决定

再审既是一个程序性问题也是一个实质性问题。当事人可能会有两个误解：再审申请受理后必然会启动再审程序；经过再审必然会改变原来生效的判决结果，但事实并非如此。

2. 明确代理范围

律师代理当事人进行再审活动的范围必须明确，究竟是代理提出再审申请，还是代理当事人参加再审，又或者是全程代理再审（既代理提出再审申请也代理参加再审)。律师必须向当事人交代清楚再审的程序和条件以及结果，不得误导当事人。律师不能给当事人灌输一旦受理必然启动再审程序，只要再审就一定会改变生效的判决结果的思想，更不能以被受理作为最终再审收费的依据。

值得注意的是，如果决定提审或者发回重审，还可能产生二审的问题。在未明确的状态下，代理提起再审申请的律师没有当然代理再审程序的资格。律师代理的范围必须要明确。而且，如果再审最终改变了原生效的结果，原来生效的判决如果已经被执行了的话，还可能会带来执行回转①的问题。执行回转是否属于律师代理的范围，也必须要明确。

3. 依法及时举证

再审的申请者应当围绕再审的十三项条件有针对性地收集并及时提供证据，尤其是应当注意新证据的提出。

二、再审被申请人的代理

（一）再审当事人的列明

提出再审申请的当事人被称为申请再审人（如果是案外人申请再审的，在括号中列明“案外人”），再审被申请人被称为被申请人，未提出再审申请或者未被列为被申请人的原审其他当事人按照其在一审、二审、再审中的地位依次列明，如“一审原告、二审被上诉人”；对不予受理裁定申请再审的案件，只列申请再审人。

（二）明确告知

律师代理被申请人参加听证或者再审之前，都应当向当事人解释清楚再审制度和相关的规定以及本案的可能走向。当事人可能受“两审终审”、生效、强制执行等概念的影响，无法正确理解再审制度及运行过程。

作为再审的被申请人，其目的是要维护已经生效裁判的有效性，无论是经过再审而得以维持原判决，还是因为其在听证阶段所提出的意见被接纳而最终决定不予再审，都意味着后续程序的结束。故而，律师代理可以约定相应的风险收费。但是，该程序的结束并不意味着再审申请人不得再次提出相关的申请，也不意味着其再次提出的申请必然不会被受理。如果人民法院依法驳回再审申请人的申请，其可以向人民检察院申请检察建议或者提出抗诉。

生效的判决已经执行，再审被申请人通常已经获得了相应的执行财产，但是如果通过再审撤销了原来生效的判决，会产生执行回转的问题。要让再审被申请人高度重视再审的问题。

（三）参加听证

法院受理再审申请之后，在一般情况下会组织各方当事人进行听证。律师应当做好参加听证时回答询问、提出抗辩以及举出相应反证的准备工作。

（四）准备开庭

再审法院认为再审符合法定理由的，会裁定发回重审或者由再审法院提审等。无论是提审还是发回重审，通常是要开庭审理的。所以代理律师应做好开庭审理的必要准备。

第四节　刑事附带民事诉讼的代理

一、刑事附带民事诉讼及其意义

（一）刑事附带民事诉讼的界定

刑事附带民事诉讼，是指法院在审理刑事案件过程中，根据被害人的申请或检察机关

---

① 执行回转，是指执行完毕后，据以执行的判决、裁定和其他法律文书确有错误，被人民法院撤销的，对已被执行的财产，人民法院应当做出裁定，责令取得财产的人返还；拒不返还的，强制执行。

的提起，对由该犯罪行为所造成的直接物质损失的赔偿问题进行合并审理的诉讼活动。

（二）刑事附带民事诉讼的意义

刑事附带民事诉讼，有利于维护当事人的合法权益，有利于节约诉讼资源，有利于查明案件事实和正确处理刑事案件，有利于维护法院审判工作的统一性和权威性。

二、刑事附带民事诉讼的提起

（一）刑事附带民事诉讼提起的主体

1. 被害人

因犯罪行为而遭受物质损失的被害人，通常是作为原告人提起附带民事诉讼的最主要的一类主体。

2. 已死亡被害人的近亲属

被害人死亡后，其近亲属以自己名义提起附带民事诉讼必须是因犯罪行为而遭受物质损失的人。近亲属提起刑事附带民事诉讼必须符合以下条件：被害人死亡；原告是被害死者的近亲属；死者受害存在着实际的物质损失；该实际损失是由被告人的犯罪行为造成的。

3. 无行为能力被害人或限制行为能力被害人的法定代理人

被害人是无行为能力或限制行为能力的人，刑事附带民事诉讼由其法定代理人代为进行。

4. 人民检察院

如果国家财产、集体财产遭受损失，且受损失的单位知情后仍未提起附带民事诉讼，检察院有权代表国家提起附带民事诉讼。

律师代理刑事附带民事诉讼，一般是受原告委托而进行，人民检察院提起刑事附带民事诉讼的，一般不会聘请律师代理。

（二）刑事附带民事诉讼提起的范围

1. 关于物质损失的界定

对刑事附带民事诉讼的赔偿范围，根据我国《刑法》和《刑事诉讼法》的规定，可以附带民事诉讼的仅限定为物质方面的损失。事实上，不同的法律条文的表述又略有不同。如《刑法》第 36 条第 1 款规定："由于犯罪行为而使被害人遭受经济损失的，对犯罪分子除依法给予刑事处罚外，并应根据情况判处赔偿经济损失。"该条文用的是"经济损失"。《刑事诉讼法》第 101 条第 1 款"被害人由于被告人的犯罪行为而遭受物质损失的……"用的是"物质损失"；同条第 2 款"如果是国家财产、集体财产遭受损失的……"用的是"财产损失"。在刑事附带民事诉讼赔偿范围问题上，"物质损失""财产损失""经济损失"三词同义，属于同一概念。

2. 相关的司法解释

1979 年颁布《刑法》和《刑事诉讼法》时，民事损害赔偿的理论与实践均未扩大到精神损害赔偿领域，因此当时将刑事附带民事诉讼的赔偿范围限定为物质损害是有历史原因的。关于刑事附带民事诉讼是否应包括精神赔偿的问题，许多国家都经历了一个由不承认到承认的发展过程。

最高人民法院 2000 年 12 月 4 日发布的《关于刑事附带民事诉讼范围问题的规定》第

1 条第 1 款明确规定：因人身权利受到犯罪侵犯而遭受物质损失或者财物被犯罪分子毁坏而遭受物质损失的，可以提起附带民事诉讼。第 2 款进一步规定：对于被害人因犯罪行为遭受精神损失而提起附带民事诉讼的，人民法院不予受理。最高人民法院 2002 年 7 月 11 日发布的《关于人民法院是否受理刑事案件被害人提起精神损害赔偿民事诉讼问题的批复》明确规定，对于刑事案件被害人由于被告人的犯罪行为而遭受精神损失提起的附带民事诉讼，或者在该刑事案件审结以后，被害人另行提起精神损害赔偿民事诉讼的，人民法院都不予受理。

(三) 刑事附带民事诉讼提起代理的注意事项

1. 了解案情

刑事附带民事诉讼案件与普通的民事诉讼案件不同，相关的案情以及证据大多掌握在侦查机关或检察机关手中，因此在接受委托之后不仅要调阅案卷材料，还要具体分析因犯罪行为所导致的伤害之间的关联性，尤其是在共同犯罪中造成的伤害，还要区分是犯罪行为人的共同伤害还是个人伤害。

2. 必须向当事人做出必要释明

(1) 区分不同的责任。犯罪嫌疑人因其犯罪行为，可能要分别承担行政、刑事、民事责任，因此，不存在因为承担了刑事责任或者行政责任之后就可以免除其民事责任的情况，承担民事责任也不当然免除其他应当承担的责任。但在特殊案件中，如果被告能够及时赔偿受害人的实际损失，在量刑方面可作为酌定情节予以考虑。

(2) 精神损害赔偿应在刑事案件审结前提起。在民事诉讼有特殊规定的情况下，如果要提起精神损害赔偿的，不能附带民事诉讼，也不能在刑事案件审结之后再另行提起，而必须要在刑事案件尚未审结的情况下另案提起。

(3) 损失赔偿实际执行的难度。如果是具有完全民事行为能力的被告，在其没有可被执行的财产的情况下，又没有其他共同责任人时，附带民事诉讼的赔偿往往难以执行。

3. 充分依靠刑事案件指控的证据

刑事附带民事诉讼的证据与普通民事纠纷案件的证据来源不同，原告通常可以自己收集和提供普通民事纠纷案件的相关证据，但还必须充分依靠刑事案件指控的相关证据。有时，尽管刑事指控的证据不足以证明被告构成犯罪，但相关的证据足以证明侵权赔偿能够成立。虽然美国的辛普森被指控杀妻罪名最终不能成立，但法庭还是判处辛普森要向被害者父母赔偿高达 850 万美元的损失①。

三、刑事附带民事诉讼被告应诉的代理

(一) 刑事附带民事诉讼的被告

刑事附带民事诉讼被告，是指在刑事诉讼中因刑事被告人的犯罪行为造成损失，被起诉承担民事赔偿责任的人。

根据 1998 年《最高人民法院关于执行〈中华人民共和国刑事诉讼法〉若干问题的解释》第 73 条、第 86 条的规定，刑事附带民事诉讼的被告，不仅仅限于刑事案件的被告

---

① 张亮．辛普森案，同一案件两种判决——刑事：无罪开释；民事：有罪赔偿．人民网．[2018-06-07]. http://www.people.com.cn/GB/guoji/209/5065/5066/20010413/441811.html.

人，还包含了共同侵权人、监护人、已被执行死刑的罪犯的继承人、取保候审的保证人以及其他承担民事责任人。

作为刑事附带民事诉讼的当事人，刑事附带民事诉讼的被告理应享有相应的诉讼权利（包括但不限于反诉）和承担相应的诉讼义务。

值得注意的是，在逃的犯罪嫌疑人因其在逃，没有到案参与诉讼，因此其是否应当承担责任尚处于不确定的状态，对于未被抓获的犯罪嫌疑人不适用缺席审理的方式。实践中，通常是在被指控的被告人中认定民事损害赔偿责任，如果是连带责任的话，当在逃的嫌疑人被追究刑事责任后，其他已经承担了连带赔偿责任的人可依法行使追偿权。

（二）代理刑事附带民事诉讼被告应注意的事项

1. 限于民事委托事项

由于刑事附带民事诉讼涉及刑事案件和民事损害赔偿两种不同性质的案件，因此刑事附带民事诉讼案件被告的代理人并非必然是刑事案件被告人的辩护人（诚然也可以是兼具两者的身份）。刑事附带民事诉讼被告的代理人，仅就其民事诉讼案件进行代理和行使代理人的诉讼权利。

2. 赔偿责任的承担

对于物质性损害的赔偿和精神性损害的赔偿，我国规定采取分别程序处理的原则，而且民事赔偿和刑事责任的承担原则上是两种不同的责任，但在某些特殊案件中，如果进行有效的赔偿并得到受害者的谅解，通常也是可以作为刑事案件从轻处罚的酌定情节来考虑的。如果是团伙犯罪，从犯没有直接造成受害人伤害的，重犯是否应当承担民事侵权赔偿责任？按照《侵权责任法》第 8 条的规定：“二人以上共同实施侵权行为，造成他人损害的，应当承担连带责任。”根据《最高人民法院关于审理人身损害赔偿案件适用法律若干问题的解释》第 5 条第 1 款的规定，“赔偿权利人起诉部分共同侵权人的，人民法院应当追加其他共同侵权人作为共同被告。赔偿权利人在诉讼中放弃对部分共同侵权人的诉讼请求的，其他共同侵权人对被放弃诉讼请求的被告应当承担的赔偿份额不承担连带责任。责任范围难以确定的，推定各共同侵权人承担同等责任。”如果判决明确了在共同犯罪中部分被告人与受害人达成调解协议，且受害人明确放弃对达成协议的被告人的民事赔偿权利的，未与受害人达成调解协议的被告人不对民事赔偿承担连带赔偿责任，可承担按份赔偿责任。

3. 必须向当事人做出必要释明

（1）区分不同的责任。刑事责任、民事责任，自己责任、按份责任与共同连带责任、代偿责任等，是依照不同的标准进行划分的责任。

（2）损害赔偿的实际承担，不必然免除、减轻刑事责任。刑事责任与民事赔偿责任是两种不同的责任，两者不产生替代的后果。

4. 注意保密

如果刑事案件涉及国家利益，或以未成年人为被告的，或者涉及相关当事人个人隐私而不进行公开审理，那么无论是代理刑事附带民事诉讼案件的原告还是被告，律师对刑事案件审理的相关信息都有保密的义务。

【引例评析】

像甲公司与乙公司之间因供货质量而引发货款支付纷争这样的情况，在现实中并不少见。供需双方有争议，应当依照合同约定（在没有约定仲裁的情况下）以及法律规定来解决，当然也可以聘请律师代理提起民事诉讼。至于货款支付与质量问题货物的退换是分开处理，还是捆绑在一起处理，不能一概而论，应根据合同的约定以及实际的履行来判断和处理。

【练习题】

一、概念

起诉；反诉；被诉；上诉；再审；刑事附带民事诉讼

二、简答题

1. 民事起诉代理应注意哪些事项？
2. 再审受理的条件与确定再审的条件有何区别？
3. 代理刑事附带民事诉讼被告时应当注意什么问题？

【模拟实训】

一、模拟场景

一当事人拟委托律师代理一起民事案件，先是咨询律师，后办理委托代理手续，最终确定由律师代理某一个阶段的民事诉讼程序业务。有条件的，可通过模拟法庭的形式分原告、被告、审理三组，各自扮演相关的角色。

二、题目

1. 收集相关资料和证据，拟出一份民事诉状或民事上诉状。
2. 根据被告的委托，拟出一份民事答辩状。

第八章　仲裁案件代理

【本章引例】

甲公司与乙公司准备签订一份购销合同，对于供货标的、规格、价款、交货地点、违约责任等内容达成了一致意见，但对于纷争解决的条款则产生了分歧：甲公司提议纠纷提交法院审理，乙公司则认为提交仲裁委员会仲裁更为公正。于是双方到律师事务所请求律师解释这两种纠纷解决方式的异同，以便于做出一致的选择。

【学习的目的与要求】

通过本章学习，了解仲裁的特色，掌握仲裁条款的设置要求，把握仲裁提起以及仲裁活动的相关程序和实质性问题，培养运用仲裁的相关规定解决民商事纠纷的能力。

【重点问题】

- 仲裁条款及仲裁管辖
- 仲裁前的保全措施的采取
- 仲裁中的证据质证
- 仲裁和解

第一节　仲裁管辖及申请

一、仲裁条款

（一）仲裁条款的界定

仲裁，又称公断，是指纠纷当事人在自愿基础上达成协议，将纠纷提交非司法机构的第三者审理，由第三者做出对争议各方均有约束力的裁决的一种解决纠纷的制度和方式。仲裁是国际贸易中解决争议时最常用的方法。

仲裁具有以下特征：第一，契约性，即当事人可通过仲裁条款或仲裁协议约定仲裁，从而排除诉讼管辖。第二，自治性，即当事人可以约定适用的仲裁程序和对相关问题做出处分。第三，民间性，即仲裁机构为民间组织，特定情况下当事人还可以约定非仲裁机构的临时仲裁。第四，专业性，即仲裁员一般为某特定行业的专家，对相关领域的问题有较好的认知。第五，快捷性，即仲裁案件一般会在较短的时间内（通常为四个月）审结。第六，秘密性，即除非当事人要求并征得双方同意，仲裁不进行公开审理。第七，终局性，即仲裁实行“一裁终局”，裁决一经做出即具有法律效力，不得上诉或者另行起诉。第八，准司法性，即裁决由当事人自觉执行并可在必要时申请法院强制执行。1958 年 6 月 10 日在纽约召开的联合国国际商业仲裁会议通过了《承认及执行外国仲裁裁决公约》（简称《纽约公约》），至今已有 130 多个国家和地区加入了该公约。我国于 1986 年 12 月 12 日决定加入《纽约公约》，该公约于 1987 年 4 月 22 日对我国生效，其为我国承认和执行外国仲裁裁决提供了保障和便利，为进一步开展国际商事仲裁活动起到了推动作用。

仲裁法，是指由国家制定或认可的，规范和调整仲裁关系的法律规范的总称。《中华人民共和国仲裁法》由中华人民共和国第八届全国人民代表大会常务委员会第九次会议于 1994 年 8 月 31 日通过，自 1995 年 9 月 1 日起施行。《最高人民法院关于适用〈中华人民共和国仲裁法〉若干问题的解释》于 2005 年 12 月 26 日由最高人民法院审判委员会第 1 375 次会议通过，自 2006 年 9 月 8 日起施行。

仲裁条款，又称仲裁协议，是双方当事人愿意将其争议提交第三者进行裁决的意思表示。

（二）仲裁条款的体现

1. 合同中的仲裁条款

合同中的仲裁条款，是指双方当事人在合同中订立的，约定将今后可能因该合同所引发的争议提交仲裁的条款。

仲裁示范条款的内容通常包括合同争议移交仲裁、指定仲裁机构、适用仲裁规则、仲裁裁决的效力。

参考案例 8－1

中国广州仲裁委员会的仲裁示范条款为：“因本合同引起的或与本合同有关的争议，均提请中国广州仲裁委员会按照该会仲裁规则进行仲裁，仲裁裁决是终局的，对双方均有约束力。”

不同的仲裁机构，其提供的仲裁示范条款不完全相同。但是，根据仲裁法的规定，一个有效的仲裁条款起码应该包括以下三个方面的主要内容：一是提交仲裁的意思；二是仲裁机构的名称准确且无歧义；三是纠纷的范围明确。

2. 仲裁协议书

仲裁协议书，是指当事人之间订立的，一致表示愿意将他们之间已经发生或可能发生的争议提交仲裁解决的单独的协议。它是在合同没有规定仲裁条款的情况下，双方当事人在争议发生之前或之后，为了专门约定仲裁事项而单独订立的一种协议。

3. 往来意思表示中的仲裁合意

当事人在相互之间的信函、电报、电传、传真、电子数据交换、电子邮件或其他书面材料的往来中，含有明确表达双方当事人同意将他们之间已经发生或可能发生的争议提交仲裁的内容，有关文件即隐含了仲裁的合意。只要一方当事人就他希望订立仲裁协议的事宜向另一方当事人提出建议，另一方当事人愿意接受该项建议并将其接受该仲裁协议的意向传达给对方当事人，仲裁合意即可达成。

4. 约定仲裁条款时常见的错误

根据《仲裁法》第 16 条第 2 款的规定，在仲裁协议中必须约定以下三项内容：(1) 请求仲裁的意思表示；(2) 仲裁事项；(3) 选定的仲裁委员会。在实践中约定仲裁条款经常出现的问题主要有：

第一，在合同中约定了仲裁地点但未明确约定仲裁机构，或虽然有约定仲裁机构，但使用的仲裁机构名称不规范。如："发生争议提交仲裁""争议提交争议地仲裁机构仲裁解决""争议由本市有关部门仲裁""争议提交××市仲裁委员会[①]仲裁"等。这样的约定，在纠纷发生后申请仲裁时，通常会被认定为约定不明，但是如果该市仅有一个民商事仲裁机构，则可认为"××市仲裁委员会"就是"××仲裁委员会"。

第二，约定两个或者两个以上仲裁机构。当事人在合同中明确约定争议交由两个或者两个以上仲裁机构进行仲裁，如"争议可提交 A 仲裁机构或 B 仲裁机构仲裁"。当事人在合同中约定由某地的仲裁机构进行仲裁，而该地存在两个[②]或者两个以上的仲裁机构的，为间接约定两个仲裁机构。仲裁协议约定两个以上仲裁机构的，当事人可以协议选择其中的一个仲裁机构申请仲裁；当事人不能就仲裁机构选择达成一致的，仲裁协议无效。

第三，在合同条款中既约定仲裁，又约定诉讼。如"发生争议可向××仲裁委员会提起仲裁，也可以向有管辖权的人民法院起诉"；"争议由合同履行地仲裁机关仲裁，对仲裁不服的，可向人民法院起诉"等。该约定违反了仲裁的唯一性和终局性，会被认定为无效。

课堂讨论

甲乙两公司在买卖合同中约定的纠纷解决条款内容为："本合同一经双方签约代表签字并加盖公章后即时生效，双方应共同信守。如有未尽事宜，应当协商解决，如有纷争协商不成，则可依法向人民法院提起诉讼或者向仲裁机构提起仲裁"。该约定究竟是有效还是无效？如果双方对究竟是提交法院诉讼解决还是提交仲裁机构仲裁争执不下，应该怎么处理？

第四，在合同中仅约定适用的仲裁规则但未约定仲裁机构。如在合同中仅约定争议出现时适用《××仲裁委员会仲裁规则》。如当事人达成补充协议或按照约定的仲裁规则能够确定仲裁机构的为有效约定，否则为无效约定。

---

① 根据《仲裁法》第 10 条"仲裁委员会可以在直辖市和省、自治区人民政府所在地的市设立，也可以根据需要在其他设区的市设立，不按行政区划层层设立"的规定，民商事仲裁机构的名称不冠以"市"而直接使用地名，如"北京仲裁委员会""中国广州仲裁委员会"。

② 北京市有"中国国际经济贸易仲裁委员会""北京仲裁委员会""中国海事仲裁委员会"。2018 年 1 月 10 日以前，广东省深圳市有"华南国际经济贸易仲裁委员会"（前身为"中国国际经济贸易仲裁委员会华南分会"）和"深圳仲裁委员会"两个仲裁机构，这两个仲裁机构于 2018 年 1 月 10 日合并，合并后的名称为"深圳国际仲裁院"（深圳仲裁委员会）。

二、确定管辖

(一)确定仲裁机构

对于民商事纠纷的处理，在仲裁与诉讼的关系处理上，我国实行“或裁或审”的制度，即当事人在选择解决争议途径时，在仲裁与审判中只能取其一。如当事人选择了以仲裁途径解决争议，就不得再选择诉讼，反之亦然。

当事人采用仲裁方式解决纠纷，应当双方自愿，并达成仲裁协议。没有仲裁协议，一方申请仲裁的，仲裁委员会不予受理。

理论上分析，只要明确选择了仲裁的纠纷解决方式，就意味着排除了诉讼管辖，但前提是仲裁的选择是明确、具体和可以实施的。最高人民法院在给山东省高级人民法院的复函中明确了“双重选择”的仲裁约定是有效的，但前提是“当事人只要选择约定的仲裁机构之一”①。换言之，如果当事人未能在两个可选项之中达成一致，仲裁的选择将会变成不具体、不可实施而无效。但从真意表示的角度理解，选择二者中任何一个均可，究竟选择哪一个由提起仲裁的一方来决定，对方不应有异议。该“二者择其一”的约定真意明确，无须在发生争议后再行协商并确定一致。

参考案例8-2

甲乙双方的住所地分处不同的两地，双方当事人注册所在地分别有不同的民商事仲裁委员会，但在合同中约定的则是“如发生纠纷，协商不成，由提起仲裁一方所在地的仲裁机构仲裁”。该约定究竟是理解为“双重选择”还是预先授权性唯一指定？

事实上，当事人对于最终受理的仲裁委员会是有明确预知的：如果甲方提起仲裁则确定为甲方住所地的仲裁委员会，如果乙方提起仲裁则为乙方住所地的仲裁委员会。因此，对于上述约定，不能按照约定不明处理。

提出仲裁管辖异议，通常是被申请人用来对抗申请人的一种手段，无论仲裁条款约定如何，被申请人要么提出仲裁条款无效，要么提出仲裁机构无管辖权。根据《仲裁法》及相关司法解释，属于以下情形的，仲裁庭可能就无管辖权：(1)当事人之间没有仲裁条款；(2)无民事行为能力人或限制民事行为能力人签订的仲裁条款；(3)仲裁协议并非双方真实意思的表示；(4)受胁迫而订立的仲裁条款；(5)未明确约定仲裁机构；(6)未约定仲裁事项；(7)争议超出了约定仲裁的范围；(8)约定仲裁的事项超出了仲裁法定管辖的范围；(9)既约定仲裁又约定诉讼的双重选择。

(二)机构仲裁中仲裁庭的组成

1. 普通程序的仲裁庭

仲裁案件适用普通程序还是简易程序，由当事人约定，没有约定的按照仲裁规则处理。除适用简易程序②以外的其他仲裁案件均适用普通程序。适用普通程序的仲裁案件，仲裁庭通常由三名仲裁员组成，设首席仲裁员。三名仲裁员由当事人各自选定或者各自委

---

① 具体可见《最高人民法院关于同时选择两个仲裁机构的仲裁条款效力问题给山东省高级人民法院的函》(法函[1996]176号)。

② 仲裁规则通常会规定按仲裁案件纷争标的额分别适用普通程序或者简易程序，标的额通常以20万元、50万元或者100万元为界限。

托仲裁委员会主任指定一名仲裁员，第三名仲裁员由当事人共同选定或者共同委托仲裁委员会主任指定（当事人无法共同选定的视为委托仲裁委员会主任指定）。第三名仲裁员是首席仲裁员。

2. 简易程序的仲裁庭

当事人约定或者依照规则适用简易程序的仲裁案件，由一名仲裁员成立仲裁庭，仲裁员应当由当事人共同选定或者共同委托仲裁委员会主任指定仲裁员（当事人无法共同选定的视为委托仲裁委员会主任指定）。

3. 仲裁员的回避

根据《仲裁法》第 34 条的规定，仲裁员有下列情形之一的，必须回避，当事人也有权提出回避申请：(1) 是本案当事人或者当事人、代理人的近亲属；(2) 与本案有利害关系；(3) 与本案当事人、代理人有其他关系，可能影响公正仲裁的；(4) 私自会见当事人、代理人，或者接受当事人、代理人的请客送礼的。

有回避事由的，仲裁员应当主动申请回避；当事人也可以提出仲裁员回避申请，但应当说明理由，并且应当在首次开庭前提出。回避事由在首次开庭后知道的，可以在最后一次开庭终结前提出。仲裁员是否回避，由仲裁委员会主任决定；仲裁委员会主任担任仲裁员时，由仲裁委员会集体决定。

参考案例 8-3

甲乙双方的合同纠纷，由甲方向合同约定的仲裁委员会提起了仲裁申请。被申请人的乙方代理人在开庭时获知甲方选定的仲裁员与甲方的代理人是师生关系（仲裁员是某高校法学院的教授，甲方的代理人毕业于该院）。于是，乙方的代理律师向仲裁委员会提出了仲裁员回避的申请。

仲裁员回避的事由是有规定的。通常，代理人毕业于某学校，而仲裁员是该校的教师甚至曾经给其上过课，这本身不必然会影响公正仲裁；但是如果是一种较为特定的师生（如导师与学生）关系，通常在处理上还是回避为好。

（三）临时仲裁

临时仲裁，机构仲裁①之对称，又称特别仲裁或随意仲裁，是指当事人自己依协议组建仲裁庭或即使有常设仲裁机构介入，仲裁机构也不进行程序上的管理，而是由当事人依协议约定临时程序或参考某一特定的仲裁规则或授权仲裁庭自选程序的仲裁形式。在临时仲裁中，凡是与仲裁审理有关的事项都完全由当事人约定。

机构仲裁和临时仲裁是仲裁的两种基本形式，两者相辅相成，在纠纷的解决中各自发挥着作用。

《纽约公约》以及我国与一些国家签订的双边司法协助协定中所指的仲裁都既包括机构仲裁，又包括临时仲裁；在我国仲裁机构成为完全的民间机构之前，设立临时仲裁，不失为完善我国投资环境的一个重要举措。

---

① 机构仲裁，是指由一个常设的仲裁机构依照其仲裁规则进行的仲裁。仲裁机构负责大部分程序上的工作，当事人在仲裁机构的仲裁员名册中选择仲裁员，仲裁裁决除了由仲裁员签字外，还要加盖仲裁机构的印章。

三、提起仲裁

（一）起草仲裁申请书

仲裁申请人提出仲裁申请，必须向仲裁机构提交仲裁申请书。仲裁申请书应当载明下列事项：（1）当事人的姓名、性别、年龄、职业、工作单位和住所，法人或者其他组织的名称、住所和法定代表人或者主要负责人的姓名、职务，有代理人的还要列明代理人的基本情况；（2）仲裁请求和所根据的事实、理由；（3）证据和证据来源、证人姓名和住所。最后要写上呈交的仲裁机构名称，申请人（代理人）应当签字（单位的应盖章），写上日期，注明附件名称等。

（二）申请立案

申请人或委托的代理人应到仲裁机构的受理（立案）部门办理立案手续，递交仲裁申请书及相关证据材料，除一套正本外还应递交多套副本，副本数量是按被申请人的人数加仲裁员人数确定。

仲裁委员会受理（立案）部门收到相应的材料后，经过形式审查，会填发收件回执给申请人。

（三）预交费用

仲裁委员会收到仲裁申请书之日起五日内，经审查认为符合受理条件的，应当受理，并通知当事人；认为不符合受理条件的，应当书面通知当事人不予受理的情况，并说明理由。仲裁委员会受理仲裁申请后，申请人应当依照仲裁规则和公布的仲裁收费标准预缴仲裁费用①。

四、进行答辩

（一）管辖异议

仲裁不实行级别管辖和地域管辖，而是依照当事人的仲裁条款进行管辖。

管辖异议，是指当事人对仲裁管辖所提出的异议，目的在于否定仲裁机构受理和审理该案件的权利，从而使该案件脱离仲裁处理的程序。

申请人提出仲裁申请后，如果被申请人认为仲裁机构无权管辖本案，或者认为本人不是适格的被申请人，可以提出管辖异议。

仲裁案件受理后开庭前，被申请人可以向仲裁机构所在地的中级人民法院提出仲裁管辖异议或者仲裁条款效力的异议，也可以直接向受理的仲裁机构提出异议。开庭时提出管辖异议或者仲裁条款效力异议的，由仲裁庭审理和决定。

（二）书面答辩

被申请人收到仲裁申请书副本后，应当在仲裁规则规定的期限内向仲裁委员会提交答辩书。仲裁委员会收到答辩书后，应当在仲裁规则规定的期限内将答辩书副本送达申请人。被申请人未提交答辩书的，不影响仲裁程序的进行。

（三）提交证据

《仲裁法》第 43 条规定：当事人应当对自己的主张提供证据。无论是申请人还是被申

① 依照仲裁规则，仲裁费用的最终承担，通常是由当事人根据胜诉比例分担。

请人，凡是提出主张的均应当提供相应的证据。证据应当按照证明的内容进行分组，并编写证据目录，分列：序号、证据名称、证据来源、证明事项、原件还是复印件、页码、连续编码、证据提供者、联系方式、提交日期等。如果需要仲裁庭发出通知证人到庭作证通知的，还要列出证人的姓名、性别、年龄、身份证号码、单位、职务、联系方式等相关信息。

申请人应当在提起申请时准备好全部的证据材料，被申请人应当在答辩期内提交证据材料。

第二节　庭前准备

一、保全申请

保全，全称诉讼保全，是指人民法院对于可能因当事人一方行为或者其他原因、使判决不能执行或难以执行的案件，在对该案判决前，依法对诉讼标的物或与本案有关的财物采取的强制性措施。

仲裁机构属于民间机构，本身无司法权，因此不能应当事人的申请采取保全措施，而应转给人民法院，由人民法院依据民事诉讼法的相关规定处理。仲裁申请人可在提起仲裁申请后受理前提出保全申请，也可在受理后再提出保全申请。

人民法院在决定采取诉讼保全措施前，可令申请人提供担保，拒绝提供担保的，驳回诉讼保全申请。对情况紧急的，人民法院可在48小时内做出裁定，并立即采取诉讼保全措施。当事人不服诉讼保全裁定的，可以申请复议。复议期间，不停止裁定的执行。

律师应当向申请人解释关于保全的相关规定和程序性要求，配合申请人办理相关的保全申请手续。除财产保全外，符合条件的还可以申请对证据进行保全。但是，仲裁案件一般不会接纳当事人申请的行为保全（停止侵权的禁令）等临时措施①。

二、证据交换

证据交换，原指人民法院在审理民商事案件时，根据当事人的申请或对于证据较多及复杂疑难案件，在答辩期满后、开庭审理前，在审判人员的主持下，双方当事人将能够证明各自主张的所有证据进行交换的活动。仲裁活动通常较早进行证据展示、交换，无论仲裁庭收到哪一方当事人提供的证据材料，都会依法和依照规则将相应的材料送达对方当事人，以防止证据突袭②。

证据交换是中国民事审判方式改革的产物。根据《最高人民法院关于民事诉讼证据的若干规定》的精神以及法院审判的实践，如在期限内不提出相关证据，则被视为放弃举证

---

① 临时措施，是指司法机关在对案件事实和法律问题进行全面审查并做出终局决定前，因情况紧急而为权利人采取的临时性的救济措施，最典型的为禁止令，如在知识产权侵权案件的诉讼期间停止生产涉嫌侵权产品的临时禁令。

② 证据突袭，是指隐藏重要的证据，待关键时突然出示从而使对方无充足的时间准备和应对、增加对方败诉风险的证据出示方法。民事诉讼法规定人民法院根据当事人的主张和案件审理情况，确定当事人应当提供的证据并设期限，目的就是防止证据突袭。

权利。通过固定证据交换、限制或撤销部分证据，明确案件争议焦点，可以减少庭审的负担。因此，在提起仲裁申请时申请人就应当准备好本案全部的证据材料并提供证人的联系方式；被申请人也必须在答辩期内提供相应的证据材料；如果鉴于特定情况无法在限定期限内提交证据材料的，必须依照规则向仲裁机构申请举证延期或者请求仲裁庭依职权调取证据，否则就要承担可能的不利后果。

当前，针对一些疑难案件或者证据较多的案件，当事人可以申请或者由仲裁庭决定在庭前组织双方当事人进行证据质证，该质证结果直接纳入后续的庭审活动中。

参考案例 8-4

甲向某民商事仲裁机构提起仲裁申请，依照仲裁委员会的规定，填写了《证据目录清单》并附上了相应的证据材料，还注明了证人的姓名、地址、联系方式，出庭作证的内容。

不同的仲裁机构，对当事人提交证据时应当填写的《证据目录清单》的要求不完全相同，但一般情况下都应以表格的方式分组列出相应的证据名称、来源、原件还是复印件、证明事项、证据页码、连续编码、备注等相关的信息，以便于证据交换以及开展庭审质证活动。

三、拟定焦点

（一）如何归纳争议焦点

争议焦点，是当事人意见相左而发生争执的聚焦所在。

归纳争议焦点有以下作用：首先，可以化繁为简。无论是多么复杂的案件，只要将争议焦点正确地归纳出来，就可以排除掉那些无关紧要、旁枝末节的细小问题从而全面地把握住问题之关键所在。其次，把握庭审的方向。庭审要解决的无非是查清事实、适用法律两大问题，两大问题解决了，结果自然也就出来了。最后，有备无患。争议表现出来的问题可能很多而且千变万化，但都离不开争议焦点的核心，把握住这一核心问题，就可以做好充分的准备而能够从容应对。

归纳争议焦点，首先要分析当事人的主张、诉求、抗辩，其次要了解相关证据与主张的关系以及证据的证明力，再次要明确相关的规定及适用条件，最后要正确把握相关的理论研究成果以及学理解释。

（二）怎样解决焦点问题

争议焦点只不过是浮在面上的表征，而要解决焦点问题，就必须从理论上或者法律适用上找到方法。

参考案例 8-5

在某仲裁案件中，被申请人对于己方已经构成违约无异议，对依照合同约定按每日千分之五支付违约金也是清楚的，申请人没有举证说明其存在实际损失。此时，被申请人依照《合同法》第 114 条的规定要求仲裁庭适当降低违约金的计算标准。申请人则要求严格依照合同约定标准算违约金。

可见，争议焦点在于：适当降低违约金的条件是否成立。作为守约方的买方即申请人认为不具备适当降低的前提条件，应当严格遵照合同约定计付违约金；而作为违约方的卖方即被申请人则认为已经满足了适当降低的条件要求，应当适当降低违约金。

（三）正确处理焦点与请求的关系

争议焦点问题一旦被解决，就意味着按照逻辑推理会得出合理的结果。

参考案例8－6

申请人指控被申请人拒绝交易构成违约，而被申请人则提出抗辩，称自己是在行使同时履行抗辩权而不构成违约。问题在于合同中约定的“买方在签订合同时交付20万元定金，10日内办理银行按揭贷款申请；银行出具同意贷款书后3天内双方到房管部门办理递件过户手续，当天买方支付首期楼款80万元给卖方；余款由银行通过按揭贷款的方式直接划给卖方”。卖方要求买方支付80万元之后才能办理递件过户手续，而买方则坚持要求先办理递件过户手续，之后在一天内再付款80万元。

本案的争议焦点就是：递件过户与支付首期楼款80万元的先后顺序。如果捋顺思路，按照相关的原理解释先后顺序的问题，则可以化解为：先后是时间顺序的表现；只要两个行为不在同一时间发生，就必然有先后顺序的问题；在同一日内也有不同的时间段，两个行为非同时发生就有先后顺序；尽管合同约定在一天之内，但递件过户的行为在先，付款行为在后；卖方的先行付款之后再办理递件过户手续的意见未经双方协商一致，其要求与合同约定不符。最后的结论就是——卖方的“同时履行抗辩权”的抗辩不能成立，被申请人构成了违约，应当承担违约责任。

四、准备提纲

无论是代理申请人还是代理被申请人，律师都要准备好开庭前的案件代理提纲。提纲的内容主要包括：程序上必须注意和解决的问题；实体上必须注意和解决的问题。在具体内容上，可以列出双方认识一致（或者相关证据证明一致）的问题、双方争议的问题。

无论按照什么标准进行划分和罗列，最终要达到的目的就是能够全面、整体把握住案件的实质，能够从容面对和处理各种情形，实现预期目的。而且由于“计划总赶不上变化”，哪怕是做好了全方位的准备，在实际操作过程中也有可能出现突发的情况，因此就要做好及时修正和补充原来所做计划的准备。

第三节　参加庭审

一、明确请求

案件审理，必须是在申请人的请求和被申请人的请求基础上展开的，不能超裁或者漏裁。当事人的请求是什么、具体包含什么意思、基本的依据是什么，这是必须要首先解决的问题。

参考案例8－7

申请人在仲裁案中提出的仲裁请求之一是要求仲裁庭裁决被申请人：“支付拖欠货款80万元并支付违约金”。

在案件审理中，仲裁庭肯定会就拖欠货款80万元的事实依据和计算方式，以及违约金的计算依据、标准、起止时间这些问题进行调查。与其等到仲裁庭庭审时再逐一调查，还不如在仲裁申请书中做出明确的阐述并附充分的证据予以佐证。

如果申请人提出的仲裁请求是矛盾的，则仲裁员应当行使释明权①要求申请人明确仲裁请求。例如，申请人提出既要裁决被申请人双倍返还定金，又要主张裁决被申请人支付违约金。此时，仲裁员就应当释明，并要求申请人明确其请求。被申请人亦可要求仲裁员行使释明权，以确定答辩的具体内容。

仲裁员限于当事人的请求范围而审理案件，该请求必须是明确、具体的。如果当事人的请求是不明确的，或者存在多重选择甚至是矛盾的请求，仲裁员就无法沿着一个思路确定一条主线路往下走，被申请人也就无法做出对应性的答辩。

参考案例8-8

申请人在一个仲裁案件中提出要求"要么裁决被申请人支付货款，要么裁决被申请人交还货物"，表面上来看二选一是可以实施的，也是合情合理的。但是，在逻辑上这两个请求是矛盾的，因为只有合同有效且继续履行的情况下才会有"支付货款"的处理结果（自然不存在退还货物的问题），而合同无效或者解除的话，才有可能出现返还而"交还货物"的情况。

申请人究竟是要求认定合同有效而请求裁决继续履行，还是要求仲裁庭认定合同无效，又或者是请求裁决解除一个有效的合同？这种让人费解的请求，表面上是合情的，但实质上并不合理，而且也无法操作。

二、证据质证

质证，是指在诉讼或仲裁活动中，一方当事人（代理人）对另一方出示的证据就其真实性、合法性、与本案争议事实的关联性，以及证明力的有无、大小所进行的说明、评价、质疑、辩驳、对质、辩论的活动或过程。广义的质证，还包括了对证人出庭作证的对质。

只有确定其真实性，才有合法评判之必要；只有认可其合法性，才有关联性评价的意义。如果证据是不真实的，那么必然也是不合法的，更谈不上与待证事实有关联性或者证明力大小的问题。

三、锁定事实

"以事实为根据，以法律为准绳"是案件处理的基本原则。事实，是指事情的真实情况，包括事物、事件、事态，即客观存在的一切物体与现象、社会上发生的不平常的事情和局势及情况的变异态势。

需要辨明的是：与案件相关的有哪些事实，哪些事实是当事人一致认可的，哪些是存在认识上分歧的，分歧点何在，分歧的原因又是什么，有什么证据能够支撑各自的观点，这个证据是否真实、合法、有关联性以及证明力究竟有多大，案件的哪些事实是免证的，

① 释明权，是指审理者依据法律规定并根据案件的实际情况，解释和说明相关规定之后，要求当事人做出合理选择从而确定下一步审理方向的权利。

哪些是需证的。

通常，争议的事实一旦被认定，案件的解决结果自然会浮出水面。

参考案例 8-9

在某仲裁案中，卖方要求买方支付剩余的设备购买货款，而买方抗辩称卖方的机械设备不合格；卖方则坚称己方已交货、安装、试运行、验收并交付，设备达到了质量要求，如果发生运行障碍可依保修条款解决。表面上看，本案的争议焦点是设备质量问题，实质上是货款支付的条件问题。依照合同约定，货到安装验收后 3 天内付全款，设备运行存在问题依照保修条款处理。

申请人作为卖方，要求被申请人支付剩余货款，仲裁员就必须要对是否交货、安装、试运行、验收、交付、使用的情况进行查实。如果设备安装交付后正常运行的情况一旦查实，则根本不会接纳以质量不符合要求作为拒付设备款的抗辩。

四、协商和解

通常，在证据质证、查明事实之后，仲裁庭会征询当事人是否同意调解的意见。尽管调解并非仲裁的必经阶段，但为了化解矛盾和解决纷争，通常都遵循“能调则调，当裁则裁，调裁结合”的原则。

协商和解的方式很多，可以在仲裁庭主持下进行调解（可以是当面调解，也可以是“背靠背”调解），最终以仲裁庭出具《调解书》的形式结案；也可以采取庭外和解，以申请人撤案的方式来处理（申请人撤案之后还可能会重新提出仲裁申请）。如当事人需要庭外和解时间的，可提出中止审理的请求（不计算审限），期满后告知仲裁庭结果，最后由仲裁庭决定结案或者继续审理（审限继续计算）。如果当事人达成调解或者和解，应当把双方达成一致并签名（单位盖章）的和解协议递交给仲裁庭。

无论采取哪种方式，协商和解必须是自愿的、体现出当事人的真实意思并且符合法律规定。一旦采取协商和解的方式解决纷争，有时可以使纠纷画上句号（如调解结案），但也有可能会由此引发新的纷争（如案外和解未附条件，则放弃部分权利的一方还需借助其他方式才能在放弃后的权利范围内得到救济）。因此，在放弃部分权利情况下的和解或调解，在表述上通常会有两种情形：一种是能够正常得到履行的债务数额的处理（债权人认可放弃部分的权利）；另一种是不履行和解后债务义务的则恢复申请人原有全部请求的特别约定。

五、展开辩论

在调查事实之后，如果先行展开辩论，尽管符合“道理越辩越明”的说法，但也有可能导致矛盾的进一步激化。因此，在仲裁审理实践中，通常会将调解放在辩论之前，如果不愿意调解或者调解失败，再安排当事人辩论。

有理不在声高，真理是越辩越明的，而且公道自在人心。辩论应当围绕请求、依据事实、结合证据、紧扣争议焦点而展开。代理律师不可自说自话、漫无目的地胡诌一通；也不得为了证明给委托人看而故意卖弄，或者对他方当事人或其代理人进行人身攻击；更不得将矛头指向仲裁员或者秘书并与之发生冲突。

当第一轮辩论结束之后，可就第一轮辩论新出现的问题或者争议焦点发表第二轮的辩论意见。当双方的辩论意见表达完毕之后，仲裁庭会征询双方当事人的最后意见，由当事人或其代理人做最后陈述。

第四节　庭后工作

一、提交代理词

案件开庭审理后如果无须后续开庭，代理律师应尽快（通常在5个工作日或者在仲裁庭要求的时间内）将代理词递交给仲裁庭，以便仲裁庭进行合议后做出裁决。如代理人认为庭审笔录已经完全记录了其辩论意见或没有必要另行提交代理词的，则可以不交；不交代理词不影响仲裁庭对案件的审理。

二、跟进审理

庭审后，如果出现新情况，仲裁庭会向当事人发出相关的通知并做出相应要求。例如，仲裁庭如果认为有必要，可以在庭后行使职权调取新证据而再次开庭；如果当事人在庭后补充提交新的证据，仲裁庭可以根据案件的情况决定再次开庭或者在第一次庭审时已经明确庭后有补充证据无须开庭的，可要求当事人提出书面质证意见。如果需要委托第三方评估的，应启动委托评估程序，由当事人协商或通过抽签的方式选定评估机构，对评估机构的评估结论发表质证意见。

总之，在第一次庭审结束前，仲裁庭宣布“休庭”① 的情况下，代理律师应当及时了解和跟进相应的审理程序。

三、告知裁决

代理律师一般都有代理当事人领取裁决书（或调解书、决定书等相关的文书）的授权委托，除非有特别声明，仲裁庭一般也会将本应发给当事人的裁决书一同送达给代理律师。

代理律师在收到裁决书之后，应当及时将裁决的结果告知当事人并将裁决书正本交给当事人，以便当事人今后依据该裁决书履行确定的义务或者申请强制执行。

无论胜败，代理律师都应当摆正心态冷静地对待裁决书的结果，帮助当事人理解裁决书的内容和做出必要的逻辑解释。如果发现裁决书有可补正的错误，应当立即联系仲裁庭秘书予以补正；如果确认裁决书存在应当撤销或者不予执行的缘由，则可依法提醒当事人采取补救措施。但必须指出的是，不能“愿赌不服输”“无理搅三分”又或者推卸责任，更不得煽动当事人做出抗拒执行、扰乱社会秩序、破坏社会主义法治的违法行为。

---

① 休庭，指法庭审理程序的暂停，是为了方便庭审人员休息或进行合议或出现其他情况时适用的程序。仲裁一般也不会当庭宣布裁决结果，通常也有休庭的程序。

四、归档结案

裁决做出后，无论结果如何，案件在这个阶段的程序已经结束了。因此，代理律师应及时将相关的案件材料依据要求整理、装订、最终归档，并办理最终的归档结案手续（如财务手续等）。律师助理也要提醒和帮助律师及时开展此项工作。

案卷材料提交后，律师事务所档案管理人员应出具案卷归档的收件回执，律师助理要协助律师保管好回执。

【引例评析】

《中华人民共和国仲裁法》由第八届全国人民代表大会常务委员会第九次会议于1994年8月31日通过，自1995年9月1日起施行。可见，民商事仲裁制度在我国运行的时间还比较短，因此很多人对民商事仲裁制度还不够了解。对于民商事纠纷的解决，民商事仲裁与法院的诉讼相比，具有自身的一些优势。因此，当事人在签订合同时，或者发生纠纷需要律师介入的时候，在可能的情况下，律师应向当事人解释民商事仲裁的运行机制，促成当事人达成仲裁条款（协议）并依照仲裁条款（协议）提起仲裁。

【练习题】

一、概念

仲裁；仲裁条款；临时仲裁；证据交换；争议焦点

二、简答题

1. 相对于民事诉讼，民商事仲裁有哪些特点？
2. 如何在仲裁前提出保全申请？
3. 如何才能够正确地归纳争议焦点？
4. 仲裁庭审结束后律师应当做好哪些工作？

【模拟实训】

一、模拟场景

一当事人拟委托律师代理一起民商事仲裁案件，先是咨询律师，后办理委托代理手续，最终确定特别授权委托律师提起仲裁并参加仲裁活动。有条件的，可通过模拟仲裁庭的形式分申请人、被申请人、仲裁员、秘书四个组，由学生扮演相关的角色。

二、题目

1. 收集相关资料和证据，拟出一份仲裁申请书或仲裁答辩状。
2. 根据具体案情，作为被申请人的委托代理律师，拟出一份仲裁代理词。

第九章　民事执行代理

【本章引例】

A公司为B厂向C银行提供连带担保。由于B厂向C银行的贷款到期无法偿还，于是C银行将A、B作为共同被告起诉到了法院，法院判决A对B的债务承担连带责任。法院在强制执行中，对A公司的财产进行了强制执行，满足了C银行的债务。A公司咨询律师，希望直接通过申请法院强制执行的方式申请对B强制执行。

【学习的目的与要求】

通过本章学习，了解民事案件执行代理的工作程序和要求，掌握执行时效的规定，对执行中的和解以及中止有正确的认识，正确区分执行终结与终结本次执行程序。

【重点问题】

- 民事执行的前提
- 民事执行的时效
- 民事执行的相关程序

第一节　民事执行及前提

一、民事执行及其特点

民事执行，又称强制执行，全称民事强制执行，是指人民法院按照法定程序，运用国家强制力量，根据发生法律效力文书明确具体的执行内容，强制民事义务人完成其所承担的义务，以保证权利人的权利得以实现的司法活动。

民事执行不同于当事人自动履行，也区别于当事人自己履约。民事执行具有以下特点：首先，依据的效力性。即民事执行必须是以生效的法律文书或者可执行的文书为前提。其次，手段的强制性。即通过法院采取强制手段来实施。再次，内心的被迫性。被执行主体最终履行了生效裁判所确定的义务，但其主观上并非是自愿、自觉的，而是被迫的。最后，法定程序性。民事执行是“四级两审终审制”从审判到执行的一个延伸，也是国家法律和生效判决具有强制执行力的体现。

二、民事执行的前提

（一）生效的裁判法律文书

人民法院的民事执行工作，应以生效的法律文书为根据。法律规定下列法律文书具有执行效力：(1) 民事判决书、裁定书和调解书；(2) 具有财产执行内容的刑事判决书和裁定书；(3) 法律规定由人民法院执行的仲裁文书；(4) 法律规定由人民法院执行的公证文书；(5) 法律规定由人民法院执行的其他法律文书，如支付令等。

如果生效的法律文书被依法撤销（裁决书被依法确定不予执行）或者案件依法被确定再审，则原来生效的法律文书就失去了被强制执行的效力。

（二）具有可执行性

1. 裁判事项明确、具体

裁判文书作为最主要的执行依据，必须明确具体，具有可执行性。然而实践中，裁判文书的文意表述不清、有歧义，裁判内容表达不完整、不准确等现象却客观存在，给执行带来诸多困难，从而引发当事人不满，甚至通过信访、上访途径来维权。《最高人民法院关于适用〈中华人民共和国民事诉讼法〉的解释》第 463 条规定，当事人申请人民法院执行的生效法律文书应当具备下列条件：(1) 权利义务主体明确；(2) 给付内容明确。

参考案例 9-1

某一案件审理后，法院在一审判决书中表述为：“被告向原告支付拖欠的货款人民币 200 万元，并支付违约金（以 200 万元人民币为本金，按照中国人民银行公布的利息标准，从 2017 年 1 月 1 日计算至付清本金之日止）”。另一关于养老金的纠纷案件审理后，法院在一审判决书中表述为“按照国家标准向原告发放退休金、养老金”。而关于一个继承纠纷案的判决书中表述为“原告依法享有继承权”。

上述判决书的相关表述，就不够明确、难以执行。首先，违约金的计算按“中国人民银行公布的利息标准”，该标准有很多，例如活期存款利息、定期存款利息，还有贷款利息以及延迟付款的罚息等等。用“利息标准”这样的表述，无法指向某一特定的利息标准。养老金的“国家标准”也因各地具体标准不同而无法对应。仅认定享有“继承权”，但在具体的继承纠纷案件中，其作为第几顺序的继承人、享有多少的继承份额都没有明确。

2. 裁判事项具有可强制执行性质

被民事执行的标的应当是债务，凡是涉及人身或者带有人身性质的行为，实践中是无法被强制执行的。例如，“被告应在每个月内探视原告一次”“被告应依照合同履行演出的义务”等。

（三）责任人拒绝执行

1. 自动履行期届满

义务人应当自觉履行生效的裁判文书所确定的当事人的义务。通常，相关的法律文书都会明确责任方自觉履行的期限，如“上述确定被告应当向原告支付的款额，须在本判决生效之日起十日内一次性支付”等。除非在自动履行期届满前责任方就明确表示不再履行生效法律文书所确定的义务，正常情况下须等到自动履行期届满后才能申请法院强制执行。

2. 客观上未履行裁决义务

生效法律文书所确定责任人如果以实际的行为全面地履行了裁决的义务，则无须申请法院强制执行。

课堂讨论

对于一个已经生效的法院判决，尽管尚处于判决给予被告自动履行的时间内，但是在出现了被执行人有转移资产逃避生效判决履行债务行为的情况下，债权人是否可以提前申请法院进入强制执行阶段，或者采取其他有效的措施来保障生效判决的执行和自己的债权？

（四）有明确的执行机构

相关的法律文书通常不载明执行的法院，民事案件执行的法院管辖根据民事诉讼法的规定予以确定。发生法律效力的民事判决、裁定，以及刑事判决、裁定中的财产部分，由一审人民法院或与一审人民法院同级的被执行的财产所在地人民法院执行。法律规定由人民法院执行的其他法律文书，由被执行人住所地或者被执行的财产所在地人民法院执行。当事人申请执行仲裁裁决案件，由被执行人住所地或者被执行的财产所在地的中级人民法院管辖。

人民法院对申请或者请求承认和执行的外国法院做出的发生法律效力的判决、裁定，依照中华人民共和国缔结或者参加的国际条约，或者按照互惠原则进行审查后，认为不违反中华人民共和国法律的基本原则或者不危害国家主权、安全、社会公共利益的，裁定承认其效力，需要执行的，发出执行令，依照《民事诉讼法》的有关规定执行。违反中华人民共和国法律的基本原则或者危害主权、安全、社会公共利益的，不予承认和执行。

第二节　民事执行的时效

一、民事执行时效的概念

执行时效，是指债权人依据生效的法律文书申请人民法院强制执行的时效期间。申请执行的期间为二年。申请执行时效的中止、中断，适用法律有关诉讼时效中止、中断的规定。

执行时效区别于除斥期间，执行时效届满时产生债务人的抗辩权，债权并不因执行时效届满而消灭。

二、民事执行时效的起算点

民事执行时效从法律文书规定履行期间的最后一日起计算；法律文书规定分期履行的，从规定的每次履行期间的最后一日起计算；法律文书未规定履行期间的，从法律文书生效之日起计算。如果分期履行，而责任人未自动履行的，债务人可分期申请执行，也可等到全部履行期届满后再申请强制执行，还可直接申请全额强制执行。从学理上分析，全额债务从最后一次履行期届满之日起算执行时效。

三、超过民事执行时效的处理

执行时效属于广义的诉讼时效，当期间届满时，债务人获得抗辩权。在法律规定的期间内，权利人提出请求的，人民法院应强制义务人履行所承担的义务；当执行时效期间届满后，申请执行人申请强制执行的，人民法院应予受理，但被申请人提出执行时效届满异议，人民法院经审查确定异议成立的，裁定不予执行。

执行时效届满而被执行人提出抗辩的，债权失去了法院强制执行的效力，但债务本身仍然存在，只不过是转化为自然之债①而已。

参考案例9-2

张三向法院起诉指控李四借款10万元不还，要求判决李四还款；李四在庭审时承认的确借了张三的10万元且已经到期尚未偿还，但是提出了因超过了诉讼时效，故不愿意偿还的抗辩。法院接受了被告的抗辩，以超过诉讼时效为由驳回了张三的诉讼请求。后来，李四另案向法院起诉张三侵权赔偿，法院判决张三向李四赔偿10万元。在执行阶段，张三出示了法院因超过诉讼时效被驳回的判决，主张抵销10万元。

《合同法》第99条规定：当事人互负到期债务，该债务的标的物种类、品质相同的，任何一方可以将自己的债务与对方的债务抵销，但依照法律规定或者按照合同性质不得抵销的除外。当事人主张抵销的，应当通知对方。通知自到达对方时生效。抵销不得附条件或者附期限。张三虽不能申请法院对李四强制执行，但不影响其主张债务抵销的权利。

第三节 民事执行的申请

一、审查法律文书

律师在接受委托代理申请强制执行时，应当认真审查要求执行的法律文书正本，必要时要查核相关的文书号、做出文书的机关以及具体的负责人。如果是法院一审、仲裁机构做出的法律文书，当事人应当向审理机关开具生效证明，以证明该法律文书已发生法律效力。

参考文书

×××人民法院

证明书

（××××）……民×……号

本院于××××年××月××日做出的（××××）……民×……号……（写明当事人及案由）民事判决/民事裁定/民事调解书已于××××年××月××日生效。

---

① 自然之债，是指虽为法律所认可，但却不受强制执行力保护的债。对于自然之债，债务人不履行时，债权人不能请求法院强制执行，债务人自愿履行的，则履行有效。

特此证明。

××××年××月××日

（院印）

说明：

1. 本样式根据《中华人民共和国民事诉讼法》第155条以及《最高人民法院关于适用〈中华人民共和国民事诉讼法〉的解释》第550条制定，供做出生效判决书、裁定书、调解书的人民法院根据当事人申请或者外国法院要求，证明判决书、裁定书、调解书的法律效力用。

2. 案号为诉讼案件案号。

3. 出具证明书的情形包括：超过上诉期没有上诉的；当事人在中华人民共和国领域外使用中华人民共和国法院的判决书、裁定书，要求中华人民共和国法院证明其法律效力的；外国法院要求中华人民共和国法院证明判决书、裁定书的法律效力的。

值得注意的是，送达回执或者送达证明，只是证明文书制作机关将相关文书送达相关当事人或者代理人的一个凭证或者证明，其与生效证明所要证明的事项不同，亦即不得以送达回执或者送达证明取代生效证明。当事人或者代理人只要联系经办秘书，即可依规定要求开具生效证明。二审生效的判决文书，通常都会有“终审判决”“自做出之日起生效”之类的表述，因此无须另行出具生效证明。

经过审查，代理律师必须确认该法律文书是真实的、生效的、可执行的。否则，后续的代理工作将无法开展或者难以开展。

二、书写强制执行申请书

确定代理强制执行申请后，律师拟出民事强制执行申请书。格式如下：

参考文书

民事强制执行申请书

申请执行人：×××××

住所地：××××××

法定代表人：×××职务：×× 电话：×××××××××

委托代理人：×××，××律师事务所律师

联系电话：×××××××××××

被执行人：××××××

住所地：×××××

法定代表人：××××职务：×××

案由：买卖合同纠纷

请求事项：

1. 强制被执行人履行×××人民法院××××年××月××日做出的（××）×民初字第××号民事判决书，立即支付给申请人××××元并支付违约金（从××××年××月××日开始，按××××元为本金，按每日千分之×的标准计算至本金全部清偿之日止），并承担案件受理费××××元；

2. 由被执行人加倍支付迟延履行该判决确定义务期间的债务利息；

3. 由被执行人承担本案申请执行费用。

事实与理由：

申请执行人与被执行人买卖合同纠纷一案，贵院已经做出（××）×民初字第××号民事判决，根据该判决，被执行人应于该判决生效后十日内偿还申请执行人货款××××元并支付违约金（从××××年××月××日开始，按××××元为本金，按照每日千分之×的标准计算至本金全部清偿之日止）。案件受理费××××元，由被执行人负担，于判决书生效后十日内交纳。现该判决已经生效，但被执行人并未履行判决书所确定之义务。

根据《中华人民共和国民事诉讼法》第253条"被执行人未按判决、裁定和其他法律文书指定的期间履行给付金钱义务的，应当加倍支付迟延履行期间的债务利息"之规定，被执行人应当加倍支付迟延履行期间的债务利息。

为维护申请人的合法权益，现依据《中华人民共和国民事诉讼法》第224条"发生法律效力的民事判决、裁定，以及刑事判决、裁定中的财产部分，由第一审人民法院或者与第一审人民法院同级的被执行的财产所在地人民法院执行"之规定，特提出以上请求，请人民法院依法强制被执行人履行生效的判决所确定的义务。

此致

××人民法院

申请人：××××××公司

××××年××月××日

附件：

1. （××）×民初字第××号生效判决书壹份；

2. 生效证明壹份。

三、强制执行的提出

申请强制执行，应当依法向有执行管辖权的人民法院提出，到立案部门办理立案申请手续，并递交相应的授权委托书等文件资料：(1) 申请执行书一份。(2) 原告为单位的，提供本单位营业执照复印件一份、法定代表人身份证明书一份；原告为个人的，提供本人身份证复印件一份。(3) 委托代理人须提供授权委托书及本人身份证复印件或律师执业证复印件。(4) 一审判决书未上诉的，须提供由审理机关开具的生效证明。(5) 非诉讼案件申请执行，必须提供送达回证。(6) 法律文书（判决书、调解书或裁决书）复印件三份。如果申请人知道被申请人有可供执行的财产，或者知道相关财产（如银行账户、房产、机动车、股权、知识产权、应收债权等）的线索，应提供相关的资料。

向法院申请执行人的，申请人无须预交申请费，由法院在执行过程中直接向被执行人收取。

法院受理后，将会向申请人开具收件回执。人民法院决定受理执行案件后，应当在三日内向被执行人发出执行通知书，责令其在指定的期间内履行生效法律文书确定的义务，并承担民事诉讼法规定的迟延履行期间的债务利息。

第四节　执行和解

一、执行和解及其内容

执行和解，是指在执行中，双方当事人自行达成的和解。

根据私权处分和意思自治原则，债权人在不损害国家利益、社会利益、他人权益的前提下有权处分自己的债权，可以在执行阶段通过协商而改变债务履行的方式、履行的时间、履行的标的，甚至可以部分或者全部地放弃债权。

执行和解，通常是在生效法律文书确定债务人履行债务的范围内，双方经过协商并以签署和解协议为表征，由债权人放弃部分的债权（如放弃违约金、利息或诉讼费的支付部分），或者改变履行的主体、时间（延后）、方式（从一次性支付改为分期支付）等；也可以是因被执行人满足申请人的全部要求而达成执行和解。

人民法院的执行员应当将和解协议的内容记入笔录，由双方当事人签名或者盖章。

二、执行和解的效力

申请执行期限因达成执行中的和解协议而中止，其期限自和解协议所定履行期限的最后一日起连续计算。

执行和解协议如果得到切实的执行，则可以终结执行案件，这也在一定程度上改变了原生效法律文书所确定债务履行的内容。但是，执行和解协议本身并非是法律文书，其不具有法律上强制执行的效力。根据 2018 年 3 月 1 日开始实施的《最高人民法院关于执行和解若干问题的规定》，当事人达成以物抵债执行和解协议的，人民法院不得依据该协议做出以物抵债裁定①。

如果和解协议已经履行完毕，当事人又申请按原生效的法律文书执行的，人民法院不予准许；如果被执行人正在依照和解协议的约定履行义务，或者执行和解协议约定的履行期限尚未届至、履行条件尚未成就，申请执行人不得要求恢复执行；如果被执行人不履行和解协议或者反悔的，申请人可以申请人民法院按原生效的法律文书恢复执行（但和解协议已履行的部分应当扣除），也可以就履行执行和解协议提起诉讼。

参考文书

民事强制执行和解协议

申请执行人：×××××

住所地：××××××

法定代表人：×××职务：×× 电话：×××××××××

委托代理人：×××，××律师事务所律师

联系电话：×××××××××××

① 当事人之间达成以物抵债的和解协议后，自觉履行且办理所有权转移尤其是不动产登记手续的，受法律保护。但是，一方当事人拒绝办理所有权转移手续而另一方要求法院在执行中直接裁定办理过户手续的，法院不得依据此和解协议做出裁定。

被执行人：××××××
住所地：×××××
法定代表人：××××职务：×××

被执行人履行×××人民法院××××年××月××日做出的（××）×民初字第××号民事判决书，在执行过程中，双方达成如下和解：

1. ××××。

2. ××××。

3. ××××。

4. 如果被执行人依照上述和解内容履行完毕，则本执行案件终结且双方当事人的纠纷全部解决，任何一方均不得再行主张权利。如果被执行人未依照上述和解内容履行支付义务，则恢复原生效判决内容的执行并由被执行人另外承担违约金（生效判决确定支付债务额的30%）。

上述内容，反映了双方当事人的真实意思，经过执行法院执行法官的审核。

申请执行人（签字盖章）：×××　　　　被执行人（签字盖章）：×××

××××年××月××日　　　　××××年××月××日

第五节　民事执行的中止与终结

一、民事执行的中止

（一）执行中止的概念

执行中止，是指在执行程序开始后，由于发生了某种特殊的情况而使执行程序暂时停止的状态。

中止执行的裁定，送达当事人后立即生效。

依据法律规定，申请人认为可以延期执行的，即可以向人民法院提出申请中止执行，法院应当裁定许可。

（二）执行中止的原因

如出现以下情形之一的，可依当事人的申请或者由人民法院直接做出裁定而中止执行：(1) 申请人提出中止执行或者延期执行的；(2) 案外人对执行标的提出确有理由的异议的；(3) 作为一方当事人的公民死亡，需要等待继承人继承权利或者承担义务的；(4) 作为一方当事人的法人或者其他组织终止，尚未确定权利义务承受人的；(5) 人民法院认为应当中止执行的其他情形（如人民法院已受理以被执行人为债务人的破产申请的；被执行人确无财产可供执行的；执行的标的物是其他法院或仲裁机构正在审理的案件争议标的物，需要等待该案件审理完毕确定权属的；一方当事人申请执行仲裁裁决，另一方当事人申请撤销仲裁裁决的；仲裁裁决的被申请执行人依据民事诉讼法的规定向人民法院提出不予执行请求，并提供适当担保的；上级法院或本院做出的中止执行裁定书中止执行）。

（三）恢复执行

导致执行中止的情况消失后，将恢复执行。特别是因被执行人没有可执行财产而中止执行的，债权人发现被执行人有其他财产的，可以随时请求人民法院执行。

裁定中止执行的案件，具有以下情形之一的，应当恢复执行：(1) 因申请执行人表示可延期执行而裁定中止执行，期满后申请执行人申请恢复执行的；(2) 因作为一方当事人的公民死亡而裁定中止执行后，已明确权利的继承人或义务继受人的；(3) 因作为一方当事人的法人或其他组织终止而裁定中止执行后，已确定权利义务承受人的；(4) 因受理以被执行人为债务人的破产申请案件而裁定中止执行后，不予宣告破产而裁定终结破产程序的，但在破产程序中因破产和解协议履行完毕而裁定终结破产程序的除外；(5) 因被执行人暂无可供执行财产而裁定中止执行后，发现被执行人有可供执行财产的；(6) 因执行标的物的权属争议而裁定中止执行后，执行标的物经其他法院或仲裁机构审理后，确认权属属于被执行人的；(7) 因一方当事人申请撤销仲裁裁决而裁定中止执行后，当事人的申请被驳回的；(8) 因仲裁裁决的被申请执行人向人民法院提出不予执行请求而裁定中止执行后，被申请执行人不予执行的请求被驳回，或其提供担保已到期、已失效，或在担保期间内有转移财产等其他损害债权人利益的行为的；(9) 因提起再审而裁定中止执行后，再审生效裁判维持原审判决的；(10) 因当事人达成执行和解协议而裁定中止执行后，被执行人未履行到期的执行和解协议，申请执行人在法定期间内申请恢复执行的；(11) 其他依法应当恢复执行的情形；(12) 因被执行人暂无财产可供执行而裁定中止执行的，申请人发现被执行人有可供执行财产或有明确的财产线索的，可以申请恢复执行；(13) 因当事人达成和解协议而裁定中止执行的，一方当事人不履行和解协议，对方当事人可以申请恢复执行。

二、终结本次执行程序

(一) 终结本次执行程序的概念

终结本次执行程序，是指在该次执行程序中，执行案件符合一定条件，而将案件终结本次执行，发现被执行人有可供执行的财产时再次恢复执行的执行程序。

过去，执行案件只有正在执行、执行中止、执行终结三种分类。由于出现了特定情形，案件不能在执行期限内被依法执结，即使是出现了中止执行的事由，但是案件仍然属于执行之中，债权人对久拖不执甚是不满，而在工作统计上中止执行案件往往会影响执结率，因此，在程序上终结而在实质上仍保留执行强制力，仅产生一个统计意义的“执结”，是有其特定背景及含义的。

根据最高人民法院 2016 年 12 月 29 日印发的《关于严格规范终结本次执行程序的规定（试行）》（法［2016］373 号）的通知，终结本次执行程序裁定书送达申请执行人后，执行案件可以作结案处理。人民法院进行相关统计时，应当将以终结本次执行程序方式结案的案件与其他方式结案的案件予以区分。终结本次执行程序裁定书应当依法在互联网上公开。

(二) 终结本次执行程序的原因

人民法院终结本次执行程序，应当同时符合下列条件：(1) 已向被执行人发出执行通知、责令被执行人报告财产。(2) 已向被执行人发出限制消费令，并将符合条件的被执行人纳入失信被执行人名单。(3) 已穷尽财产调查措施，未发现被执行人有可供执行的财产或者发现的财产不能处置。(4) 自执行案件立案之日起已超过三个月。(5) 被执行人下落不明的，已依法予以查找；被执行人或者其他人妨害执行的，已依法采取罚款、拘留等强制措施，构成犯罪的，已依法启动刑事责任追究程序。

（三）终结本次执行程序的效果

终结本次执行程序裁定书送达申请执行人以后，执行法院应当在七日内将相关案件信息录入最高人民法院建立的终结本次执行程序案件信息库，并通过该信息库统一向社会公布。

终结本次执行程序后，申请执行人发现被执行人有可供执行财产的，可以向执行法院申请恢复执行。申请恢复执行不受申请执行时效期间的限制。执行法院核查属实的，应当恢复执行。

终结本次执行程序后的五年内，执行法院应当每六个月通过网络执行查控系统查询一次被执行人的财产，并将查询结果告知申请执行人。符合恢复执行条件的，执行法院应当及时恢复执行。

终结本次执行程序后，发现被执行人有可供执行财产，不立即采取执行措施可能导致财产被转移、隐匿、出卖或者毁损的，执行法院可以依申请执行人申请或依职权立即采取查封、扣押、冻结等控制性措施。

案件符合终结本次执行程序条件，又符合移送破产审查相关规定的，执行法院应当在做出终结本次执行程序裁定的同时，将执行案件相关材料移送被执行人住所地人民法院进行破产审查。

三、民事执行的终结

（一）执行终结的概念

执行终结，是指在执行过程中，由于发生某种特殊情况，执行程序没有必要或不可能继续进行，从而结束执行程序，以后也不再恢复的情形。

（二）执行终结的原因

有下列情形之一的，人民法院裁定终结执行：(1) 申请人撤销申请的；(2) 据以执行的法律文书被撤销的；(3) 作为被执行人的公民死亡，无遗产可供执行，又无义务承担人的；(4) 追索赡养费、扶养费、抚育费案件的权利人死亡的；(5) 作为被执行人的公民因生活困难无力偿还借款，无收入来源，又丧失劳动能力的；(6) 人民法院认为应当终结执行的其他情形（如申请执行人就履行执行和解协议提起诉讼，执行法院受理后，可以裁定终结原生效法律文书的执行。执行中的查封、扣押、冻结措施自动转为诉讼中的保全措施）。

（三）执行终结的效力

执行终结具有程序上的效力，执行终结的裁定一经生效，执行程序就宣告结束，以后也不再恢复。执行终结具有实体上的效力，执行终结后，人民法院不再以司法强制力迫使被执行人履行义务，也不以执行程序保证权利人实现法律文书所确定的权利。但这并非意味着否认或推翻了法律文书对权利人所应享有的权利的确认，只是法律不再对其提供保障而已。

【引例评析】

《侵权责任法》第 14 条，《民法通则》第 87 条、第 89 条，《担保法》第 31 条等，对连带债务人在履行义务后，对其他连带责任人享有追偿权都有规定。《最高人民法院关于判决中已确定承担连带责任的一方向其他连带责任人追偿数额的可直接执行问题的复函》也明确了可以直接申请执行而无须再行诉讼确认。

【练习题】

一、概念

民事执行；执行和解；执行终止；终结本次执行程序；执行终结

二、简答题

1. 民事执行的前提条件是什么？
2. 关于民事执行的时效是怎样规定的？
3. 民事执行和解有何效力？
4. 什么情况下会导致民事执行中止？
5. 执行终结与终结本次执行程序有何区别？

【模拟实训】

一、模拟场景

一当事人持一份生效的法院判决文书前来律师事务所，要求委托律师代理申请强制执行。

二、题目

1. 代理民事执行申请应当注意哪些问题？
2. 根据需要，拟出一份强制执行申请书。

第十章 刑事案件代理与辩护

◆【本章引例】

小张一年实习期满后经过申请最终获得了律师执业证，他第一次接到的当事人家属委托辩护的当事人是一宗职务侵占案的被告人。他通过查看起诉书，得知被告人是一家私营企业的总经理，在经营期间为了给女儿购买的商品房付首期款，指令公司财务支出了10万元。小张接受委托后，做了详细的调查，并研究了相关的法律规定、司法解释和相关的生效判决。小张作为本案被告人的辩护人，在开庭前已经形成清晰的辩护思路。

◆【学习的目的与要求】

通过本章学习，了解律师接受当事人的委托，在起诉前的法律服务和代理、在起诉后提供的刑事辩护工作及要求。掌握律师在开展刑事辩护中应注意的问题。

◆【重点问题】

- 律师为犯罪嫌疑人提供的法律服务
- 律师会见被告
- 律师为被告人提供辩护

第一节 侦查阶段的法律服务

一、会见犯罪嫌疑人

（一）犯罪嫌疑人的界定

犯罪嫌疑人，又称嫌疑犯，简称嫌犯、疑犯，是犯罪侦查机关的侦查对象或者被侦查线索初步确定的怀疑对象，也指在检察机关正式向法院对其提起公诉以前因涉嫌犯罪而受到刑事追诉的人。

根据无罪推定的原则，非经审判证明其有罪，犯罪嫌疑人不能等同于罪犯。

（二）犯罪嫌疑人的权利

犯罪嫌疑人有以下权利：

（1）获得法律帮助的权利。

犯罪嫌疑人在被侦查机关第一次讯问后或者从被采取强制措施之日起，可以聘请律师为其提供法律咨询，代理申诉、控告。

参考案例 10-1

张三自己开设了一家机电设备维修服务公司。一天上午8:10，当地环保局的执法人员来公司调查，发现其将维修机电设备时作为清洗设备零件溶剂的天那水①和清洗废液一起直接排放到了下水道，而且店铺里还存有两大桶天那水。环保局的执法人员将张三带回环保局调查，之后在深夜12时将之移交当地派出所。张三的家人不知道情况，多方打听才知道张三在派出所，于是前往了解情况并请求保释。派出所称现在正在调查阶段，没有采取拘留或者逮捕措施，由于没有刑事立案，因此也不存在第一次讯问后可聘请律师提供法律服务的问题。家属要求给个说法，但派出所答复说这次是联合执法，是环保局将人交过来的，具体情况不清楚，现在已经下班了，第二天上班之后才能将情况弄清楚。

如果犯罪嫌疑人被公安、检察机关或者法院立案侦查，法律对保护犯罪嫌疑人应有的权益有明确的规定。在类似行政“调查”这样的阶段，在无任何的手续和措施的情况下将当事人带走问话，家属既不能聘请律师为其提供服务，也不能报人口失踪。无论是依照《化学危险物品安全管理条例》还是环保法律或者刑法、刑事诉讼法的规定，公权力机关将一个人带走问话、协助调查，总得给家属、单位一个说法。这种所谓的联合执法、环保部门和派出所相互推诿责任的做法实在不能服人，而且有侵犯公民人身权利之嫌疑。律师不仅可以接受当事人家属的委托，还应依法积极为当事人维权。

（2）委托辩护人的权利。

公诉案件自案件移送审查起诉之日起，犯罪嫌疑人有权委托辩护人。人民检察院应当在收到移送审查起诉的案件材料之日起三日内，告知犯罪嫌疑人其有委托辩护人的权利。

（3）申请回避的权利。

和本案有利害关系的侦查人员、检察人员或者其近亲属，或者接受当事人及其委托人的请客送礼、违反规定会见当事人及其委托人的，犯罪嫌疑人有权要求其回避。

（4）使用本民族语言文字进行诉讼的权利。

（5）申请取保候审的权利。

被羁押的犯罪嫌疑人及其法定代理人、近亲属和聘请的律师有权申请取保候审。

（6）对与本案无关的问题的讯问，有拒绝回答的权利。

（7）要求解除强制措施的权利。

犯罪嫌疑人及其法定代理人、近亲属或者犯罪嫌疑人委托的律师及其他辩护人对于人

---

① 天那水（Banana Oil），又名香蕉水、乙酸异戊酯、醋酸异戊酯、乙酸-3-甲基丁酯、梨油，是由多种有机溶剂配制而成的无色透明易挥发的液体，主要成分有：甲苯、醋酸丁酯、环已酮、醋酸异戊酯、乙二醇乙醚醋酸酯。微溶于水，能溶于各种有机溶剂，易燃，主要用作喷漆的溶剂和稀释剂。在许多化工产品、涂料、黏合剂的生产过程中用其做溶剂。

民检察院采取强制措施超过法定期限的，有权要求解除强制措施。

（8）申请补充鉴定或者重新鉴定的权利。

对用作证据的鉴定结论，犯罪嫌疑人可以申请补充鉴定或重新鉴定。

（9）对人民检察院做出的不起诉决定有申诉的权利。

对人民检察院做出的不起诉决定，犯罪嫌疑人可向人民检察院申诉。

（10）核对笔录的权利。

讯问笔录应当交犯罪嫌疑人核对，如果记载有遗漏或者差错，犯罪嫌疑人可以提出补充或者纠正。

（11）对侵权提出控告的权利。

对于检察人员侵犯公民诉讼权利和侮辱人身的行为，有提出控告的权利。

（12）获得赔偿的权利。

犯罪嫌疑人的人身权、财产权因人民检察院及其工作人员违法行使职权受到侵犯的，有获得赔偿的权利。

（三）律师会见

1. 律师会见及其作用

律师会见，是指在刑事诉讼过程中，律师为了解犯罪嫌疑人、被告人涉嫌的罪名及有关案件情况，去听取犯罪嫌疑人或者被告人对所指控罪名的意见和辩解理由，从而更好地为犯罪嫌疑人提供法律帮助、辩护的一种活动。

律师会见或会见律师，不仅是律师开展刑事辩护、提供刑事法律服务所必需的，也是律师的执业权利，更是犯罪嫌疑人和被告人的基本权利。

2. 律师会见的依据

《刑事诉讼法》《律师法》《人民检察院刑事诉讼规则》《公安机关办理刑事案件程序规定》《看守所条例》《看守所条例实施办法》等对律师会见均有明文规定。

3. 律师会见的程序和要求

律师会见，应当严格依照规定进行。首先要有犯罪嫌疑人或者其家属的委托；其次要有包括持律师执业证的经办律师在内 2 人以上（执业律师可携带 1 名实习人员参与会见，实习人员应提供本人的申请律师执业人员实习证和律师事务所出具的书面证明）共同参加会见；再次是要出示相关的文件资料（包括但不限于律师执业证、授权委托书、起诉书或其他的相关法律文书）；最后是出示律师会见犯罪嫌疑人、被告人专用介绍信。

在侦查阶段要求会见犯罪嫌疑人的，律师应当向侦查机关提出申请；在起诉后会见被告人的，可以凭起诉书直接到关押地点要求会见。

律师会见在押的犯罪嫌疑人、被告人时，应当遵守法律、法规和规章。不得为犯罪嫌疑人、被告人转递信件、钱物及其他违反羁押场所规定的物品。不得将通信工具交给犯罪嫌疑人、被告人使用。会见期间不得录音、录像、拍照。

参考案例 10－2

律师接受当事人家属的委托为一刑事案件的被告人提供辩护，于是在律师事务所开具了会见函，持刑事起诉书、授权委托书、律师执业证和同所的另外一位律师前往看守所会见被告人。被告人被带到会见室，但有监所的警官在旁监督，当律师问被告人：“起诉书所指控你的犯罪事实你是否认可，你有什么新的证据和线索可以提供给我们?”的时候，警官过来阻拦说："律师，这涉及案件的秘密，你不能这样和被告人说"。律师继续问："在以前的询问中，有没有人对你刑讯逼供？"警官又过来阻止说："律师，你不能这样诱骗他去指控办案人员的。"律师与警官由此发生争执，会见只好中止。

上述情形，在过去并不少见。律师办理刑事案件有"三难"（"阅卷难""会见难""调查取证难"）。过去律师在会见时受到来自不同方面的诸多限制和刁难似乎已经成为常态。2018年修订的《刑事诉讼法》第39条已经明确规定了"辩护律师会见犯罪嫌疑人、被告人时不被监听"，但实际效果并不理想。2015年9月最高人民法院、最高人民检察院、公安部、国家安全部、司法部联合出台了《关于依法保障律师执业权利的规定》，对各部门和环节保障律师的会见权、阅卷权、调查取证权等做出了较为细致的规定，尤其是在律师会见犯罪嫌疑人和被告人时不得被监听方面做出了明确的规定："辩护律师会见犯罪嫌疑人、被告人时不被监听，办案机关不得派员在场。在律师会见室不足的情况下，看守所经辩护律师书面同意，可以安排在讯问室会见，但应当关闭录音、监听设备。"

4. 会见的工作内容

律师通过会见在押犯罪嫌疑人，可以了解下列与案件有关的情况：（1）犯罪嫌疑人的基本情况；（2）犯罪嫌疑人是否实施所涉嫌的犯罪行为；（3）犯罪嫌疑人对案件事实的陈述；（4）犯罪嫌疑人对其无罪或者罪轻的辩解；（5）犯罪嫌疑人被采取强制措施的法律手续是否完备、程序是否合法；（6）犯罪嫌疑人被采取强制措施后其人身权利、财产权利和诉讼权利是否受到侵害；（7）需要了解的其他与案件有关的情况。

律师会见在押犯罪嫌疑人可以向犯罪嫌疑人提供下列法律服务：（1）解释、说明与案件有关的刑法、刑事诉讼法及相关司法解释的有关规定；（2）对于刑事附带民事诉讼案件，解释、说明与附带民事诉讼有关的民法、民事诉讼法及相关司法解释的有关规定；（3）解释、说明其他处理本案可能适用的法律及相关规定；（4）法律规定的其他事项。

二、提供法律咨询服务

无论是犯罪嫌疑人的监护人、家属，或者是其亲戚和朋友，均可以向律师咨询有关刑事法律、政策等程序性和实质性问题。

律师首先应当全面了解有关犯罪嫌疑人的行为、后果，然后结合相关的法律规定、证据对其是否应当承担刑事责任进行分析，最后再考虑能够为犯罪嫌疑人提供哪些帮助。由于案件处于侦查阶段，律师能够见到的证据材料不多，而委托的家属对相关的事情也没有在场亲历，因此对整个案情还不太了解，所以律师在回答委托人相关问题时必须慎重，不应做出不负责任的承诺或者绝对肯定性的断言。

如果律师是单独提供书面的或者口头的法律咨询服务，可根据实际情况决定是否收费。如果律师接受委托，为犯罪嫌疑人提供辩护服务，则不单独为咨询而收费。

三、代理提出取保候审申请

（一）取保候审的概念

取保候审，是指侦查机关、检察机关、法院责令犯罪嫌疑人提供担保人或交纳保证金并出具保证书，保证其不逃避或妨碍侦查，并随传随到的一种刑事强制措施。

取保候审在刑事强制措施[①]之中是相对较轻的一种，它既可以不羁押犯罪嫌疑人、被告人，使其能够继续从事原来的工作、劳动和照顾家庭，又可以使其感到国家和社会的关怀，还可以减少国家在管理人犯方面的开支并减轻羁押场所的工作压力。

（二）取保候审的适用范围

取保候审通常适用犯罪较轻，不需要拘留、逮捕，但需要对其行动自由有一定限制的犯罪嫌疑人。人民法院、人民检察院和公安机关对有下列情形之一的犯罪嫌疑人、被告人，可以取保候审：（1）可能判处管制、拘役或者独立适用附加刑的；（2）可能判处有期徒刑以上刑罚，采取取保候审不致发生社会危险性的；（3）患有严重疾病、生活不能自理，怀孕或者正在哺乳自己婴儿的妇女，采取取保候审不致发生社会危险性的；（4）羁押期限届满，案件尚未办结，需要采取取保候审的。

（三）取保候审的申请和执行

被羁押的犯罪嫌疑人、被告人及其法定代理人、近亲属有权申请取保候审。取保候审申请应当向采取羁押措施的单位提出，犯罪嫌疑人、被告人必须提出保证人或者交纳保证金[②]。

保证人必须符合下列条件：（1）与本案无牵连；（2）有能力履行保证义务；（3）享有政治权利，人身自由未受到限制；（4）有固定的住处和收入。

要注意的是，律师是代理人，仅仅是代理相关当事人办理手续，其本身既不是申请人，也不应做保证人。

取保候审由公安机关执行，最长不得超过 12 个月。被取保候审的犯罪嫌疑人、被告人应当遵守以下规定：（1）未经执行机关批准不得离开所居住的市、县；（2）在传讯的时候及时到案；（3）不得以任何形式干扰证人作证；（4）不得毁灭、伪造证据或者串供。

人民法院、人民检察院和公安机关如果发现对犯罪嫌疑人、被告人采取强制措施不当的，应当及时撤销或者变更。

四、代理提出申诉或控告

（一）代理申诉

申诉，是指公民、法人或其他组织，认为对某一问题的处理结果不正确，而向有关国家机关申述理由，请求重新处理的行为。

公民个人受到不法、不合理的对待和处理，可以直接向有关部门提出申诉。由于犯罪嫌疑人被采取了刑事强制措施，人身自由受到了一定的限制，加上其对刑事法律的专业知识并不一定了解，故通过委托律师代理申诉。律师具有专业知识并享有调查取证的权利，还有行动自由便利。因此，如果被错抓的“犯罪嫌疑人”与律师见面，在律师了解相关情况之后，及时为其提出申诉，可以尽早地正确处理相关的问题。据报道，因长相相似或者

---

① 我国的刑事强制措施，依照强制力度由轻到重依次排序为：拘传、取保候审、监视居住、拘留、逮捕共五种。

② 保证金的数额，应当根据当地的经济发展水平、犯罪嫌疑人的经济状况以及案件的性质、情节、社会危害性以及可能判处刑罚的轻重等情况，综合考虑确定，通常在 2 000 元至 50 000 元。

姓名相同而被当作通缉犯“抓获”的情形并不罕见①。更离谱的是，有人因身份证号与逃犯相同竟然在两年里 4 次分别被不同的公安机关的警员错抓②。须知道，在人脸识别技术尚未全面推广应用的情况下，因长相与被通缉犯相似而被误抓并非不可能，被抓后无论如何要保持冷静并积极配合公安机关核查清楚，切不可强硬对峙或者反抗甚至脱逃、袭警。维权一定要讲究方式方法，聘请律师代为申诉才是明智的做法。

（二）代理控告

控告，一般是指被害人及其近亲属或其诉讼代理人，对侵犯被害人合法权益的违法犯罪行为，依法向司法机关告发，要求予以惩处的行为。

如果公民被误当作犯罪嫌疑人而采取强制措施，应当及时提出申诉以求尽快查实并更正错误。但如果被误当成犯罪嫌疑人，甚至在后续的侦查阶段又遭到刑讯逼供的，或者人身权、财产权受到侵犯的，要提供相关的证据或者证据线索，由律师调查核实，之后向有关部门提出控告，及时纠正错误，维护公民、单位应有的权益。

必须指出的是，律师不能仅凭一面之词尤其是家属的只言片语，未经核实就冲动地向有关部门代理提出控告。

五、代理和解商谈事宜

对于因犯罪嫌疑人或者被告人的违法、犯罪行为导致的民事赔偿问题，律师可在接受委托、查清事实、分清责任的前提下，代其与受害者或者受害者的家属商谈赔偿事宜。

对于公诉案件，如果能够妥善地解决民事赔偿问题并在一定程度上得到受害人谅解，人民法院在量刑时也可作为酌定情节予以考虑。如果是刑事附带民事诉讼案件，被告可依法聘请律师作为民事侵权赔偿纠纷案件的代理人，就民事赔偿问题进行和解商谈。

属于刑事自诉范围内的案件，如果通过协商和解，可以化解矛盾，甚至在得到受害人谅解的情况下较为顺利地一并解决问题。尤其是属于自诉案件的“侵占”类型案件，如果能够及时退还或者及时追回被侵占的财产，受害人也不发起自诉，那么被告人受刑事追究的风险就会得到化解③。

课堂讨论

犯罪嫌疑人的家属委托律师为犯罪嫌疑人提供法律帮助，如果今后转起诉希望律师还能够继续为被告人提供辩护服务，直至二审乃至再审申诉结束。

作为律师助理，律师要求你权衡一下本案当事人的情况，究竟是在委托代理合同中明确仅仅在侦查阶段为犯罪嫌疑人提供法律服务，还是给予全程（侦查阶段、审查起诉阶段、一审阶段、二审阶段、申诉阶段）的法律服务，不同代理的收费是否有区别？

---

① 杨锋，马金凤．洛阳男子称被警方错抓强制戴手铐，警方：已道歉．人民网．［2018－06－10］．http：//bj. people. com. cn/n/2015/0128/c233086－23707095. html.

② 杨威．男子身份证号与逃犯相同 4 次被错抓．网易新闻．［2018－06－10］．http：//news. sina. com. cn/s/2009－11－04/043118969483. shtml.

③ 江伟．一起职务侵占案的和解过程：刑庭法官的调解笔记．法律与生活，2013（24）.

第二节 起诉后的辩护

一、会见被告

辩护权，是指法律赋予犯罪嫌疑人、被告人根据事实和法律，针对指控、起诉进行申述、辩解和反驳，提出证明自己无罪或者罪轻的材料和意见，维护自己合法权益的诉讼权利。犯罪嫌疑人或者被告人可以自己为自己辩护，也可以聘请律师为其辩护，特定情况下法院还会为其指定辩护人。无论是家属委托或被告人自己聘请，还是法院指定，律师在开庭前均应会见被告人了解相关的情况。通常，在会见之前，辩护律师应当到审理的人民法院阅卷，了解案情和相关的证据材料。

（一）办理会见手续

起诉后的案件，只要辩护律师持起诉书、委托书和律师事务所会见介绍函、律师执业证，连同其他协办律师的律师执业证或实习人员的律师实习证，即可在规定的会见时间内到羁押场所登记要求安排会见。

符合会见条件的，羁押场所的工作人员会将被告人带到会见室安排其与辩护律师会见。

（二）查核并确认

律师应当首先查核被告人的身份，确定其是起诉书所指控的、也是本律师提供辩护的被告人，还应对其出生时间、民族等相关的个人基本信息进行核查。

确定被告人的身份后，辩护律师应当告知被告人自己的姓名、律师事务所的名称，接受委托的缘由，被告人有权接受或者拒绝接受辩护律师的辩护。

参考案例 10-3

律师会见被告人通常的开场白是："你好，我是××××律师事务所的律师×××，根据你家属（父母或丈夫、妻子）的委托，为你提供辩护。根据羁押场所会见的规定，必须要有两名律师或者另一位实习律师共同会见，这位是××××律师事务所的实习律师×××。依照《中华人民共和国刑法》的规定，你有权接受或者拒绝接受你的家属为你聘请的辩护律师。如果你接受我作为你的辩护律师，请在授权委托书上签字，如果你拒绝接受我作为你的辩护律师，请在授权委托书上书写理由并签名。"

被告人确定接受家属聘请的律师为其辩护后，律师才可继续开展下面的工作。

（三）告知权利义务

告知被告人依据《刑事诉讼法》其应当享有的诉讼权利和必须承担的诉讼义务，同时也应明确告知被告人依据《律师法》的规定辩护律师在辩护活动中应享有的权利义务，特别是关于拒绝继续为被告人提供辩护的情形。

（四）询问相关的程序问题

1. 接到起诉书的时间以及被采取强制措施的情况

被告人何时、以何种形式收到了起诉书，应明确记录。

被告人何时、何地被采取何种强制措施，该强制措施是否有过变更（如原来被刑事拘留，之后被取保候审，再之后被改为逮捕，等等）。

2. 被讯问的情况

何时、何地被何人以何种方式讯问，讯问的过程中有无非法的行为（如刑讯逼供等），是否有提起申诉或者申请鉴定伤情、有无处理机关以及处理的时间和结果，有无受到恐吓、威逼等情形以及申诉和处理的结果。

3. 对起诉书的意见

询问被告人对起诉书所指控的犯罪事实、证据、定性和定量（如盗窃的数额）、处理建议有何意见。

（五）了解案情

根据起诉书所指控的犯罪事实，辩护律师通过阅卷，会对相关的问题有一定的了解。可询问被告人以下几个方面的情况：

1. 被告人在被指控的犯罪行为中的地位

如果是被告人与他人一同作案，那么主犯和从犯分别是谁，被告人在本案中处于何种地位（主犯、从犯、胁从犯），具体理由是什么，要了解清楚有何证据以及证人，同案的其他被告人是如何供述的。

组织、领导犯罪集团进行犯罪活动的或者在共同犯罪中起主要作用的，是主犯。主犯有以下三种：(1) 在犯罪集团中起组织、策划、指挥作用的犯罪分子，也就是组织犯，是首要分子的一种。(2) 在聚众犯罪中起组织、策划、指挥作用的犯罪分子，也是首要分子的一种。聚众犯罪中的首要分子是犯罪的组织者、策划者和指挥者。(3) 其他在共同犯罪中起主要作用的犯罪分子，指主要的实行犯。

在共同犯罪中起次要或者辅助作用的，是从犯。从犯有两种：(1) 在共同犯罪中起次要作用的从犯，即次要的实行犯。(2) 在共同犯罪中起辅助作用的从犯，即帮助犯。

2. 整个作案的过程

应以开放式的问话形式，让被告人自己按时间的先后顺序，从头到尾全面地陈述参与作案或者单独作案的过程、时间、地点、人物、受害人（财产）、起因、经过、结果、所接受的强制措施等。其陈述若有遗漏的，要让其补充。

（六）分辨差异

对于被告人的陈述与起诉书指控不一致，或者前后讯问笔录记录不一致，本次陈述与其他讯问笔录记载不一致，其他被告人供述与其供述或者陈述不一致的问题，要询问并查核、了解，但注意保密，不得做出诱导性的提问。辩护律师不得提出类似“你的同伙×××在××××年××月××日的供述中是××那样说的，但你却是××这样说的，究竟谁说了假话?”的诱导性问题。须知道，在团伙作案之中，如果被告人串供，会影响正常的司法审判工作。而且，被告人也可能会通过辩护律师的言谈举止来判断其他同伙的供述内容，进而选择对自己有利的说辞。因此，律师在会见被告人时，对于自己阅卷所了解以及掌握的情况，在向被告人核实时一定要掌握好分寸以及说话的技巧。辩护律师既不能让被告人通过自己的发问来揣测相关的内容，或者有选择性地回答问题，更不能教唆被告人如何避重就轻、推卸责任甚至翻供。正确的问话应当是：“你自己在第×次的讯问笔录中记载的问题，与你刚才陈述的不一致（或者几次供述存在不一致的情形），究竟是怎么回事?”或者“我需要向你进一步查核以下几个问题：×××，你想清楚了再回答我，好吗?你要相信，我作为辩护律师会依法维护你应有的权益，法律和法院不会冤枉一个好人，但也不会放纵一个坏人”。

总而言之，对于同案之间不同的供述、被告人在不同审讯时的不同供述、与现有证据不一致的供述等，要通过会见尽量了解清楚。对于多次供述完全相同甚至一字不差的情况，也要注意辨析。

（七）核定情节因素

要查清楚是否有从重、从轻、减轻或免除处罚的法定情节①，特别是要问清楚是否有自首、立功等相关表现。此外，还要在犯罪动机、犯罪手段、犯罪时间和地点、犯罪侵害的对象、犯罪造成的损害结果、被告人的一贯表现、犯罪后的态度等方面了解清楚是否存在酌定从轻的情节。

（八）积极劝导

如果被告人掌握了他人犯罪的情况或者自己还有未交代的犯罪事实，在了解情况后应积极劝导其检举揭发和主动交代。如果是涉及国家安全、危害社会、即将导致他人生命安全和重大财产威胁的犯罪行为，辩护律师应当督促其主动交代和检举揭发，并明确告知被告人，辩护律师没有对此保守秘密的义务，更应当说明其隐瞒或者包庇犯罪可能带来的严重后果。

（九）客观维权

判决或裁定尚未发生法律效力前，被公安、检察机关或者法院决定羁押的犯罪嫌疑人或者被告人都是未决犯，尽管他们的行动受到了一定的限制，但他们仍然受法律保护，任何人不得对其实施刑讯逼供等侵权行为。但要注意的是，在侦查活动中，个别干警存在的如态度粗暴、说脏话、拍桌子或者其他未严格执行审讯纪律的一般违纪行为，应当纠正，但不属于刑讯逼供。现在不少的羁押场所在提审完毕、将犯罪嫌疑人或被告人还押时，通常都有对嫌疑人进行身体检查的程序和记录。因此，辩护律师不能仅凭被告人口头陈述有被刑讯逼供的情况就信以为真，并为其到处奔走呼号。

如果辩护律师在会见时的确发现被告人曾经或者最近有被刑讯逼供、非法审讯等情形且有相关证据佐证的，应当由被告人自己写出相关的控告信，并在会见笔录中做记录，由被告人向检察机关举报并同时抄报给羁押部门，或者由辩护律师转呈相关部门。

（十）绝不承诺

辩护律师为被告人提供辩护服务，并非是“受人钱财替人消灾”，因此不能按照民商事标的以胜诉额进行风险代理那样来计付辩护费。影响被告人定罪、量刑的因素有很多，即使是一个颇有经验的辩护律师，或代理的是一个相对比较简单的案件，辩护律师也不能对被告人做出最终结果判多少年的断言性预估，也不得与被告人的委托家属做出最终判决结果的承诺，更不得依照最终结果来补充收取辩护费。

如果被告人征询辩护律师因犯罪行为将会受到怎样的惩罚，具体的刑罚种类乃至具体的刑期时，辩护律师可依据刑法的相关规定结合本案的指控以及事实，对条文进行一定的解释，最终还是要回到事实本身，劝导被告人积极配合、认罪并接受公正的审判，以争取获得依法从轻的处理。辩护律师决不能在事实清楚、证据充分、法律适用正确、犯罪构成对应、必须承担刑事责任的情况下，枉顾事实和法律而鼓动被告人抗拒、抵赖或狡辩。

---

① 法定情节，是指刑法明文规定的在量刑时应当予以考虑的情节。

二、调查取证

（一）认真对待

侦查、指控机关可以动用国家机关的公权力，所以取证相对比较容易，而且从立案到逮捕再到起诉的阶段，一般情况下证据应当是确实、充分的。但事实上，刑事公诉案件在不同的阶段，依照《刑事诉讼法》的规定，相关的标准有所差别：刑事诉讼立案的标准是“有犯罪事实需要追究刑事责任”；侦查终结的标准是“犯罪事实清楚，证据确实、充分”；提起公诉的标准是“犯罪事实已经查清，证据确实、充分”；有罪判决的标准则是“案件事实清楚，证据确实、充分”。

辩护律师为被告人提供辩护，不应仅仅停留在阅卷、会见被告人上，还应进行认真调查，如果未经调查，案件中很多关键的事实就无法查明，律师所提出的辩护观点就难以被法庭采纳。但是，律师调查取证必须依法、按章进行。

（二）依规行事

无论是在侦查阶段、审查起诉阶段还是审判阶段，律师都有权依照相关的法律规定行使调查权。

《刑事诉讼法》第 43 条规定：辩护律师经证人或者其他有关单位和个人同意，可以向他们收集与本案有关的材料，也可以申请人民检察院、人民法院收集、调取证据，或者申请人民法院通知证人出庭作证。

（三）收集线索

是否需要调查、从何处获得线索、如何开展调查这是三个基本的问题。通常，调查的线索来源于以下几个方面：

1. 从犯罪嫌疑人、被告人处获得取证线索

被告人有权为自己辩护，而且其在案件中是直接的当事人，甚至是直接的参与者，对案件的整个过程以及接触到的人、事、物都有比其他人更清晰的了解。因此，辩护律师有很多线索都是由被告人提供的。

2. 从现有证据中发现取证线索

现有证据已经涉及某个事实，但这个事实缺乏相关的证据予以佐证或者证据链发生了断裂，此时即可通过该证据去发现有关的取证线索。

3. 从家属反映的情况中发现取证线索

被告人的家属可能了解被告人的生活、工作习惯，通常可以提供相关的书证或者物证，从中可找到调查的线索。

4. 从辩护观点中发现取证线索

律师可以从辩护观点里发现取证线索。例如在一个受贿案件中，被告人的单位既不是行政机关、人民团体，也不是国有企业，那么被告人的真实身份究竟是什么，是否符合受贿主体的犯罪构成要件，辩护律师可通过调取单位的资质、工作任务、授权以及被告人的履历档案，帮助法院对被告人的身份做出正确的认定。

5. 从取证过程中获取取证线索

只要辩护律师掌握了一个证据线索，在具体开展调查的过程中就有可能会延伸性地发现某个证人或某份材料反映了更大的问题，这种从线索到线索再到更多的线索的扩展性调

查，对查清整个案件事实是有很大帮助的。

（四）忌讳单独调查

辩护律师开展调查活动时，必须依照规定，起码要有两人参与，由辩护律师提问、另一律师或者律师助理进行记录，证人必须在调查笔录上签字并确保能够出庭作证。如果辩护律师自己单独调查，一旦出现证人否认或者指认律师教唆的情况，辩护律师往往无法自证清白。

（五）注意方法

辩护律师开展调查，必须注意方式方法，要争得被调查机关、人员的配合，力求获得全面、真实、合法、正确的相关证据材料。正如一位为涉嫌作伪证的律师提供刑事辩护的律师所说：刑事辩护律师在调查取证时应掌握一些技巧，比如取证过程中，询问时须注意语气，不能有任何诱导性，且须全程录音录像等。取证时无关人员，特别是家属一定不能在场。因为这容易给人以诱导证人之嫌。总而言之，刑辩律师取证时不能给人留下任何遐想空间①。

在调查取证时，应当在明确告知并征得被调查人同意的情况下录音、录像并做笔录，调查律师必须实事求是、客观地开展调查，不得告知证明目的，也不得暗示、教唆、妨碍被调查人，绝对禁止将事先拟好的书面材料让被调查人照抄。证人证言的记录，应让证人自己书写，并确保证人能够到相关机关协助调查或者出庭参加对质。

（六）杜绝伪证

律师担任辩护人的，应当根据事实和法律，提出能证明犯罪嫌疑人、被告人无罪、罪轻或者减轻、免除其刑事责任的材料和意见。无论律师认为自己调查的证据材料多么真实、多么具有证明力，对于经办案件的人或者审判者而言终究是一种“材料”而已，是否采信还要经过庭审质证等程序的审核。因此，专业的辩护律师在取证之后通常会提交给相关机构（检察院、法院），并请求其予以核实。

（七）客观全面

还原客观事实，是调查取证的根本目的。因此，调查应当做到客观、全面、公正，对于在调查中所获得的相关证据材料，无论是对被告人有利的还是不利的，均应客观、全面地分析，不得以辩护律师的个人喜好或者先入为主地进行有偏向的选择和取舍。

（八）及时沟通

当发现有被告人无罪的证据线索时，最好能够与指控单位联系并交换意见，如果能够由指控机关运用公权力进行调查取证是最好不过的；如果指控机关决定启动补充侦查程序，就可省却辩护律师调查的麻烦。如果调查的结果显示其无罪（尤其是指控机关认定被告人参与了某项犯罪活动，而调查结果认为被告人没有参与且有确切的证据证明其不在场）的，可向律师事务所报告，必要时还可将调查获得的证据材料复印件提交给指控机关和人民法院。那种企图在开庭时才拿出关键的证据，想要打指控方一个措手不及以证明自己是何等高明的想法不但是幼稚的，更是错误的。辩护律师是法律共同体的一部分，刑事辩护也是刑事案件办理之中的一个环节，如果能够尽早揭示案件真相，还被告人一个清

---

① 杨青．涉嫌引诱他人作伪证，成都两律师接受刑事审判．中国法院网．［2018－06－12］．https：//www.chinacourt.org/article/detail/2016/08/id/2059629.shtml.

白，就无须采取经过开庭审理之后才做出无罪判决的方式。

三、庭审辩护

（一）作有罪辩护

为被告人作有罪辩护，应着重从案件定性和对被告人从轻、减轻或者免除处罚等方面进行。

在庭审过程中发现审判程序违法的，律师有权向法庭指出并要求予以纠正。

案件经过侦查、审查起诉、庭审，相关证据应该是确实、充分的，如果指控罪名正确，且事实清楚，证据确实、充分，那么在没有法定从轻、减轻或者免除的情节时，辩护律师似乎就无话可说了。辩护律师是法律职业共同体的一员，但辩护律师与检察官、法官的角色不一样，因此其出发点和在法庭上的发言理当不同。

参考案例 10-4

在改革开放初期，辩护律师有时被指责为“替坏人说话”。因此就有这样一件事，某地的一位司法局的局长担任了某盗窃案件被告人的辩护律师，在发表辩护意见时为了彰显自己的坚定立场和惩恶扬善的决心，竟然说出了这样的一段辩护词：“本案事实清楚，证据确实、充分，检控方指控的犯罪罪名正确，本案被告人的犯罪构成完全是能够成立的，而且被告人没有可减轻、从轻之事由，甚至还有抵赖和拒不认罪的抗拒行为。因此，我建议法庭对被告人依法严惩。”被告人及其家属听后非常气愤。

证据充分、事实清楚，律师也并非真的无话可说，关键是从哪个角度、说什么话、怎样说。

（二）作无罪辩护

有些地方的相关部门做出明文规定：律师为被告人作无罪辩护之前，必须依照规定呈报律师事务所乃至司法局批准或者备案。无论是从《刑事诉讼法》还是《律师法》的相关规定看，律师为犯罪嫌疑人作有罪还是无罪辩护，取决于案件的事实、证据、法律以及自己的专业认识，没有向有关部门包括主管部门——司法行政机关“报告”的法定义务①。但是，无罪辩护作为重大而需要特别审慎的辩护意见，承办律师请求在律师事务所进行讨论，或主动请求律师协会的刑事辩护专家进行集体会商，以充分论证其辩护意见的可行性，则是我们提倡的。

为被告人作无罪辩护，应主要从以下方面进行：（1）控诉方指控的证据不足，不能认定被告人有罪。（2）控诉方或辩护方提供的证据，能证明属于下述情况，依据法律应当认定被告人无罪的（被告人行为情节显著轻微，危害不大，不认为是犯罪；被告人行为系合法行为；被告人没有实施控诉方指控的犯罪行为）。（3）其他依法认定被告人无罪的情况。

（三）指控罪名不成立

指控罪名不成立，是指控方指控犯罪嫌疑人构成的犯罪与犯罪嫌疑人的行为不对应而导致指控不成立。

起诉指控的事实清楚，证据确实、充分，指控的罪名与人民法院审理认定的罪名不一

---

① 曾袁媛．律师作无罪辩护须报告“于法无据”．民主与法制网．[2018-06-10]．http://www.mzyfz.com/cms/benwangzhuanfang/xinwenzhongxin/zuixinbaodao/html/1040/2015-02-05/content-1107352.html.

致的，人民法院一般会建议检察院变更起诉罪名，但也可以直接改判。

律师可以就指控的罪名是否成立进行辩护，除非两个罪名之间正确适用的罪名更有利于犯罪嫌疑人，否则律师一般不会指出犯罪嫌疑人实质上构成的犯罪、应适用的刑法条款和应承担的刑罚。

如果辩护律师就指控罪名不成立进行辩护而法院直接变更指控罪名并做出判决，通常会释明，而且应当听取控辩双方的意见。

参考案例 10-5

2007 年 6 月的某一天，某县烟草专卖局的值班室值班人员接到电话举报，举报者声称次日下午 3 时许，将有一辆装有整车走私香烟的某牌号大货车从邻近县高速公路出口收费站经过。值班人员将情况告诉了执法中队的中队长。中队长于是安排另两位执法人员同自己于次日到该高速公路收费站出口处设伏。果然，等到了该车辆，截停车辆后三人出示了行政执法证，该货车司机声称自己不知道货物是什么。打开后货箱门检查果然发现整车的走私香烟。司机提出货物可以留下，但求放过自己。三人商量后认为可以放走司机和车辆，但货必须留下（不开没收清单，想变卖后加上值班接听电话的人共四人私分）。中队长于是答应了司机的要求，打电话要来了一辆民用货车，他们在将走私香烟搬到货车的过程中被高速公路巡警发现，之后警察将所有人员带回公安局调查。三名执法人员及货车司机如实交代了全部过程，检察机关以构成盗窃罪起诉中队长及另两位执法人员。

对于本案，在检察院审查起诉阶段对罪名就有过激烈的争论，核心问题在于用什么罪名来起诉，是盗窃罪、抢劫罪、贪赃枉法罪、妨碍执行公务罪还是职务侵占罪？究竟构成何种犯罪，应从行为、犯罪构成等多个方面加以综合分析。

课堂讨论

检察院起诉三名执法人员构成盗窃罪的指控是否准确？如果你是律师助理，可以为辩护律师提供哪些辩护思路？该中队长及另两名执法人员有何可以提出从轻处罚的情节？

结合我国刑法犯罪构成的理论及刑法相关罪名的具体规定，着重考量盗窃罪的指控以及量刑情节的问题。

四、代为上诉

（一）上诉权及其保护

现在很多刑事案件都不是当庭宣判的，一审刑事案件当庭宣判后，法官会征询被告人是否上诉的意见，即使被告人当庭口头表示不上诉，而后经过思考后又决定上诉，其上诉权仍然是受到保护的。因此，无论是当庭宣判还是庭后宣判，一审刑事案件的被告人都有依法上诉的权利①。如果辩护律师的辩护业务延续到二审的，在宣判后要及时与被告人联系，了解其是否上诉。如果被告人决定上诉，可以自己书写上诉状，还可以委托辩护律师代为提出上诉。

---

① 尽管全国人大常委会授权在 18 个城市开展刑事案件速裁程序的试点工作，且有人提出对刑事速裁的案件实行一审终审，以节省司法资源，但目前除非是最高人民法院作为一审法院的刑事案件，其他案件仍然是实行“两审终审制”。丁国锋，徐晓红，张定森．刑事速裁一审终审呼声渐高．人民网．[2018-06-12]．http://legal.people.com.cn/n/2015/1102/c188502-27763706.html.

（二）上诉主体及期限

刑事一审上诉的主体有：(1) 自诉人及其法定代理人；(2) 被告人及其法定代理人；(3) 经被告人同意的辩护人和被告人的近亲属；(4) 附带民事诉讼的当事人和他们的法定代理人。

根据我国刑事诉讼法的有关规定，被告人、自诉人和他们的法定代理人，不服一审法院的判决、裁定，有权写书状或口头向上级人民法院上诉。被告人的辩护人或者其近亲属经被告人同意，可以提出上诉。附带民事诉讼的当事人和他们的法定代理人，可以对一审法院的判决、裁定中的附带民事诉讼部分提出上诉。不得以任何借口剥夺被告人的上诉权。

不服判决的上诉和抗诉的期限为十日，不服裁定的上诉和抗诉期限为五日，从接到判决书、裁定书的第二日起算。被害人及其法定代理人不服法院一审判决的，自收到判决书后五日以内，有权请求上级人民检察院提出抗诉。

（三）上诉不加刑

二审人民法院审判被告人或者他的法定代理人、辩护人、近亲属上诉的案件，不得加重被告人的刑罚。但人民检察院提出抗诉或者自诉人提出上诉的，不受被告人上诉不加刑之限制。

与上诉不加刑有关的具体规则：(1) 共同犯罪案件，只有部分被告人提出上诉的，既不能加重提出上诉的被告人的刑罚，也不能加重其他同案被告人的刑罚。(2) 对原判认定事实清楚、证据充分，只是认定的罪名不当的，在不加重原判刑罚的情况下，可以改变罪名。(3) 对被告人实行数罪并罚的，不得加重决定执行的刑罚，也不能在维持原判决决定执行的刑罚不变的情况下，加重数罪中某罪的刑罚。(4) 对被告人判处拘役或者有期徒刑宣告缓刑的，不得撤销原判缓刑或者延长缓刑考验期。(5) 对事实清楚、证据充分，但判处的刑罚畸轻，或者应当适用附加刑而没有适用的案件，不得撤销一审判决，直接加重被告人的刑罚或者适用附加刑，也不得以事实不清或者证据不足发回原审人民法院重新审理。(6) 必须依法改判的，应当在二审判决、裁定生效后，按照审判监督程序重新审判。

另外，共同犯罪案件中，人民检察院只对部分被告人的判决提出抗诉的，二审人民法院对其他一审被告人也不得加重刑罚。

五、代为申诉

如果已经超过上诉时间，被告人不服一审已经生效的判决或者不服二审的判决，可依法提起申诉。

申诉有两个途径：一是直接向原审人民法院提出，也可以向原审的上级人民法院提出。如果人民法院受理且经过审查发现是错案或者确有错案可能的，可依法提起再审。二是向人民检察院控告申诉处（科）提出。人民检察院受理后经过审查认为是错案的，可以通过行使检察监督权启动再审。

申诉最迟应在被告人刑罚执行完毕后两年内向人民法院提出。但具有下列情形之一的，刑事案件申诉人超过两年提出申诉，人民法院应当受理：(1) 可能对原审被告人宣告无罪的；(2) 原审被告人在规定的期限内向人民法院提出申诉，人民法院未受理的；(3) 属于疑难、复杂、重大案件的。

要提出申诉，首先应当写好申诉申请书，将案情的全部事实及经过、处理情况以及被告人或代理人认为是冤（错）案的理由写清楚，同时还必须要将能证明是冤（错）案的证据材料作为附件一起提交给接受申诉的人民法院或人民检察院。

对立案审查的申诉案件，应当在三个月内做出决定，至迟不得超过六个月。经审查，具有下列情形之一的，应当根据《刑事诉讼法》第253条的规定，决定重新审判：(1) 有新的证据证明原判决、裁定认定的事实确有错误，可能影响定罪量刑的；(2) 据以定罪量刑的证据不确实、不充分、依法应当予以排除的，或者证明案件事实的主要证据之间存在矛盾的；(3) 原判决、裁定适用法律确有错误的；(4) 违反法律规定的诉讼程序，可能影响公正裁判的；(5) 审判人员在审理该案件的时候，有贪污受贿、徇私舞弊、枉法裁判行为的。申诉不具有上述情形的，应当说服申诉人撤回申诉；对仍然坚持申诉的，应当书面通知驳回。

申诉人对驳回申诉不服的，可以向上一级人民法院申诉。但一般申诉人就同一刑事案件向同一人民法院只能申诉一次。

对于下述申诉，人民法院不予受理：(1) 对经两级人民法院依照审判监督程序复查均驳回的刑事案件，当事人再次提出申诉的，如果没有新的充分理由的；(2) 对经做出生效裁判法院的上一级人民法院依照审判监督程序审理后维持原判的刑事案件，当事人再次提出申诉的；(3) 对最高人民法院再审裁判或者复查驳回的刑事案件，申诉人仍不服又提出申诉的。

律师应当客观、全面地分析案件情况，对于确为错案或者确有证据证明有错案可能的，应坚持原则维护被告人的权益，根据授权为其代理申诉。如果判决正确，或者缺乏证据的，应对当事人及其家属做出相应的解释。

【引例评析】

尽管都是属于侵犯财产权的犯罪，但是行为外观形式的不同可能会导致罪名的不同，例如以秘密的方式获取可能构成盗窃罪，当面获取可能构成抢夺罪，而以暴力或暴力相威胁的方式当面获取则可能构成抢劫罪，利用职务之便可能构成职务侵占罪，等等。除行为外观之外，还要具体研究犯罪构成的要件。无论案件大小，接受当事人的委托都必须要尽到代理职责。

【练习题】

一、概念

犯罪嫌疑人；律师会见；取保候审；指控罪名不成立；申诉；控告

二、简答题

1. 犯罪嫌疑人有哪些基本的权利？
2. 律师可以为哪些犯罪嫌疑人代为提出取保候审的申请？
3. 律师为刑事被告人提供的辩护通常是如何分类的？

【模拟实训】

一、模拟场景

一个大学生的家长来到某律师事务所，称其儿子年满 20 周岁，是某高职院校的学生，因为参加盗窃团伙参与偷盗摩托车，被公安机关刑事拘留之后转逮捕了。家长反复强调自己的孩子从小学到高中都很听话，肯定是被坏人带坏了，而且他一直都是胆小怕事的人，就算是参与了偷盗也只是负责看风等次要的工作。家长希望聘请律师为其儿子提供法律服务、了解一下相关的情况，如果以后被起诉的话需要一直跟进提供辩护服务。

二、题目

1. 律师在提供刑事法律服务中应注意什么问题？
2. 如何提供刑事辩护服务？

第十一章　行政诉讼代理

◆【本章引例】

小张将自己一楼的商品房进行了装修，并将该地作为经营场所，经过了环境保护、卫生管理部门的审批，向工商行政管理部门申领了营业执照，向税务机关领取了税务登记证，最终开业经营餐饮。经营十个月后，当地城市综合执法大队为配合该市将要举办的大型运动会而开展了专项整治运动，以小张“擅自住改商”“直接向街道排放油烟”违反相关法律规定为由，责令其停业并吊销了营业执照。小张甚是不解，自己的商品房为何不能用作经营场所，家庭的住户不也是直接向街道排放厨房油烟的吗？于是，小张准备聘请律师提出行政诉讼，要讨个说法。

◆【学习的目的与要求】

通过本章学习，了解行政诉讼的相关概念，熟悉代理第一审行政诉讼应当注意的事项，了解二审和再审程序的启动方式和代理时应当注意的事项。

◆【重点问题】

- 行政相对人和行政主体
- 行政诉讼的受案范围
- 第一审行政诉讼代理
- 第二审和再审行政诉讼代理

第一节　行政相对人的代理

一、行政相对人的相关概念

（一）行政诉讼

行政诉讼是指由法院主持解决行政纠纷的行为。具体而言，就是指行政相对人认为行政主体的具体行政行为侵犯了他的合法权益，向人民法院提起诉讼，由人民法院对该具体行政行为是否合法进行司法审查并做出裁判的法律行为或法律制度。行政诉讼是一种行政救济措施，因为提起诉讼的主体为公民、法人或其他组织，而诉讼的对象为行政机关，所以通常被称为“民告官”。

（二）行政相对人

行政相对人是指行政管理法律关系中与行政主体相对的另一方当事人，即受行政主体行政行为影响的公民、法人和其他组织。这种影响可能是直接的，也可能是间接的。

参考案例 11－1

甲经过行政机关的许可在某地建设房屋，而邻居乙认为甲所建的房屋过高，将会影响自己房屋的采光。此时，甲受行政许可这一行政行为的直接影响，乙受行政许可这一行政行为的间接影响，甲、乙均是行政相对人。

无论是直接受到行政行为影响的人还是间接受到行政行为影响的人，都是行政相对人，当其认为自己的权利受到不法干扰时均可依法向行政机关提出诉求。

行政相对人是就行政管理法律关系而言的称谓，当其提起行政诉讼成为诉讼法律关系主体时，称谓应变为原告。

（三）行政主体

行政主体是指享有行政职权，以自己的名义行使行政职权，做出影响行政相对人权利义务的行政行为，并独立承担责任的组织。在我国，行政主体包括国家行政机关和法律法规授权的组织。行政主体与行政相对人是一对对应概念。同样地，进入行政诉讼程序后，称谓变为被告。

（四）具体行政行为与抽象行政行为

行政行为以其对象是否特定为标准，分为抽象行政行为和具体行政行为，两者是一对相对概念。

具体行政行为是指国家行政机关和行政机关工作人员、法律法规授权的组织、行政机关委托的组织，或者个人在行政管理活动中行使行政职权，针对特定的公民、法人或者其他组织，就特定的具体事项，做出的有关该公民、法人或者其他组织权利义务的单方行为。简而言之，即指行政机关行使行政权力，对特定的公民、法人和其他组织做出的有关其权利义务的单方行为。行政许可、行政处罚都是具体行政行为。

抽象行政行为是指国家行政机关针对不特定管理对象实施的行为，如制定法规、规章和有普遍约束力的决定、命令等行政规则，其行为形式体现为制定行政法律文件，其中包括规范文件和非规范文件，可称为“行政立法”。

一般而言，只有具体行政行为具有可诉性，对于抽象行政行为，行政相对人只可申请在诉讼中附带审查，而不能直接对其提起诉讼。

二、行政诉讼的基本原则

（一）共有原则

行政诉讼法是诉讼法中的一种，同样适用民事诉讼法、刑事诉讼法需要遵守的原则。例如法院独立行使审判权原则、以事实为依据以法律为准绳原则、合议原则、回避原则、公开审判原则、两审终审原则、使用本民族语言文字诉讼原则、辩论原则、检察监督原则、当事人地位平等原则等。

（二）独有原则

1. 行政行为的合法性审查原则

该原则包含两个层次的含义。首先，行政诉讼审查的是具体行政行为，而不对抽象行政行为进行审查。虽然《行政诉讼法》第 6 条改为“人民法院审理行政案件，对行政行为是否合法进行审查”，去掉了行政行为前的“具体”二字，但实践中仍不可以对抽象行政行为单独提起诉讼。其次，人民法院审查的是行政行为的合法性，包括主体合法、程序合法、内容合法等内容，极个别情况下才会对行为的合理性进行审查。同时，人民法院的审理范围仅限于受理案件的行政行为，对未进入诉讼状态的行政行为无权审查。

该原则的目的是将行政权纳入司法监督的范畴，并为行政相对人提供司法救济的途径。

2. 司法最终救济原则

行政复议和行政诉讼都是行政相对人进行救济的途径，但司法救济具有终局性。简单而言，行政相对人认为具体行政行为侵犯其合法利益时，可以选择向做出该具体行政行为的行政机关的上级机关申请行政复议，对行政复议结果不满意的，可继续申诉；也可直接向人民法院提起诉讼①，提起诉讼后不得再申请行政复议。但极个别情况下行政复议具有终局效力②。

3. 行政诉讼期间不停止具体行政行为执行原则

行政行为被推定为有效，因此提起行政诉讼并不能当然停止行政行为的执行。但被告认为需要停止执行的，原告或者利害关系人申请停止执行，人民法院认为该行政行为的执行会造成难以弥补的损失，并且停止执行不损害国家利益、社会公共利益的；人民法院认为该行政行为的执行会给国家利益、社会公共利益造成重大损害的；或者法律、法规规定停止执行的，应当裁定停止执行。

第二节　一审行政诉讼的代理

一、行政诉讼参加人

（一）原告

行政诉讼原告指的是认为行政主体的某一行政行为侵犯了自己的合法权益，以自己的名义向人民法院起诉要求撤销或改变该行政行为的公民、法人或者其他组织。

只要公民、法人或其他组织“认为”行政行为侵犯了自己的合法权益即可提起诉讼，而不是必须受侵害才可起诉，原告的合法权益是否实际受到侵害交由法院做出裁判。同时，原告只能为自己的合法权益起诉。

---

① 特殊情况下，行政复议是行政诉讼的前置程序。这是由行政管理的技术性等因素决定的。

② 例如，国务院或者省、自治区、直辖市人民政府对行政区划的勘定、调整或者征用土地的决定，自治区、直辖市人民政府确认土地、矿藏、水流、森林、山岭、草原、荒地、滩涂、海域等自然资源的所有权或者使用权的行政复议决定为终局裁决；对国务院各部门或者省、自治区、直辖市人民政府的具体行政行为不服的，向做出该具体行为的国务院部门或者省、自治区、直辖市人民政府申请复议，对行政复议不服的，可以向人民法院提起行政诉讼，也可以向国务院申请裁决，国务院依照本法的规定所作的裁决为最终裁决。

参考案例 11-2

甲和朋友在某酒楼吃饭，乙走过甲饭桌的走道时，由于甲将脚伸到走道上，致乙被绊倒。甲乙两人发生口角，乙拉扯并准备殴打甲，邻座的丁看不过眼就过来劝阻乙，却受到了乙的殴打，丁怒而反击将乙按压在地。因服务员报警，甲、乙和丁被带到派出所调查。最终派出所对乙和丁做出行政拘留10日的处罚决定。丁不懂得法律，既不认识律师也没有钱，但甲认为派出所对丁的见义勇为行为没有做出认定，还施予行政拘留的处罚，简直是没有道理。甲准备自己出钱聘请律师为丁申冤，再不行就直接提起行政诉讼要求撤销该错误的行政决定。

课堂讨论

如果甲到律师事务所来向你反映上述情况，希望聘请律师提起行政诉讼来“救”丁的话，你作为律师助理，应当如何向他解释行政诉讼的法律制度和具体的规定？

尽管事情因甲的不当行为所引发，但在具体的行政法律关系当中，讲究的是当事人的权利义务。应当客观地分析行政法律关系的当事人，对于行政行为的相对人认为不当的行政决定，有哪些可实施救济的途径。

（二）被告

被告是原告的相对概念，没有被告就没有原告。在行政诉讼中，被告是指被原告起诉指控其行政行为侵犯了原告合法权益的行政机关或法律法规授权的组织。

（三）共同诉讼人

行政共同诉讼，是指原告为两个以上①或被告为两个以上的②又或双方都是两个以上的③行政诉讼。

（四）行政诉讼第三人

行政诉讼第三人是指在原告和被告的行政诉讼活动展开后，介入到该诉讼中的公民、法人或其他组织。第三人是与原告和被告开展的诉讼以及诉讼标的有利害关系的人，法院对被诉行政行为的审查结果会影响到其利益，第三人介入诉讼的目的是维护自己的权益。例如，乙认为行政机关许可甲建造的房屋侵犯其采光权，将行政机关告上法庭要求撤销行政许可，甲可作为第三人参加诉讼，因为如法院判决撤销该行政许可会影响到其利益。另外，第三人参加的诉讼必须尚未结束，若原告被告间的诉讼已经结束，则不存在第三人的问题。行政诉讼的第三人主要有以下类型：

1. 侵害人作为第三人

侵害人作为第三人的行政诉讼案件，主要为涉治安等行政行为的行政诉讼案件。

参考案例 11-3

甲和乙因生活琐事发生口角，乙打电话报警救助，但公安局派员出警延迟，当警察到场时斗殴已经结束，甲将乙打成轻微伤，警员将甲带回公安局调查、将乙送往医院救治。公安局最终对甲处以罚款和行政拘留5日的处罚。甲服从处罚决定，但乙则认为公安局未能及时出警从而有效地保护自己的人身安全，于是将公安局作为被告以行政诉讼的方式提出

① 在行政法理论上称之为积极的共同诉讼。
② 在行政法理论上称之为消极的共同诉讼。
③ 在行政法理论上称之为混合的共同诉讼。

起诉。尽管甲对公安局的处罚决定表示接受，但在乙起诉公安局的行政诉讼中其应作为第三人参加诉讼。

2. 被侵害人作为第三人

这同样发生在涉治安等行政行为所引发的行政诉讼案件中，与上述例子相反的是被行政处罚的侵害人不服公安局的决定，以公安局为被告提起了行政诉讼，则被侵害人被列为第三人。

3. 确权案件中的权利人

行政确权行为是行政主体对公民、法人和其他组织权属争议所实施的公断行为。通过行政主体的确权而得到权益的一方为权利人，而在争执中的另一方被称为权利异议人。权利异议人对行政主体的裁决不服提起行政诉讼后，权利人可作为第三人参加诉讼。

4. 裁决案件中的一方当事人

行政机关对公民、法人或其他组织间的赔偿或补偿纠纷进行裁决时，若一方当事人认同而另一方当事人不认同裁决结果，当不认同的一方提起行政诉讼时，认同的一方可作为第三人参加诉讼。

5. 行政处理案件中的未起诉人

行政机关就同一违法事实处罚了两个或两个以上的行政相对人，若其中某个或某些被处罚者不服提起诉讼，而其他人没有起诉，这些没有起诉者可以作为第三人参加诉讼。例如，在甲乙丙的打架斗殴事件中，公安局对三人均处予行政拘留处罚，甲乙不服提出起诉，丙没有提出起诉，但可以作为第三人参加诉讼。

二、代理一审行政诉讼应当注意的事项

（一）确定是否适用行政复议前置

所谓行政复议前置是指行政相对人对法律、法规规定的特定具体行政行为不服，在寻求法律救济途径时，应当先选择向行政复议机关申请行政复议，而不能直接向人民法院提起行政诉讼。若对行政复议决定仍不服的，才可以向人民法院提起行政诉讼。行政复议前置要有法律、法规的特殊规定，目前主要有以下六种：（1）国务院部门或者省、自治区、直辖市人民政府的具体行政行为；（2）公民、法人或其他组织认为行政机关的具体行政行为侵犯其已经依法取得的土地、矿藏、水流、森林、山岭、草原、荒地、滩涂、海域等自然资源的所有权或者使用权的；（3）纳税人、扣缴义务人、纳税担保人同税务机关在纳税上发生争议的；（4）被审计单位对审计决定不服的；（5）专利申请人对国务院专利行政部门驳回申请的决定不服的；（6）经营者对政府价格主管部门做出的处罚决定不服的。

（二）确定是否在法院受案范围内

1. 法院受理的案件范围

《行政诉讼法》第12条规定："人民法院受理公民、法人或者其他组织提起的下列诉讼：（一）对行政拘留、暂扣或者吊销许可证和执照、责令停产停业、没收违法所得、没收非法财物、罚款、警告等行政处罚不服的；（二）对限制人身自由或者对财产的查封、扣押、冻结等行政强制措施和行政强制执行不服的；（三）申请行政许可，行政机关拒绝或者在法定期限内不予答复，或者对行政机关作出的有关行政许可的其他决定不服的；（四）对行政机关作出的关于确认土地、矿藏、水流、森林、山岭、草原、荒地、滩涂、

海域等自然资源的所有权或者使用权的决定不服的；（五）对征收、征用决定及其补偿决定不服的；（六）申请行政机关履行保护人身权、财产权等合法权益的法定职责，行政机关拒绝履行或者不予答复的；（七）认为行政机关侵犯其经营自主权或者农村土地承包经营权、农村土地经营权的；（八）认为行政机关滥用行政权力排除或者限制竞争的；（九）认为行政机关违法集资、摊派费用或者违法要求履行其他义务的；（十）认为行政机关没有依法支付抚恤金、最低生活保障待遇或者社会保险待遇的；（十一）认为行政机关不依法履行、未按照约定履行或者违法变更、解除政府特许经营协议、土地房屋征收补偿协议等协议的；（十二）认为行政机关侵犯其他人身权、财产权等合法权益的。除前款规定外，人民法院受理法律、法规规定可以提起诉讼的其他行政案件。”但实际上该条只是列举性规定，并不是穷尽性规定，只要符合《行政诉讼法》第 2 条①的情况，且不属于法院不受理范围的案件，均可向人民法院提起诉讼。

2. 法院不受理的案件范围

《行政诉讼法》第 13 条规定：“人民法院不受理公民、法人或者其他组织对下列事项提起的诉讼：（一）国防、外交等国家行为②；（二）行政法规、规章或者行政机关制定、发布的具有普遍约束力的决定、命令③；（三）行政机关对行政机关工作人员的奖惩、任免等决定④；（四）法律规定由行政机关最终裁决的行政行为⑤。”《最高人民法院关于适用〈中华人民共和国行政诉讼法〉的解释》中规定：“下列行为不属于人民法院行政诉讼的受案范围：（一）公安、国家安全等机关依照刑事诉讼法的明确授权实施的行为；（二）调解行为以及法律规定的仲裁行为；（三）行政指导行为；（四）驳回当事人对行政行为提起申诉的重复处理行为；（五）行政机关作出的不产生外部法律效力的行为；（六）行政机关为作出行政行为而实施的准备、论证、研究、层报、咨询等过程性行为；（七）行政机关根据人民法院的生效裁判、协助执行通知书作出的执行行为，但行政机关扩大执行范围或者采取违法方式实施的除外；（八）上级行政机关基于内部层级监督关系对下级行政机关作出的听取报告、执法检查、督促履责等行为；（九）行政机关针对信访事项作出的登记、受理、交办、转送、复查、复核意见等行为；（十）对公民、法人或者其他组织权利义务不产生实际影响的行为。”

（三）确定被告

1. 做出行政行为的行政机关

公民、法人或者其他组织直接向人民法院提起诉讼的，做出行政行为的行政机关是被告。

参考案例 11-4

某天甲在街道上摆卖从水果批发市场上批发来的西瓜，被城市综合执法的人员制止，

---

① 《行政诉讼法》第 2 条：公民、法人或者其他组织认为行政机关和行政机关工作人员的行政行为侵犯其合法权益，有权依照本法向人民法院提起诉讼。

② 指国务院、中央军事委员会、国防部、外交部等根据宪法和法律的授权，以国家的名义实施的有关国防和外交事务的行为，以及经宪法和法律授权的国家机关宣布紧急状态等行为。

③ 指行政机关针对不特定对象发布的能反复适用的规范性文件。

④ 指行政机关做出的涉及行政机关工作人员公务员权利义务的决定。

⑤ 此处的“法律”，是指全国人民代表大会及其常务委员会制定、通过的规范性文件。

之后工商局认定甲无照经营，决定罚款50元并没收甲的货物（西瓜）和小推车等。甲认为如果被认定为无证照摆卖，违法的是行为而不是物品。自己的小推车是花钱买零件焊接的，西瓜是从批发市场用合法的钱购买的。对于违法摆卖的行为如何处罚，只要有根据自己也就认了，但是没收摆卖小车以及货物，说什么自己也想不通。甚至他还怀疑西瓜是不是被执法人员或者工商局的人拿回办公室或者家里吃掉了。

甲如果认为工商局的处罚侵犯了其合法利益，可直接申请行政复议或者以该工商局为被告向人民法院提起行政诉讼。

2. 原机关或者复议机关

经复议的案件，复议机关决定维持原行政行为的，做出原行政行为的行政机关和复议机关是共同被告；复议机关改变原行政行为的，复议机关是被告。例如，工商局认定甲无照经营而施予处罚，甲先向上级工商局申请行政复议，若上级工商局决定维持没收的决定，甲不服复议结果提起诉讼，则应以做出没收决定的工商局和做出复议决定的上级工商局为共同被告；若上级工商局将没收改为罚款，甲仍不服复议结果提起诉讼，则应以做出复议决定的工商局为被告。

3. 未作复议的复议机关

复议机关在法定期限内未做出复议决定，公民、法人或者其他组织起诉原行政行为的，做出原行政行为的行政机关是被告；起诉复议机关不作为的，复议机关是被告。例如，在上述案情中，若甲申请复议后，上级工商局没有在规定期限内做出复议决定，甲可选择起诉上级工商局不作为，也可选择起诉做出原没收决定的工商局行政行为不合法。

4. 共同行政行为的机关

两个以上行政机关做出同一行政行为的，共同做出行政行为的行政机关是共同被告。例如，在工商局和消防局的联合执法中发现甲摆卖的商品占用消防通道，决定没收该部分商品，甲对该没收决定不服提起诉讼，则应以工商局和消防局为共同被告。

5. 委托行政行为的机关

行政机关委托的组织所作的行政行为，委托的行政机关是被告。例如，区工商局委托街道工商所进行执法检查，工商所在检查过程中发现甲无证经营，随即决定对其处以罚款。若甲不服该处罚，应以区工商局为被告提起行政诉讼。

6. 撤销行政机关的决定机关

行政机关被撤销或者职权变更的，继续行使其职权的行政机关是被告。

（四）确定管辖

行政诉讼管辖是指人民法院在受理行政案件中的内部分工和各人民法院在受理行政案件中的权限划分。行政诉讼管辖是就一审行政案件而言的，解决的是人民法院受理行政案件中的内部分工，即哪些案件是由哪一级法院以及哪一地域法院受理的问题。

1. 级别管辖

所谓级别管辖是指上下级人民法院间在受理一审行政案件中的分工，具体如下：

第一，以基层人民法院管辖第一审行政案件为原则，除了法律列举的应由上级法院管辖的案件外，其他案件均由基层人民法院管辖。

第二，中级人民法院管辖的第一审行政案件主要有：对国务院部门或者县级以上地方人民政府所作的行政行为提起诉讼的案件；海关处理的案件；本辖区内重大、复杂的案件；其他法律规定由中级人民法院管辖的案件。

第三，高级人民法院管辖本辖区内重大、复杂的第一审行政案件。

第四，最高人民法院管辖全国范围内重大、复杂的第一审行政案件。

2. 地域管辖

地域管辖是指同一级别的不同地区或者不同区域人民法院在受理第一审行政案件时的分工，具体如下：

(1) 一般地域管辖。

行政案件由最初做出行政行为的行政机关所在地人民法院管辖。经复议的案件，也可以由复议机关所在地人民法院管辖。经过复议的案件赋予当事人以选择权，其可以选择在做出原行政行为的行政机关所在地人民法院提起诉讼，也可以选择在复议机关所在地的人民法院提起诉讼。例如，甲认为区工商局的处罚决定侵害其合法权益，申请市工商局行政复议，市工商局维持处罚决定。区工商局在A地，市工商局在B地，则甲可以选择A地也可以选择B地的法院管辖，但只能选择其中之一，不能在两法院同时提起诉讼。

(2) 特殊地域管辖。

这是根据特殊的行政法律关系或者特殊的行政法律关系所指的对象来确定管辖法院的制度。例如，因限制人身自由的行政强制措施引起的行政案件属于选择管辖，原告可以选择由原告所在地的人民法院管辖，也可以选择向被告所在地人民法院起诉①；因不动产引起的行政案件由不动产所在地人民法院管辖②。

3. 裁定管辖

裁定管辖是指由人民法院自行决定管辖权的情况，是人民法院的自由裁量权在管辖权上的行使。其目的是让上级法院根据案件的实际情况灵活处理，使案件能最高效地完成，主要有以下类型：

(1) 移送管辖。移送管辖，又称案件移送，指已经受理案件的法院对案件无管辖权，移送给有管辖权的法院审理。例如，甲地法院受理案件之后发现，该案件涉及的房屋位于乙地，因此将案件移送给乙地法院审理。

(2) 指定管辖。指定管辖，是指两个人民法院在案件的管理权问题上产生了争议，或者受理法院无法行使管辖权的情况下，由两个法院的共同上级人民法院指定由某一下级法院管辖。所谓的管辖权争议可以是指两个法院都认为自己有管辖权，也可以是两者都认为自己没有管辖权。只有两个法院的共同上级法院才有权指定管辖。例如，广州市中级人民法院和北京市海淀区人民法院发生管辖权争议，只能由最高人民法院指定管辖。当发生特殊情况，如自然灾害、突发意外事件或法院全体人员都需回避等情形，使原本有管辖权的法院无法行使管辖权时，也可由上级人民法院指定管辖。

(3) 管辖权的转移。管辖权的转移，是指由上级人民法院决定或同意将行政诉讼的管辖权由下级人民法院移交给上级人民法院管辖，或上级人民法院将案件移交给下级人民法

① 因为限制人身自由是非常严格的行政行为，这一行政行为一旦违法或不当将会给行政相对人造成较大的损失，因此采用了较为灵活的管辖方式，以保护行政相对人。

② 不动产是相对于动产而言的，土地、房屋、山林、水源、滩涂、山岭等都属于不动产，由所在地法院管辖主要是为了方便案件审理。“因不动产提起的行政诉讼”是指因行政行为导致不动产物权变动而提起的诉讼。

院管辖。

（五）收集证据

被告对做出的行政行为负有举证责任，应当提供做出该行政行为的证据和所依据的规范性文件。被告不提供或者无正当理由逾期提供证据，视为没有相应证据。但是，被诉行政行为涉及第三人合法权益，第三人提供证据的除外。被告及其诉讼代理人不得自行向原告、第三人和证人收集证据。原告可以提供证明行政行为违法的证据。原告提供的证据不成立的，不免除被告的举证责任。

在起诉被告不履行法定职责的案件中，原告应当提供其向被告提出申请的证据。但被告应当依职权主动履行法定职责的，原告因正当理由不能提供证据的除外。在行政赔偿、补偿的案件中，原告应当对行政行为造成的损害提供证据。因被告的原因导致原告无法举证的，由被告承担举证责任。

与本案有关但由国家机关保存而须由人民法院调取的证据；涉及国家秘密、商业秘密和个人隐私的证据；确因客观原因不能自行收集的其他证据，原告或者第三人不能自行收集的，可以申请人民法院调取。

以非法手段取得的证据，不得作为认定案件事实的根据。此处的“非法”指的是严重违反法定程序收集的证据材料；以违反法律强制性规定的手段获取且侵害他人合法权益的证据材料；以利诱、欺诈、胁迫、暴力等手段获取的证据材料。

（六）注意起诉期限

行政争议的起诉要受到时间的限制，这就是行政诉讼的起诉期限问题。

公民、法人或者其他组织直接向人民法院提起诉讼的，应当自知道或者应当知道行政行为做出之日起六个月内提出。法律另有规定的除外。因不动产提起诉讼的案件自行政行为做出之日起超过二十年，其他案件自行政行为做出之日起超过五年提起诉讼的，人民法院不予受理。公民、法人或者其他组织不服复议决定的，可以在收到复议决定书之日起十五日内向人民法院提起诉讼。复议机关逾期不作决定的，申请人可以在复议期满之日起十五日内向人民法院提起诉讼。法律另有规定的除外。

公民、法人或者其他组织申请行政机关履行保护其人身权、财产权等合法权益的法定职责，行政机关在接到申请之日起两个月内不履行的，公民、法人或者其他组织可以向人民法院提起诉讼，但应当在行政机关履行法定职责期限届满之日起六个月内提出。公民、法人或者其他组织在紧急情况下请求行政机关履行保护其人身权、财产权等合法权益的法定职责，行政机关不履行的，提起诉讼不受前款规定期限的限制。

行政机关做出行政行为时，没有制作或者没有送达法律文书，公民、法人或者其他组织只要能证明行政行为存在，可以在法定期限内起诉。行政机关做出行政行为或做出复议决定时，未告知公民、法人或者其他组织起诉期限的，起诉期限从公民、法人或者其他组织知道或者应当知道起诉期限之日起计算，但从知道或者应当知道行政行为内容之日起最长不得超过一年。公民、法人或者其他组织不知道行政机关做出的行政行为内容的，其起诉期限从知道或者应当知道该行政行为内容之日起计算，但因不动产提起诉讼的案件自行政行为做出之日起不得超过二十年，其他案件自行政行为做出之日起不得超过五年。

第三节　二审和再审行政诉讼的代理

一、相关概念的界定

（一）第二审程序

1. 第二审程序

行政诉讼第二审程序，是指上级人民法院对下级人民法院就第一审行政案件所做出的判决和裁定，在其发生法律效力之前由于当事人的上诉请求，依法对案件进行审理的程序。一审程序只能由行政相对人提起，而行政相对人和行政主体均可通过上诉启动二审程序。

2. 上诉

上诉是第一审行政案件的原告、被告、第三人或原被告双方和第三人均不服第一审判决结果，在判决结果生效前请求人民法院重新审理该行政案件的行为。上诉是启动二审程序的前提，没有上诉就没有二审。

（二）审判监督程序

1. 审判监督程序

所谓审判监督程序是指人民法院对已经发生法律效力的判决或裁定，发现有违反法律法规的情形时，再次进行审理并做出裁判的特殊程序。原审法院的院长对本法院做出的生效判决或上级人民法院对下级人民法院做出生效的判决可以决定再审；人民检察院对人民法院的生效判决可以提出抗诉；当事人只能通过申诉的方式，请求人民法院重新审理以改变原判决。

2. 申诉

所谓申诉指的是行政诉讼当事人对人民法院已经发生法律效力的判决、裁定认为确有错误，依据法律规定要求人民法院重新审理以改变原判决、裁定的行为。申诉并不必然启动再审程序。

二、代理行政诉讼二审的注意事项

（一）上诉的期限

判决的上诉期限是十五日，裁定的上诉期限是十日。若上诉人在上诉期限内因不可抗力或者其他特殊情况耽误上诉的，可以在障碍消除后十日内，向人民法院申请延长上诉期限。是否准许，由人民法院审查后根据具体情况做出决定。上诉期限过后，第一审判决生效，不得再上诉。

（二）提起上诉的条件

第一，上诉的标的是尚未发生法律效力的第一审判决、裁定。第二审判决为终审判决，不得上诉。第一审已经发生法律效力的判决也不能上诉。若当事人认为上述两种判决确有错误，只能通过审判监督程序寻求救济。

第二，上诉人和被上诉人必须适格。即上诉人和被上诉人必须是第一审判决中的原告、被告或第三人。

第三，按其他当事人或者诉讼代表人的人数提出上诉状副本。

三、代理行政诉讼再审的注意事项

（一）申诉的期限

当事人申请再审的应当在判决、裁决发生法律效力后两年内提出。当事人对已经发生效力的行政赔偿调解书，提出证据证明调解违反自愿原则或者调解协议的内容违反申请规定的，可以在两年内申请再审。因此，申请再审的期限为两年，申诉期限过后，不得再申请再审。

（二）申诉的标的

申诉的标的必须是已经生效的判决或裁定。尚未生效的判决可以以上诉的方式通过二审程序重新审理。

（三）申诉的对象

申诉可以向原审法院提出，也可以向原审法院的上级人民法院提出。例如，甲认为区人民法院做出的生效行政诉讼判决确有错误，可以向区人民法院申诉，也可以向中级人民法院申诉。但不得同时向两法院申诉。

【引例评析】

小张经过申请获得了审批，最终领取了营业的相关证照，客观上也开业了一段时间。现在被吊销营业执照，聘请律师准备提起行政诉讼是其权利。但是，并非过去可以做的事情现在做也一定是合法合规的。相关的制度在不断完善，要求也越来越严格。行政执法部门所做出的决定是否正确，应维持还是撤销，要通过程序上、实体上的分析和审查。无疑，通过行政诉讼来获得救济，是一种有效的方式。

【练习题】

一、概念

行政相对人；具体行政行为；行政复议前置；行政诉讼第一审程序

二、简答题

1. 人民法院不受理的行政案件有哪些？
2. 如何确定行政诉讼案件的地域管辖？
3. 行政案件的起诉期限如何确定？

【模拟实训】

一、模拟场景

某驾驶员前往律师事务所咨询。前些日子在临检时交警未检查出驾驶员有其他的违章行为，但却发现其轿车内的后视镜下挂了一个铜铃，交警当场没收该铜铃并开出200元的罚单。驾驶员以此做法为惯常做法，而且警察停靠在路边的执勤警车上也挂有类似的铜铃为由提出抗辩，与交警发生争执。驾驶员不服交警的处罚，希望聘请律师提出行政诉讼。

二、题目

结合模拟场景，收集相关资料、证据以及法律规定，拟出一份行政起诉状。

第十二章　律师调查与证据的运用

【本章引例】

小张在某律师事务所做律师助理，一天，小张的师父陈律师将一大堆资料放在他桌上，对小张说："这是法院转来的原告的起诉材料，我们代理这个案件的被告，被告也交给了我们一些资料。你好好整理和消化一下这些材料，看看需不需要调查取证。还有，我们在答辩期内应当向法院提供哪些证据材料？明天我找你专门谈这个案子。"小张当天看完了这些资料，发现原告提交给法院的证据材料，被告也提供给陈律师。小张对此深感疑惑，原告已经提供的证据（如合同、收发货单、收款收据、往来函件等）被告还需不需要再提供一次，如果再提供会不会显得多余？

【学习的目的与要求】

"以事实为根据，以法律为准绳"以及"谁主张谁举证"是大家耳熟能详的原则和规则。律师在开展业务活动中如何开展调查，由当事人提供或者通过律师调查所获得的证据如何依照举证规则提出，并在庭审时进行质证活动，最终通过证据证明事实，是学习本章后应当掌握的问题。

【重点问题】

- 律师调查
- 举证规则
- 质证
- 证明责任

第一节 律师调查

一、律师调查及其作用

（一）律师调查的概念

调查取证，是指有调查取证权的组织或个人为了查明案件事实，向有关单位或个人进行调查、收集证据的活动。具有调查取证权的国家机关有公安机关、人民检察院、人民法院等。

律师调查，是指律师办理法律事务时，依照法律规定对有关单位或个人进行调查、收集证据的活动。

律师调查区别于公安机关、人民检察院、人民法院的调查，律师进行证据调查不具有法律强制性，而且律师的刑事调查取证偏重于对委托人有利的证据的收集，律师调查所取得的证据材料必须经法庭调查核实后才能作为证据使用。

（二）律师调查的依据

根据《律师法》第35条的规定，受委托的律师根据案情的需要，可以申请人民检察院和人民法院收集、调取证据或者申请人民法院通知证人出庭作证。律师自行调查取证的，凭律师执业证书和律师事务所证明，可以向有关单位或者个人调查与承办法律事务有关的情况。

（三）律师调查的作用

律师调查，是律师享有的重要权利之一，也是律师顺利执业的保障。律师执业中依法调查取证的权利受法律保护，有关单位或经办人员应当依法给予配合，不得非法干扰和阻挠。

律师通过调查，可以全面了解案情，准确把握办案的思路、方向和具体策略的运用。

二、律师调查的种类

律师调查可以分为自主调查和法院授权调查两种。

（一）自主调查

律师自主调查是执业律师的一项基本权利，也是办理业务所必需的。经办律师可凭律师执业证、授权委托书、律师事务所介绍信（载明当事人的基本信息、案由、代理律师姓名和执业证号码、调取证据的名称、使用目的等）办理诉讼、仲裁、非诉讼业务，向市场监管、公安、金融、税务、民政、国土房管、人力社保、卫生计生等有关单位调查与其所经办业务有关的情况，采取查阅、摘抄、复制等方式获取与其经办事务有关的信息。

（二）法院授权调查

一般情况下律师可开展自主调查取证，但由于人们对律师调查取证权的不了解，一般认为只有享有公权力的公安、检察、法院等单位的工作人员才有调查取证的权利，故对律师调查取证的配合度不高，而且律师没有公权力作后盾，其收集证据的手段亦相当有限。

调查令制度给律师的取证活动提供了必要的辅助，有效地减少了取证过程中的阻力，保障了程序正义。

调查令在性质上应为法院委托律师调查取证的文书，是以公权力背书、具有一定强制力的文件。一般情况下，只有在律师无法直接调查取证的情况下，法院才会出具调查令。属下列情形之一的，不得使用调查令：(1) 涉及国家秘密、商业秘密的；(2) 代理律师能够自行调查收集的；(3) 与代理律师代理业务或者本案无关的；(4) 其他不宜持调查令调查的。

参考文书

调查令申请书

申请人：×××，性别：×，民族：××，××××律师事务所律师，执业证号：××××，地址：××××，联系电话：×××××××××××。

申请事项：请求人民法院依法开具调查令，以便申请人持令到××××单位调查××××情况。

事实和理由：××诉××一案（案号）已由贵院立案受理，本执业律师代理当事人（原告或者被告）×××，由于客观情况我方当事人及申请人无法直接向相关单位调查取证以证明××××待证事实，根据《中华人民共和国民事诉讼法》以及《最高人民法院关于民事诉讼证据的若干规定》，特向贵院申请出具调查令，以便申请人前往×××调查取证。

此致

×××人民法院

申请人：×××

××××年××月××日

附：

1. 律师执业证复印件一份；
2. 案件受理通知书一份；
3. 授权委托书一份。

律师持调查令进行调查时，视同人民法院工作人员的调查，有关单位和个人不得拒绝。有协助调查义务的单位和个人，无正当理由拒绝或妨碍持令律师调查取证的，持令律师应当及时向签发调查令的人民法院报告情况，由人民法院根据情节轻重，依照民事诉讼法的规定以及其他有关规定予以处罚。

有协助调查义务的单位及公职人员拒不协助调查的，人民法院可以向监察机关或者有关机关提出予以纪律处分的司法建议。必要时，可以向当地党委、政府及有关部门通报、反馈。

（三）委托调查

在民商事案件中，鉴于“谁主张谁举证”的原则，法院处于中立的地位，故一般不会主动调查以减轻当事人的举证责任。但基于职权而需要调查的，法院可以直接调查，或者委托相关的法院进行调查。

过去，一些地方法院曾经给经办律师开具委托调查函①，由律师进行相应调查取证活

① 练情情，赵璐璐．给律师首开委托调查函．网易新闻．[2018－06－13]．http://news.163.com/12/0919/07/8BOF7UDF00014AED.html#from=relevant.

动的做法，现在已经被调查令制度所取代。随着大型律师事务所的设立和活动的开展，在不同地区设立有律师事务所分所的情况下，律师事务所之间相互委托进行调查取证也就有了实现的基础。

三、律师调查的注意事项

（一）尽职尽责

案件的处理以及非诉讼业务的开展，都离不开事实和法律这两个问题。事实需要证据佐证，证据需要调查核实。因此，对于律师而言，调查取证是一项基本的能力。

如果当事人能够提供充足的证据材料，那么律师经过辨别和筛选之后就可以将与业务有关联的证据材料提交给相关部门处理。但如果还有当事人未掌握、不了解的情况，就需要律师进行调查取证。因此，律师必须依法尽职尽责地收集业务需要的证据材料，否则就是失职。

（二）防范伪证

律师调查取证时应当注意防范伪证。特别是极个别的刑事案件的被告人或其家属为了使被告人免遭刑事追究，可能会提供假消息或者所谓的证据线索，误导律师，甚至鼓动律师造假。无论是代理刑事、民事还是行政案件，又或者在非诉讼代理活动中，律师直接毁灭、伪造证据，或者帮助毁灭、伪造证据，又或者威胁、引诱证人改变证言或作伪证的，均有可能构成伪证罪。

在民商事纠纷中，当事人因提供伪证最终被识破而受罚的情形也时有发生。

参考案例 12-1

某旅游用品有限公司生产的箱包上使用了与海南旅游卫视台标相似的图案，被海南旅游卫视传播有限公司以侵犯著作权为由诉至法院。被告被认定构成侵权而被判决赔偿 200 万元。在该案审理过程中，全国皮革工业标准化技术委员会为被告提供了虚假的证明，其秘书长赵某作伪证，被告因提供伪证被处罚款 100 万元，全国皮革工业标准化技术委员会及其秘书长赵某分别被处罚款 10 万元和 1 万元①。

一项证据与本案事实有无关联，证明力如何，结合其他证据和已查明的事实可能在不同的审理者眼中最终会有不同认识。但是，作为案件的代理律师，就应当保证经其手向法院提供的证据是客观真实、合法的。

（三）善用调查令

经办律师不得将调查令交给当事人或者委托其他律师、实习律师使用。持调查令的律师应向被调查人表明自己律师的身份，不得假冒法官或者其他工作人员。

律师持令调查取证后，应当将调查收集的所有证据于调查结束后在规定的时间内提交人民法院。未经人民法院允许，不得做出私自复印、拍照、备份等可能损害当事人利益的行为。

对持令调查获得的证据及信息，代理律师应当承担保密责任，且仅限于本案执行目的

---

① 刘欢．侵权者造伪证输了官司又遭重罚．环球网．［2018-06-13］．http：//china. huanqiu. com/hot/2015-11/7912240. html.

使用，不得泄露或在其他事务中使用。

在有效期内未使用调查令的，申请人应及时将调查令交还给法院。

第二节　举证规则

一、举证规则体系

举证，是指拿出、出示证据，延伸为拿出证据来证明某种事情、情况的活动。举证，是诉讼（仲裁）活动过程中的重要环节。《民事诉讼法》和《行政诉讼法》以及《仲裁法》均明确规定了当事人对自己提出的主张负有举证责任。

为保证人民法院正确认定案件事实、公正及时审理民事案件、保障和便利当事人依法行使诉讼权利，最高人民法院根据《民事诉讼法》等有关法律的规定结合民事审判经验和实际情况制定了《最高人民法院关于民事诉讼证据的若干规定》，该规定明确了“当事人对自己提出的诉讼请求所依据的事实或者反驳对方诉讼请求所依据的事实有责任提供证据加以证明。没有证据或者证据不足以证明当事人的事实主张的，由负有举证责任的当事人承担不利后果”。

主张者举证、免证、举证倒置等相关的举证规则已经成为一个较为完整的体系，应正确认识各个具体的举证规则在整个举证规则体系之中的地位、内容要求以及作用。

二、正置规则

（一）正置规则的表述

正置规则，就是关于举证的正常规则，即主张者举证的规则。“谁主张谁举证”，就生动地表述了正置规则的内容和要求。除非有法律的特殊规定，一般情况下适用举证的正置规则。

（二）须证规则和免证规则

1. 须证规则

须证规则，是指依法必须由主张者举证的规则。

凡是主张某个待证事实存在的人，须提供相应的证据以证明该事实的客观存在。否则将要承担因无法证明该事实存在而可能引致的败诉后果。

2. 免证规则

免证规则，是指依法可以免除主张者举证的规则。即本应由主张者举证，但是如有法定之缘由，则可直接认定事实从而免除主张者的举证责任。

根据《最高人民法院关于民事诉讼证据的若干规定》，除当事人有相反证据足以推翻外，下列事实当事人无须举证证明：（1）众所周知的事实；（2）自然规律及定理；（3）根据法律规定或者已知事实和日常生活经验法则，能推定出的另一事实；（4）已为人民法院发生法律效力的裁判所确认的事实；（5）已为仲裁机构的生效裁决所确认的事实；（6）已为有效公证文书所证明的事实。

此外，对于当事人完全认可的事实，也免除了主张者的举证责任，但该自认必须符合相关的要求（不得损害国家和社会利益，不得损害第三人权益，不得有违公序良俗）并由审理者所确认。

三、倒置规则

（一）倒置规则的含义

举证倒置规则，正置规则的对称，是指基于法律规定将本应由提出主张的一方当事人就某种事由所负的举证责任，倒置给了被指控方当事人的举证分配规则。根据举证倒置规则，如果负有举证责任者不能就此举证证明其主观上无过错或者该事实不存在，则推定原告的主张成立（被告就要承担败诉的后果）。

（二）倒置规则的适用范围

根据《最高人民法院关于民事诉讼证据的若干规定》，下列侵权诉讼按照以下规定承担举证责任：（1）因新产品制造方法发明专利引起的专利侵权诉讼，由制造同样产品的单位或者个人对其产品制造方法不同于专利方法承担举证责任；（2）高度危险作业致人损害的侵权诉讼，由加害人就受害人故意造成损害的事实承担举证责任；（3）因环境污染引起的损害赔偿诉讼，由加害人就法律规定的免责事由及其行为与损害结果之间不存在因果关系承担举证责任；（4）建筑物或者其他设施以及建筑物上的搁置物、悬挂物发生倒塌、脱落、坠落致人损害的侵权诉讼，由所有人或者管理人对其无过错承担举证责任；（5）饲养动物致人损害的侵权诉讼，由动物饲养人或者管理人就受害人有过错或者第三人有过错承担举证责任；（6）因缺陷产品致人损害的侵权诉讼，由产品的生产者就法律规定的免责事由承担举证责任；（7）因共同危险行为致人损害的侵权诉讼，由实施危险行为的人就其行为与损害结果之间不存在因果关系承担举证责任；（8）因医疗行为引起的侵权诉讼，由医疗机构就医疗行为与损害结果之间不存在因果关系及不存在医疗过错承担举证责任。有关法律对侵权诉讼的举证责任有特殊规定的，从其规定。

（三）适用倒置规则的情形

适用倒置规则的有两种情形：一是举证责任者应当提交证据证明自己无过错，否则依照“过错推定”的原则推定行为人存有主观过错，故而应对其行为所造成的损害承担赔偿责任；二是立法明确列举的特殊情形，按“无过错”（严格）的归责标准，致害人如果不能举证证明自己有法定之免责事由，无论其是否能够举证证明其主观上无过错，均须依法承担损害后果的赔偿责任。

四、举证期限和特别要求

（一）举证期限

1. 举证期限的概念

举证期限，是对举出证据期间（时间）的限制。

2. 举证期限的种类

（1）规定举证期限。被告人应在答辩期间向审理机关（人民法院或者仲裁机构）提交证据材料。如确有困难，无法在规定的期限内完成举证的，应在期限届满前提出书面申请，要求延期举证。

(2) 协商举证期限。举证期限可以由当事人协商一致，并经人民法院认可。

(3) 指定举证期限。由人民法院指定举证期限的，指定的期限不得少于三十日，自当事人收到案件受理通知书和应诉通知书的次日起计算。

3. 逾期举证的后果

当事人应当在举证期限内向人民法院提交证据材料，逾期不提交的，视为放弃举证权利。对于当事人逾期提交的证据材料，人民法院审理时不组织质证，但对方当事人同意质证的除外。

一旦超过了举证期限，该证据又不属于新证据的，而且对方当事人不同意质证的，审理机关将依照规则不接受当事人的该项证据，亦即不将该证据纳入案件审理的证据系列。

(二) 特别要求

当事人向人民法院提供的证据系在中华人民共和国领域外形成的，该证据应当经所在国公证机关予以证明，并经中华人民共和国驻该国使领馆予以认证，或者履行中华人民共和国与该所在国订立的有关条约中规定的证明手续。当事人向人民法院提供的证据是在香港、澳门、台湾地区形成的，应当履行相关的证明手续。

当事人向人民法院提供外文书证或者外文说明资料，应当附有中文译本。

第三节　质证活动

一、证据的“三性”

质证，是指当事人、诉讼代理人及第三人在法庭（或者仲裁庭）的主持下，对当事人及第三人提出的证据就其真实性、合法性、关联性以及证明力的有无、大小予以说明和质辩的活动过程。

证据究竟是不是客观真实存在的，是否合法，与案件的待证事实有无关联性以及关联性的大小，通常被概括为“三性”，即真实性、合法性、关联性。如果是伪造的，该证据是非客观、真实的，当然也就是不合法的，亦无与案件事实产生关联的证明力。因此，证据的真实性、合法性、关联性是一个递进的逻辑关系，前一个被否定也就不会有后面的肯定性结论。只有在肯定证据真实、合法的基础上，才有论证证据的关联性和证明力大小的必要。如果对证据的真实性存疑，亦无法得出合法性、关联性之肯定或否定的结论。

二、对质

(一) 对质及其作用

对质，泛指和问题有关联的各方当面对证。

诉讼程序当中的对质，是指诉讼关系人在法庭上面对面地相互质问的活动过程。

古代一直就有“偏听则暗，兼听则明”的说法，仅凭一方的指控或者抗辩有时很难认定事实的真相。对诉讼参与人的陈述和提供的证据材料，在必要时可由有关人员面对面地陈述看法和意见，以便于侦查或审判人员判断其真伪程度。

（二）对质的方法

1. 当面对质

如果各持己见的人不能处于同一场合，那么他们只能是自说自话，无法形成针锋相对的局面。尽管可以说“兼听则明”，但是中立者在不同时间听取不同方面的意见，往往会被主张者的情绪、方法、旁证等因素所误导，甚至还会有“公说公有理、婆说婆有理”的感觉而对事实的认定左右为难。

当事人做的事自己清楚，如果对方当事人不在场，当事人可能会毫无顾忌地撒谎，而一旦面对直接的参与者或者见证者时，其难免会心里有所顾忌。因此，其他在场的当事人是撒谎者的天敌。

律师在经办案件的过程中，当事人通常会提供一些证人的线索，甚至将证人带到律师面前。经过律师的询问，证人也可以书写相关的情况说明以证明当时的情形，但当律师要求其出庭作证时，证人往往会拒绝。原因无非有三个：一是“多一事不如少一事”的心态在作祟；二是怕说假话而被当众揭穿甚至要承担法律责任；三是担心因出庭而影响其工作和生活。

证人不仅仅要在书面的证词上签名，还应出庭回答审理者和当事人提出的问题、对其证言真实性以及具体内容方面的质疑直接、正面地予以回答和做出合理解释。除非有特别的法定理由，对未经当事人对质的不出庭的证人的证言，要慎重对待。

2. 旁证对质

旁证对质，就是以旁证来验证事实的一个对质过程。之所以会出现“清官难断家务事”① 的现象，是因为家庭关系不仅涉及法律，还更多涉及伦理道德和人情世故，而且亲属之间做事和说话也不会像其他主体之间建立的法律关系那样讲究证据的保存和提供。因此，家庭事务和关系出现矛盾时，双方往往会各执一词，甚至“死无对证”。

假的毕竟是假的，谎言终归是谎言，而且一个谎言需要无数个谎言去掩饰，形成一个谎言的链条，只要拆穿其中任何一个谎言，其他的谎言终将破灭。客观真实的证据，就是拆穿谎言最有效的利器。从方法论的角度来看，任何人都无法通过自身来证明其真实性，必须通过其他的确定真实、合法、有关联性和充分证明力的证据来证明。撒谎之人之所以不敢直面对质者，最主要的原因就是担心对方拿出有足够说服力的证据来戳穿他的谎言。

3. 诚实检验

客观上存疑的事实，无法以现有的证据来证真或者证伪，双方又都信誓旦旦，那么疑点利益究竟归属哪一方？在刑事案件中通常有“疑点利益归被告”的说法，在行政诉讼案件中通常也不会接纳被告提出做出处罚决定时未出现的补充证据。但是，民商事纠纷案件的主体是平等的，主张者均有举证之义务，如果一方提供伪证而不被采纳，那么对于存疑的问题就应当做出对曾经作过伪证一方不利的解释和处理。这和民间所称之“一次不忠，

① 所谓清官难断家务事，是指再公正的官吏也很难论断家庭纠纷的是非曲直，也指家庭内部的事，外人很难搞清楚。

百次不容”① 并不完全等同，亦非不给“浪子回头”的机会，但在有疑点利益且不得不做出抉择时，做出对诚实者有利的判断，符合支持正义、维护正常秩序之初衷。

参考案例 12-2

陈律师代理某合同纠纷案件的被告方，法院审理该案件的书记员电话通知陈律师，在下周二的上午十点到第三法庭进行庭前证据交换和质证。陈律师吩咐律师助理小张，要求其准备好全套的证据资料，并对原告的证据目录清单对应的具体证据进行核查，尤其要对其“证明内容”进行分析，逐一提出质证意见。

民间流传着“打官司就是打证据”的说法。针对对方的证据目录清单对应性地反驳其证明内容，是诉讼活动中必不可少的环节。

课堂讨论

怎样有针对性地进行庭前证据交换和开展质证活动？

证据交换，就是自己从审理机构（法院、仲裁委员会）处获得对方提交的证据材料并将自己需要提供的证据通过审理机构交换给对方，目的就是要通过展示证据防止证据突袭和谋求公平、公正。在质证阶段，重点要对证据的真实性、合法性、关联性提出意见。

第四节 证明责任

一、证明责任的概念

证明责任，是指在诉讼中承担提出证据证明案件事实的法律上的责任。在罗马法中被确立的原则是：谁主张，谁证明。双方当事人都提不出证据，则负证明责任的一方败诉。

现实中人们很容易将举证责任与证明责任等同起来或者将二者混淆。严格意义上说，只有证明责任而无举证责任。

举证是前提和基础，证明是目的和结果。没有举证就不会有证明，但证据不会自己说话，必须要靠证明来使证据与事实产生关联。“谁主张谁举证”，之后还有“谁举证谁证明”。

二、证据与待证事实的关联性

（一）直接证据的关联性和证明力

事实需要证明，证明要靠证据。那么由谁来举（拿）出证据，这是举证规则要解决的问题，即举证主体的义务分配（理论上称之为举证责任的分配）。当证据被举出之后，该证据与待证事实是否存在必然的关联性，能够在多大程度上证明待证事实的存在，则是最为关键的证据的证明力问题。

直接证据，间接证据之对称，是指能够单独直接说明案件主要事实的证据。直接证据必须符合三个条件：第一，是一个单独的证据；第二，能够证明案件的主要事实；第三，

① 原指夫妻一方对另一方不忠或者下级对上司的不忠，只要有一次不忠的行为就会给人留下不忠的印象，后来引申为只要做了一次不诚信的行为被识破，以后都难以获得他人的信任之意。

证明方式是直接的、无须推理过程。直接证据可直接证明案件的事实，因此该类证据具有较强的证明力，但直接证据本身是否真实可靠，尚需其他证据印证。

（二）间接证据的证据链的形成和证明力

间接证据，是指不能单独直接证明案件事实，但能与其他证据联系起来，共同证明和确定案件事实的证据。间接证据的证明力取决于它与其他证据的结合度。

如果对方否定事实且仅有一个间接证据的时候，遵循“孤证不立”① 的准则，就是不能仅以此一个间接证据来做出最终的认定。在刑事案件之中，不得将一个言词证据作为最终定案的根据；在没有直接证据的情况下，即使被告人不认罪，但在有充分的间接证据相互印证且形成严密的证据链证明犯罪事实的情况下，亦可定案②。因此，并非间接证据就没有意义。当诸多间接证据均能够从不同侧面间接证明部分案件事实，各个间接证据能够互相印证并形成完整的证据链，且能得出唯一的结论时，法院就可对事实做出认定。

参考案例 12-3

某金银首饰商场在一天结业盘点时发现少收了 30 万元的货款。经查，当天一位售货员为顾客开销售小票时，分别填写了三行“金手镯一对（带钻石）”“价格 20 万元”；“金项链一条（带钻石）”“价格 10 万元”；“金耳钉（带钻石）一对”“价格 7 700 元”，合计：307 700 元。由于填写时用力不够，“30”的字迹不够清楚，显示出来的“7 700 元”则相对清楚。顾客持一张三联（分别为顾客联、发货联、财务联）的销售小票到收银台交款时，收银员只看到了“7 700 元”的字迹，最终顾客信用卡刷卡扣款 7 700 元。之后顾客持销售小票取货联到柜台取走了小票上的货物。

商场最后找到了顾客，说明了情况，要求顾客补足购货款 30 万元，或者退还金手镯一对、金项链一条。但是，遭到了顾客的拒绝。无奈，商场向法院起诉。

法院一审时，被告的代理律师称自己的当事人只购买了一对金耳钉，价值 7 700 元已经付款，这从信用卡付款凭证上即可得知。至于销售小票，绝对不是当庭出示的 307 700 元的小票，而是仅记载出售“金耳钉一对”价值 7 700 元的另一张三联的销售小票（绝对没有“金手镯”和“金项链”两个项目），但该小票由于当事人清洗裤子时未拿出被洗烂了；现在的销售小票是原告自己为打官司而事后制作提供的，没有顾客的签名。原告的收银员以及售货员嚷嚷着要被告自己出庭来当面对质。一审法院根据“谁主张谁举证”的原则，认定原告举证不足以证实被告购买了价值 307 700 元的货物，故驳回了原告的诉请。

原告不服，提出上诉。二审法院审理时，法官仔细审核了原告提供的证据：进货记录单、销售记录单、盘点记录单、售货员的陈述、收银员的陈述、本次交易前后一年内连续（连号）的销售小票（未发现有单独一对耳钉项目价值 7 700 元的小票存在）。法官在多次追问被告代理人“你的当事人手里究竟有没有与本案提供不一样的销售小票?”“你的当事人手里那张销售小票究竟是什么内容?”“你的当事人有没有见过和接触过这张销售小票?”“你的当事人为何两级审理、多次开庭均不出庭?”“你的当事人在当时从柜台究竟拿走了哪些货物?”“除了一对金耳钉还有什么?”时，被告的代理律师支支吾吾、顾左右而言他，最后不得不说：“我当时不在场，我不知道。”“当事人没有和我讲清楚”，甚至还说出了

---

① 又称“孤证不取”，是指如果只有一个证据支持某个结论，这个结论是不可接受的，在逻辑学上，称为弱命题。

② 浙江省（2015）衢江刑初字第115号《刑事判决书》和浙江省（2015）衢江刑二终字第60号《刑事判决书》。

“现有的证据就证明我的当事人支付了 7 700 元，对应的就是拿走了价值 7 700 元的货物。至于真正拿走了什么东西，只有天晓得。而且，这个举证责任在于原告”“随便你怎么判好了，无所谓”这样的话。二审法院最终撤销一审判决，支持了原告的诉请，判决本案被告支付 30 万元。最终，被告自觉履行了付款义务。

可见，尽管原告的证据是间接证据，但已经形成了一条证据链。而且，在法官的自由心证中，认定被告说谎的依据就是根本不存在被告代理人所称“另一张销售小票被洗烂了”的问题，该小票毕竟有三联，即使是顾客联被洗烂而无法提供的话，那么另两联应该是客观存在可以对应和佐证的，但经查不存在！二审法官的做法还是比较谨慎的，将原告提供的两联销售小票委托司法鉴定中心进行指纹鉴定，最终检查出有被告留下的指纹，彻底拆穿了被告代理人所称被告根本没有接触过该销售小票的谎言，从而还原了事实真相。

三、必然性与盖然性

（一）必然性

必然性，偶然性之对称，是指事物发展、变化中的不可避免和一定不移的趋势。必然性是由事物的本质决定的，认识事物的必然性就是认识事物的本质。当人们认识到一件事情的发生是有主要原因的，其他次要因素无法改变事情的结果，那就可以认为此事是必然发生或必然不发生而表现出必然性。某些直接证据就可证明特定的事实。

参考案例 12－4

在一个债务纠纷案件中，原告张三举出了借款合同、银行转账单和被告李四开具的收据作为证据来佐证自己已经依约向被告出借了借款合同所约定的出借金额。因为这三个证据记载的金额是完全一致的。

如果这三个证据是真实的、合法的，那么即可让审理者得出借款行为客观上已经发生了的认识。

（二）盖然性

盖然性，是指有可能但又不是必然的性质。

高度盖然性规则的理论源自西方自由心证制度，其主张民事案件的证明标准只需达到“特定”高度的盖然性即可，即这种高度达到“法官基于盖然性认定案件事实时，应该能够从证据中获得待证事实极有可能如此的心证，法官虽然还不能排除其他可能性，但已经能够得出待证事实十之八九是如此的结论”的程度即可。高度盖然性是根据事物发展的高度概率进行判断的一种认识方法，是人们在对事物的认识达不到逻辑必然性条件时不得已采用的一种认识手段。

有的时候某些证据未必能够百分之百地证明某一个待证事实。

参考案例 12－5

张三举出了自己某个时间从某银行取出了一笔款的证据，但该证据不能证明张三就必然依照借款合同将款额出借给了借款人李四的事实。如果张三取款之后又有转款的行为，而收到款项的第三人王五又将该笔款额转入到了借款人李四的账户中。虽然对于这个事实，各方没有争议；但是李四不承认这笔款项就是张三的出借款，认为这是其与王五的另一法律关系。

表面上来看，“张三—王五—李四”这样的资金走向是明确的，但在没有王五明确表示自己是代张三向李四转款，又没有其他证据证明张三与王五、王五与李四之间存在着债权债务关系的情况下，张三称自己委托王五向李四转入借款本金，是否认定出借人已经将款额出借给了借款人，都有一定的风险和造成错案的可能性。

高度盖然性的证明标准将盖然性占优势的认识手段运用于司法领域的民事审判中，在证据无法确实充分证明待证事实的情况下，如果一方当事人提出的证据已经证明该事实发生具有高度的盖然性，人民法院即可对该事实予以确定。

《最高人民法院关于民事诉讼证据的若干规定》第 73 条规定：“双方当事人对同一事实分别举出相反的证据，但都没有足够的依据否定对方证据的，人民法院应当结合案件情况，判断一方提供证据的证明力是否明显大于另一方提供证据的证明力，并对证明力较大的证据予以确认”。这是我国对高度盖然性证明标准的明确规定。执行高度盖然性证明标准，符合诉讼效益原则，有利于提高审判效率，有助于实现公平与正义，有助于稳定民事关系。

高度盖然性标准的执行必须符合以下要求：(1) 运用时不能违背法定的证据规则；(2) 反对法官的主观臆断；(3) 运用高度盖然性证明标准定案的依据必须达到确信的程度；(4) 依据高度盖然性证明标准认定案件，不允许仅凭微弱的证据优势认定案件事实；(5) 高度盖然性原理证明标准仍然要求最终认定的证据能够相互印证，形成一条完整的证据链，得出唯一的证明结论。

（三）标准执行

对于相同种类的、由不同当事人提供的证据，应当遵循“平等对待、同一标准”的原则来处理。

参考案例 12-6

在某民商事案件中，原告举出了一个与被告谈话的录音证据，而被告同样也举出了一个与原告谈话的录音证据，双方都强调对方提出的证据是未经自己同意且在自己不知情的情况下的录音，为非法录音，不得作为证据使用。

显然，双方当事人自己举出的证据都是未经对方同意的私自录音，只不过是分别由不同当事人录制的两个不同的录音而已。如果将一个纳入证据系列之中，而另一个不予采纳，在逻辑上就有问题。

因此，在没有反证或者其他否定的证据时，不得只将某一方举出的证据纳入证据体系而排斥另一方提出的同类型证据，至于每一个具体的证据能否证明特定的事实以及证明力大小的问题，则须做认真、详细的辨别。

【引例评析】

不仅仅是作为律师助理的小张，就连执业律师甚至审理者同样也会存在这样的疑惑。既然一方当事人已经提供了某些证据，那么对方当事人是否还需要提供同样的证据？这必须要从“谁主张谁举证”这个基本的规则说起。同样的一个证据，如果举证人不同，那么举证要证明的内容也不一样。例如，原告拿出合同要证明双方建立了买卖合同关系，但被告拿出该合同作为证据要证明的事实可能是相反的——合同上被告的签字是伪造的，被告根本就没有签过这份合同，因此原告与被告之间不存在合同关系。可见，原告举出了证据并不免除被告举证的责任。

【练习题】

一、概念

律师调查；举证；举证倒置规则；举证期限；质证；直接证据；间接证据；盖然性

二、简答题

1. 律师如何向法院申请调查令？
2. 逾期举证将会产生什么样的后果？
3. 证据的“三性”具体指什么？
4. 间接证据如何才能证明案件的事实？

【模拟实训】

一、模拟场景

某客户拿着一份法院的开庭通知书到律师事务所要聘请律师，称其已经还本付息了，但是对方仍然以自己尚未还款付息为由起诉，希望聘请律师代理诉讼。

一个客户拿着法院的立案通知书和民事起诉状以及相关的证据材料到律师事务所，声称其合作伙伴作为原告将其起诉到了法院，要求法院认定自己构成违约并支付拖欠的货款和违约金。法院通知其在后天进行庭前证据交换和质证，他对庭前质证不了解，前来咨询并希望聘请律师代理。

二、题目

1. 律师对特定的案件需要做哪些调查取证工作？在进行调查取证时应注意什么问题？
2. 如何根据证据目录和质证要求，对对方提出的证据提出质证意见？

第十三章　律师的辩论

◆【本章引例】

小张在某律师事务所做律师助理，多次跟随师父陈律师参加开庭，却一直没有机会作为代理人在庭上进行辩论。终于，有一个仲裁案件要开庭了，陈律师做通了当事人的工作，将小张也列为代理人。陈律师让小张在开庭时作为主发言人，自己在后压阵。小张听到这个消息不禁暗喜同时也觉得压力很大。怎样开展庭审辩论，小张连续几天都在思考这个问题。

◆【学习的目的与要求】

律师辩论是律师业务中最为引人注目的部分，也是彰显律师专业知识和口才的最佳机会。通过本章的学习，了解律师辩护与其他辩论的区别，掌握律师开展辩论必须遵循的基本原则，尤其是能够把握律师辩论的具体要求。

◆【重点问题】

- 律师辩论的特点
- 律师辩论的原则
- 律师开展辩论的基本要求

第一节　律师辩论及其作用

一、律师辩论的界定

（一）律师辩论的概念

辩论，是指彼此用一定的理由来说明自己对事物或问题的见解，揭露对方的矛盾，以便最后得到共同的认识和意见的活动过程。辩，通常理解为争辩；论，可以理解为论证和论述。辩论，其实就是两个及两个以上不同的主体就一个问题所展开的争辩和论证的活动。

律师辩论，全称为律师的庭审辩论，是指律师在参加庭审活动中为维护被告人或当事人的权益，依法与检控方或者对方及其代理人对案件处理的争议焦点发表争辩和论证意见的活动。

律师常以雄辩的形象出现于有关法制题材的电影和电视连续剧中。要知道，律师除了辩论外，还有替人出谋划策等作用。

（二）律师辩论的特点

律师辩论不同于学术研讨、学生辩论，其具有以下特点：第一，律师职业性。律师辩论由律师作为辩论人，其内容与法学专业知识存在着必然的关系。第二，特定场所性。律师辩论体现在法庭内，在辩论阶段尤为突出。第三，案件处理参考性。对律师的辩论意见，审理者无论是否接纳，均应认真对待，律师的代理词应当入卷。

（三）律师的巧辩与狡辩

律师的巧辩，是指律师利用专业知识和辩论方法、技巧所开展的辩论。

律师的狡辩，又称诡辩，是指律师用虚假掩盖真相，把无理的事情说得似乎有道理的辩论。

参考案例 13-1

一个人说“上帝是万能的”，而另一个却说：“未必”。支持万能论者说：“你说说有什么能够难倒上帝?”反对者说：“请问上帝能否创造出一块重到连它自己都举不起来的巨石?”这是一个逻辑上的悖论，无论如何都不能很好地回答该问题，或许这个问题根本就没有答案。又例如，据说普罗泰戈拉①教过一个青年人，他与这个青年人约定，如果青年人在第一次诉讼里获得胜利，就须交学费，否则就不交。而这个青年人面对的第一次诉讼就是，普罗泰戈拉控告他要他交学费。这样，如果普罗泰戈拉胜诉，按照判决结果青年人应该交学费，但按照约定其不应交学费；如普罗泰戈拉败诉，按约定青年人须交学费，但按判决结果则可拒绝交学费。

对于不同问题，从哪个角度看、怎么说，不仅是一个态度问题，还是一个技巧问题。

作为一个专业技术人员，如何给当事人提供服务，怎么辩论、如何说话，本身就是一个相当有技巧性的问题。

参考案例 13-2

在《吕氏春秋·离谓》中记载了这样一个故事：洧河发大水，郑国有一个富人被大水淹死冲走了。有人打捞起富人的尸体，富人的家人得知后，就去赎买尸体，但得到尸体的人要价很高。于是，富人家属就去找邓析②，请他出主意。邓析对富人家属说：“你安心回家去吧，那些人只能将尸体卖给你的，别人是不会买的。”于是富人家属就不再去找得尸者买尸体了。得尸体者着急了，也来请邓析出主意。邓析则对他们说：“你放心，富人家属除了向你买，再无别处可以买回尸体了。”

① 普罗泰戈拉（Protagoras），一生旅居各地，收徒传授修辞和论辩知识，古希腊智者派的主要代表人物，是当时最受人尊敬的“智者”。他主张“人是万物的尺度”。

② 邓析（前545—前501），河南新郑人，郑国大夫，春秋末期思想家，“名辩之学”倡始人。

邓析对买卖双方所说的话，确实有一点诡辩的嫌疑，他在这件事情中收取了各方的钱财，但所出的主意表面上并不对委托方有利，而且得尸者和赎尸者各有正当的理由，邓析也没有偏袒任何一方。经过多轮的博弈之后，最终双方都接受以一个合理的价钱成交，并对邓析感恩戴德。

如果将违背商道做生意的人称为“奸商”，那么见钱眼开不顾事实、枉顾法律狡辩的律师又应该被称为什么？“狡辩者”还是“不拿枪的强盗”①？律师会不会给人一种“见人说人话，见鬼说鬼话”“只要收了钱就可以替人消灾”“助纣为虐”② 的感觉？律师的形象如此这般，难怪莎士比亚曾说：“我们所要做的第一件事情，就是杀光所有的律师”③。

二、律师辩论的作用

（一）言词审理

在现代诉讼制度中，审理形式一般采取直接言词原则，具体包括直接原则和言词原则，两者关系密切，均以发现真实为主要目的。直接原则，又称直接审理原则，要求参加审判的法官必须亲自参加证据审查、亲自聆听法庭辩论，强调审理法官与判决法官的一体化。言词原则，又称言词审理原则，即要求当事人等在法庭上须用言词形式开展回答、质证和辩论的原则。当事人进行辩论，既可以采用口头形式，也可以采用书面形式。

在刑事领域，未经审判不能定罪。任何的纷争，在裁判前审判者都要听取当事人的申辩意见，允许当事人及其代理律师充分发表辩论意见，之后根据实际情况决定是否采纳。

（二）揭示真相

辩论可以明是非，审治乱，明同异，察名实，处利害，决嫌疑。一言之辩，重于九鼎之宝；三寸之舌，强于百万之师。通过辩论，有助于人们发现和认识真理。

案件的事实需要通过证据证明，证据的证明力、证据之间的关联性、事实与事实之间的逻辑关系、法律条文的理解以及法律的适用等，不同的人可能会有不同的认识。例如，我国《婚姻法》第22条规定：“子女可以随父姓，可以随母姓。”在实际执行中，如何理解就成了辩论中最为激烈的部分④。

（三）宣传法制

在庭审中的辩论，不仅仅是为了要证明给委托人看自己在工作上已经尽心尽力了。法院公开审理的案件，是允许公民旁听的，办理手续的记者也可以依法旁听和报道，甚至有一些典型的案件还会进行庭审的现场直播。在双方的对抗性辩论中，不仅法官、当事人自己，就连听众也知道案件的争论焦点和涉及的法理、法条的根本所在。“是非有曲直，公

---

① 《教父Ⅰ》里面迈克在拉斯维加斯对墨格林说：一个提着公文包的律师所抢到的钱比一千个拿着冲锋枪的强盗抢到的钱还要多。

② 比喻帮助坏人干坏事。

③ The first thing we do，let’s kill all the lawyers. 由于古代律师大部分都是帮助有钱人讨债的，而不会有平民的法律服务或是参与国家政策拟定及关心社会等活动。所以，谁出得起钱，谁就能请到律师。律师在贫困者眼里就是坏人的帮凶。

④ 李豪，董凡超．父母给女儿取名“北雁云依”落户遭拒，最高法：不合法．人民网．[2018－06－14]．http：//society.people.com.cn/n1/2017/1125/c1008－29667211.html.

道自在人心”，如果在辩论中颠倒黑白、大放厥词，必将为人所不齿。人们不仅会充分肯定善于运用法理、法条，紧扣证据来论证事实、开展辩论的律师，而且会更期待合乎正义的判决结果的做出。因此，听一场精彩的律师辩论，无疑是接受了一次良好的法律知识教育。

（四）展现风采

辩论过程中不仅要运用到相关的专业知识，还要正确运用辩论的技巧和方法，除了一般的口头语言和精准的法言法语之外，还要有适当的肢体（动作）语言。一个专业的辩论高手，在庭审中往往是引人注目的，也在一定程度上代表了当代律师精英的形象。听一场精彩的庭审辩论，可以增长法律专业知识，还可以给听众在培养良好的口才、提高应变能力、培养竞争意识等方面带来一定的启迪。

第二节 律师开展辩论的原则

一、尊重对手

辩护律师与检控方、原告与被告代理人是对应的称呼，双方不一定是死对头，也不见得非要争个“你死我活”才行。

（一）尊重控方

在刑事案件中，作为辩护律师，对检控方的检察官要有正确的态度。检察官代表检控方出庭，而检控方代表的是国家。而且，案件是经过了公安机关的侦查、检察院的审核才最后确定提起公诉的，在程序上经过了多个阶段，再加上还有检察院相关的部门和领导把关，正常情况下不会有大错。因此，检察官在庭上往往是信心十足的，尤其是其背后有强大的公权力作支撑，加上检察院又是国家的法律监督机关，所以过去出庭的公诉人甚至还会有一种拥有“双重身份”[①] 的自豪感，在庭审时自觉或不自觉地以“法律监督者”的身份审视法官的行为。再者，检察官是使刑事案件进入审判阶段的启动者，具有一定的主动性。因此，检察官内心的自豪感使其具备信心十足的姿态。律师与检察官彼此之间的埋怨、指责、鄙视、互怼，是不理智、不负责、不自信的表现，只会破坏法律职业共同体的建设。

作为法律职业共同体的律师、公诉人和法官，他们各有分工，但建设社会主义法制的目标是相同的，正如毛泽东曾说过的“我们都是来自五湖四海，为了一个共同的革命目标，走到一起来了”[②]。无论是维护社会秩序的公诉人，还是为了主持社会正义而代表检察院出庭的检察官，各有各的职业，各有各的使命，都值得律师尊重。

（二）理解对手

控辩双方、原告被告，位置不同而已。也许有人会说，无所谓对错，立场不同罢了。应当知道，如果仅仅是站在某一个固定的位置，对事物一知半解，就犹如盲人摸象，不可

---

① 作为控方的检察官和作为法律监督的检察官的双重身份。其实这是一种误读。在刑事公诉案件开庭时，检察官是作为一个指控者的角色出现的。

② 出自毛泽东同志于1944年9月8日在张思德同志追悼会上所作《为人民服务》的演讲。

能对全局做出正确判断。但是，事情总是要有一个评判标准的，依照该标准应能得出一个结论。通过辩论，能使对方正确地理解你的观点，客观地检讨自己的立论和角度，最终能够全面、客观、公正地看待一些问题，这才是辩论所要达到的目的。尽管是处于对立的立场，仍应遵循礼仪和给予对手必要的尊重，那种言谈举止都高度对立甚至情绪激烈的做法是不可取的。例如，在刑事案件中，辩护律师发言时称："检控方的指控是无中生有和缺乏法理及法律根据的，其主要的错误有以下四点：第一，证据上……；第二，事实认定上……；第三，法律适用上……；第四，量刑建议上……"。这种不顾对方感受而只顾自己表现以求获得委托人赞同和争取庭审人气的、连珠炮式的指责话语，无助于问题的解决。

有些律师没有经验、年少气盛，容易出言不逊，企图以压倒性的气势来征服对方。例如，在民事案件代理中，被告律师发言时称："原告代理律师的话简直就是歪曲事实地胡说八道，其所称全部不能成立，简直就是原告的打手和走狗"。这种指责加谩骂，在实质上和泼妇骂大街没有区别，只不过是在法庭这个特定场所披上了专业的外衣而已。

人在很多时候还是想保留一点自尊心的。即使是知道自己不对，但要其直接承认错误，通常都碍于面子而说不出口。因此，不必抱有要让对方向你认错或者赞同你的不切实际想法，因为判决结果自然会给出胜负的结论。我们很难在法庭上听到辩论对手说出"我完全赞同你的说法"这样的话，更多的则是"你说的是错误（不正确）的"，如果对方律师能够说出"您所讲的有一定的道理，但是……""您所说的我能够理解，但我仍然要保留我的意见"已经是对手给予你最大的肯定了。因此，作为律师，不能以将对手打得一败涂地或者从对手那里获得赞誉为目的。礼仪讲究的是敬人、自律、适度、真诚，今天是对手，明天可能是朋友或者同盟。如果换一个角度，比如从对方当事人代理人的角度来看，是否会有别的结论呢？总而言之，"己所不欲，勿施于人"。

即使对方说的是错的，或者没有直接回应你的问题，也应坚持伏尔泰所称"我不同意你的观点，但我誓死捍卫你说话的权利"的原则，不仅要让对方说话，而且出于礼貌还要听对方说话，更要理解他人的说话内容以便研究对策加以反驳。诋毁同行，无异于诋毁职业，也等同于否定自己。

（三）客观冷静

从心理学的角度看，当一个人情绪激动时可能会做出一些过激、非正常的行为。常言道"冲动是魔鬼"，"退一步海阔天空"。在庭审的辩论中，技巧有很多，有的律师在自己没有好的方案或者思路时会采取激将法，促使对方自乱阵脚，或者通过其他方式来转移视线、回避对己不利的问题，使对方在毫无意义的争端中耗费时间，从而达到"暗度陈仓"的目的。

无论是什么性质或者类型的案件，代理律师都不能向对方进行人身攻击，此乃最基本的要求和为人之道。律师出庭是履行职责，不应融入过多的感情色彩，有时候表达出自己的同情心可能会在表面上赢得委托人一时的欢心，但当事人需要的是一个冷静、理智、专业的律师而不是同情者或者打手。那种说不得、碰不得、惹不得，浑身长刺、比恶斗狠的不是律师！作为辩论的律师，一定要冷静。而冷静不仅仅是一种心理素质，更是立足于专业知识的掌握和运用基础上的综合能力的体现，尤其是事先的准备。只有充分的准备，对案情有全面的了解，做到"成竹在胸"，才可以"任凭风浪起，稳坐钓鱼船"。要围绕审理者关注的争议焦点，坚持自己的思路，要有自信，这样才能不被别人牵着鼻子走。只有足够冷静，才可以发现对方的计谋，走出对自己不利的困境，甚至还可以利用对方的谋略实施反制。

（四）多维审视

当我们指责别人将大象说成是像一堵墙的时候，我们是否也只摸到大象腿就对天发誓说大象就像是一根柱子？有的时候，在指责别人犯错误的同时我们自己也正在犯着在别人眼里可能是不可原谅的错误。无论是做人做事还是具体的法庭辩论，对方的指责刚好给了我们从另一个角度或者层面分析问题的机会，正所谓“见贤思齐”“有则改之，无则加勉”。从自身出发，结合对方甚至多方的观点，多维度进行审视，最后加以综合而得出结论，总比只停留在一个角度、一个层面看问题要全面。

是谁给了你多维审视的机会？是辩论的对方。因此，从这个意义上说，还要感谢对方，是对方从相反的角度让你认识到自己的立论和证据支撑的确是存在问题的。“学然后知不足，教然后知困。知不足，然后能自反也”。故，帮助你成长的不仅仅是你的至亲和老师，还有你的敌人，要学会从对手那里学习。

二、依据事实

审理者毕竟是要依据事实和法律来判案的。因此，摆事实、讲道理是辩论必须要做到的。

任何的辩论都要立足于事实，缺乏事实的辩论只能是苍白的叫喊。做了什么事情，其原因何在，得出什么结果（状态），这些就是基础的事实。正所谓“没有调查，没有发言权”①，而调查是弄明白事实的前提，通过调查所取得的证据来佐证某一事实，为律师辩论提供了充足的素材。证据—事实—法律适用—结果，按照这样的一个基本逻辑思路所展开的辩论才是最有说服力的。

三、符合法律

法律，是国家制定和颁布的，人们能够比较容易地找到相应的法律规定。然而法条又是针对不同情形来设置的，案件事实如何对应法律，或者案件处理应当运用哪一条法律规定，则是需要论证的。例如，《合同法》对解除合同有不同的规定，究竟在本案之中是适用“合意解除”还是“约定解除”又或者是“法定解除”，还需要根据案件的实际情况来展开有针对性的论证。

除了法律、法规的规定之外，最高人民法院和最高人民检察院还公布有司法解释，这些司法解释所确定的相应规则，也是法律适用的一个基准。

尽管我们是成文法国家，不存在判例和约束力的问题，但是，《最高人民法院公报》所公布的案例，也能起到一定的指导性作用。在处理类似的案件时，可以引用最新公布的案例作为处理的参照。

---

① 1930年5月，毛泽东同志为了反对当时存在的教条主义思想，专门写了《反对本本主义》一文，提出“没有调查，没有发言权”的著名论断。

第三节 律师开展辩论的具体要求

一、遵守庭审纪律

（一）严守纪律，不超时越界

法庭纪律，是指法庭或仲裁庭在开庭时诉讼或仲裁参与人必须遵守的纪律，参加庭审者都要遵守这些纪律。

法官不是法庭辩论的一方，法官是法庭辩论的主持者。实践证明，与法官进行辩论虽然可能会获得些许所谓的律师尊严，但往往是以牺牲委托人的利益为代价的。虽然最高人民法院和各省级高级人民法院均出台了量刑规范化的指导意见或细则，但法官的自由裁量权还是非常大的。法庭辩论时，律师没有必要通过显露自己的“肌肉”来表示自己“强悍”。

尽管法庭辩论没有法定的时间限制，但并不代表律师可以没完没了、滔滔不绝，法官审理某一个案件总有一个相对固定的时间段，如一个上午或者一个下午的工作时间，因此，多言取厌，虚言取薄，轻言取辱，辩论时要言符其实。很多场合，话不在多，关键要说到点子上。

参考案例 13-3

某个民商事案件，经过一上午的庭审，即将到中午12点半了，主审法官对双方当事人的代理人说：“刚才已经进行了第一轮的辩论，书记员已经详细记录了双方的发言。如果没有新的补充的话就无须重复了，现在进行第二轮辩论，请原告的代理律师先发言。”原告的律师说：“我再次强调一下刚才第一轮辩论时我发表的代理意见的主旨，现在针对被告代理人的代理意见，我有针对性地提出第二轮辩论的主要观点有13个：第一，……”法官连忙做出“请尽量控制一下时间”“可以简短一些”“请选择主要的问题来讲”等善意的提醒。原告的代理律师则回应道：“发言不应受时间限制的呀。”

辩论意见的表达不在于与对方比看谁用的时间长，绝不能以他讲了5分钟，我不能少于5分钟来求所谓的“平等”。既言简意赅，又使人容易接受才是关键。不能将审理者善意的提醒误解为“不让人说话”。

律师的辩论，应当紧紧围绕案件的争议焦点展开，凡是与本案无关的问题都不要涉及。根据《律师法》第37条的规定，“律师在法庭上发表的代理、辩护意见不受法律追究。但是，发表危害国家安全、恶意诽谤他人、严重扰乱法庭秩序的言论除外。”因此，律师在开展辩论活动时，不得越界发表危害国家安全、恶意诽谤他人、严重扰乱法庭秩序的言论。

（二）尊重法官，不藐视法庭

在法庭上，法官是程序的主持人，处于中立的位置。如何处理案件是法官的责任或者任务，他最为关心的是争议的焦点，并希望通过听取双方的辩论，权衡利弊考虑接纳哪一方或者哪一个合理的观点。

律师如果在庭上处处纷争、不依不饶，必然会激起对手的强烈反击、使得审理者不胜其烦。客观上，争论不断，留给审理者的印象并不一定是专业、认真的工作态度，而只是争强好斗的性格，此时说得越多反而效果越差。如果律师将主要时间、精力甚至矛头转向了审理者，这反而正中了对手下怀。

审理者才是辩论的裁判员，对手仅仅是让你显示能力的一个参照而已。

参考案例 13-4

某个案件正在开庭，主审法官代表合议庭归纳了三个争议焦点并征询双方当事人意见，要求代理人围绕合议庭所归纳的争议焦点来展开辩论。但是，被告方的代理律师则举手提出反对意见，称主审法官归纳的争议焦点不是真正的争议焦点，争议焦点应该是另外三个，并滔滔不绝地讲了起来："我看，这个案件的争议焦点是有三个，但绝对不是主审法官代表合议庭所公布的那三个。首先……，其次……，再次……，最后……，另外，值得指出的是……，特别需要强调的是……，还有……。因此，争议焦点应该是：一……，二……，三……。"

类似上述这样的发言，只能令人不胜其烦。正如意大利天文学家伽利略曾经说过的："你不能教会一个人任何事情，只能帮助他自己学会这件事。"19 世纪英国政治家查士德·斐尔爵士也曾对自己儿子说过："如果可能的话，要比别人聪明，却不要告诉别人你比别人聪明。"

聪明的律师要通过辩论，让审理者看到某个证据能够证明、认定某个事实，某法条可以适用于本案，而不是去教审理者如何认定事实和适用法律。

当辩论出现了问题，法官当庭做出了某项决定时，律师首先要做的是遵从，如果有异议的话可依照法定程序提出，而不是采取强烈抗议、咆哮公堂或做出藐视法庭①的其他不理智行为。

（三）就案论事，不煽动鼓噪

一些辩论律师感觉自己的辩护意见可能不会被审理者采纳，或者为了使自己观点能够被审理者采纳，就打着"用个案推动司法公正"的旗号上网呼号、鼓噪，或者通过召开学术研讨会等方式召集一些业内"大咖"以佐证自己的辩论意见的正确性，更有甚者还动用一切力量使案件夹杂了政治因素。事实一再说明，对于有争论的问题，不一定只有一个绝对的结论，即使是学术研究亦有不同派别。《律师法》第 31 条规定："律师担任辩护人的，应当根据事实和法律，提出犯罪嫌疑人、被告人无罪、罪轻或者减轻、免除其刑事责任的材料和意见，维护犯罪嫌疑人、被告人的诉讼权利和其他合法权益。"在民商事和行政纠纷案中，代理律师就必须依据事实和法律提出案件的处理意见。

某些律师为一孔之利不惜煽动当事人或其家属向审理者施加压力，甚至背后和当事人策划组织人员上访、静坐、示威游行。律师应当提供专业服务，绝不能以"看热闹不嫌事大"的心态来追求"见光死"的传媒效应。

（四）控制情绪，不暴跳如雷

古语说："兵无常势，水无常形。"法庭辩论情况也常常如此。律师在庭审中可能遇到毫无准备的阻碍、干扰、发难等情况。这就要求律师控制好自己的情绪，不露声色地及时

---

① 藐视法庭，是故意冒犯法庭或干预法庭的正常活动的行为。在英美法系刑法中藐视法庭作为一种犯罪行为，主要表现为以下四类：（1）在法庭上具有藐视行为；（2）公布污蔑法庭的材料；（3）旨在阻挠或干涉正常的司法程序或法院的合法程序的任何行为或公布的文件；（4）公布秘密材料。某些国家的法官对藐视法庭的行为有立即审判、即刻惩罚的权力，所以无论是普通人还是出庭律师，在法庭上、在法官面前都是规规矩矩的。我国的刑法目前没有藐视法庭的罪名。

采取有效措施，应变自如，稳中求胜。

时代在发展，各种维权的方式也在不断翻新。坚持原则是律师的本质性要求，但胡搅蛮缠、不顾程序不是律师应有的素质；符合程序的有理有据，才可能获得胜利，不讲方法的盲目抗争，对法制建设没有任何益处。

二、争议焦点突出

（一）紧扣焦点，不脱离事实

常言道："事实胜于雄辩"，但事实得益于雄辩，二者是相得益彰的。民商事案件的审理者通常会归结出本案的争议焦点并征询当事人的意见，如果代理律师不同意该争议焦点，可以提出自己的看法。须知无争议则无辩论，放弃焦点的辩论无异于舍弃阵地。一旦审理者确定了争议焦点，无论代理律师是否同意该争议焦点，都要在发表辩论意见时采取"包括但不限于"的方式将审理者归纳的争议焦点放入自己的辩论范围展开辩论。

（二）层层推进，不东拉西扯

一个案件的结果必然隐含着一个逻辑结构。例如，结果是 8，那么这个 8 是由两个 4 构成的，而每一个 4 则是分别由两个 2 构成，每个 2 是两个 1 相加的结果。因此，在数学的计算上，就应该是"1＋1＝2；2＋2＝4；4＋4＝8"这样一个层层推进的逻辑。无论是从上往下还是从下往上的论证，都必须有层层推进的严密逻辑，而不是反复强调"8 就是 8，就是由 4＋4 构成的"。

法庭辩论虽然是辩论，但不是辩论赛，一定要抓住主攻方向，不要偏离主题（辩论主旨），在刑事案件中须紧紧围绕起诉书指控的被告人犯罪事实及法律适用展开辩论，对于与定罪量刑无关紧要的细枝末节，没必要大费周折。无论案件的证据有多少、卷宗有多厚，真正影响定罪量刑、处理结果的情节其实并不多，犹如下象棋，只要能够将死对方就可以获胜，至于何时吃掉了对方的"车马炮"以及剩下多少棋子则毫无意义。

三、观点明确清楚

（一）强调结论，不散乱无章

辩论的方法和具体的技巧五花八门，但万变不离其宗。无论从何处着手，最终还是要落脚在结论上。尤其是在总结性陈词时，应当将你所要论证的结论清楚地给审理者呈现出来。那种"东一榔头西一棒槌""脚踩西瓜皮，溜到哪里算哪里"的随意性辩论，只能使人一头雾水。

一些刚从学校毕业、参加过辩论赛的人，往往将辩论赛中注重语速和旁征博引、追求掌声的做法和经验移用到法庭辩论上来，然而华丽的辞藻、煽情的表演或许可以打动旁听者，对于审理者却并不适用，亦无助于案件的处理。唯有论证严密、说理透辟，以理释法、以理服人，证成结论才是正道。

（二）从大到小，不混乱无序

一个小的结论本身就存在一个小的逻辑结构需要论证。法庭的辩论通常都采用从大到小的展现过程，即"全案结论—具体的结果—影响案件处理的事实—证据证明力—证据可采信"的"大套小"的过程。

四、证据确实充分

（一）证据分组，不眼花缭乱

参考案例 13-5

在某些关于律师的电视连续剧或者电影之中，关于庭审辩护的镜头总是会将律师的渊博知识、综合分析、场面控制、表演天赋等渲染得淋漓尽致，特写镜头下，控辩双方进行着激烈的唇枪舌剑，你来我往、咬文嚼字、法理纷繁。男律师的帅气、风度展露无遗，因此，男性律师总能给人一种“高富帅”[①] 的感觉，而女性律师则给人一种“白骨精”[②] 的感觉。更加令人热血澎湃的是，在剧中当对方的律师向证人提出一个诱导性或有威胁性的问题时，另一方的律师往往会向法官大声提出“我反对!”而正在饶有兴趣地听着问题的法官则会驳斥“反对无效，继续!”辩论阶段，身着律师袍的律师甚至还可以离开自己的座位，在审判区自由走动，讲到兴起的时候还会手舞足蹈。

类似这样的镜头，只是文学、影视作品的渲染或者要给没有接触过真正庭审的人一种遐想，这也确实激发了一部分高考生报读法学专业的兴趣。但真实的庭审辩论，一定是冷静、客观、务实的。

其实，案件处理要讲证据，而证据则需要分类。具体哪一组（个）证据能够证明哪一个具体的事实，证明力如何才是问题的关键。不少律师仅将证据按照时间先后列出，但各个证据所要证明的内容却并非完全相同。于是在辩论中论证某一事实时，就会出现其所引用的证据散乱在不同组的证据之中的情况。如果能够明确第一组证据分别有几个证据，证明某一特定的事实，另一组证据能共同证明另一个关键的事实，论证本身就有严密的逻辑结构，这样则会体现出律师优秀的综合分析能力，其结论就容易被审理者所接纳。

（二）有的放矢，不胡乱罗列

在辩论阶段，不可能让律师将已经质证过的证据从第一个到最后一个逐个罗列和申明其要证明的内容，也不可能“想到哪说到哪”，必须要围绕着争议焦点有的放矢地组织和运用证据，即指出某个争议焦点的问题应当如何认定，支撑它的证据有哪些。具体而言，有哪些证据，证明了什么问题，释疑和化解了哪个焦点。如果可能，还可以将制作的事实与证据对应的图表交给审理者和对方辩护律师，让其能够简单明了地了解整个论证的过程。

（三）你中有我，不划清界限

通常可以将证据分为己方提供、对方提供、第三方提供、法院调查所得的，各方提供证据是为了支持自己的观点，但证据是客观的，站在不同的角度可能有不同的看法。除了己方所提供的证据能够证明自己主张的事实外，对方提供的证据或许也能够证明己方的主张。因此，不能将眼光仅盯在自己所提供的证据上，还要将眼光放宽一些，对方提供的证据或者其他相关案件已经认定的事实，都是可以作为证实某一事实、强化自己观点的有力依据。因此，不能简单地以谁提供的证据作为标准决定取舍。你的证据往往会被对方有利地运用。因此，一个有经验的、成功的律师，不但能够积极地运用自己提供的证据，还善

---

① 高智商、有财富、外形帅气之简称。

② 白领、骨干、精英之简称。

于利用对方所提供的证据以及审理者庭后调查所获取的证据来佐证自己的观点。

五、运用法律得当

“事实”和“法律”是处理案件的两大重点问题。在事实已经查清的情况下，如何适用法律就成为关键所在。颁布实施的法律之中有具体性规定的条款，也有原则性条款，本案应当适用哪一个条款，对于该条款是否需要采取一定的方式进行解释才能适用等，都需要搞清楚。

参考案例 13-6

某个合同纠纷案件，双方当事人就能否解除合同发生了争议。《合同法》第94条规定：“有下列情形之一的，当事人可以解除合同：（一）因不可抗力致使不能实现合同目的；（二）在履行期限届满之前，当事人一方明确表示或者以自己的行为表明不履行主要债务；（三）当事人一方迟延履行主要债务，经催告后在合理期限内仍未履行；（四）当事人一方迟延履行债务或者有其他违约行为致使不能实现合同目的；（五）法律规定的其他情形。”该条规定的“当事人”与“当事人一方”是指谁？有人理解为“当事人”就是本案的任何一方当事人，而“当事人一方”则指做出法律规定的具体行为的当事人。

其实，只要有一定的法理知识，了解“违约方无解约权”的基本法理，结合立法本意，就不难做出正确的理解：“当事人”是指守约一方的合同当事人，“当事人一方”则指违约一方的合同当事人。故，在具体案件之中，违约一方的当事人依据本法条要求法院或者仲裁机构裁决解除合同，是不会获得支持的。

课堂讨论

针对相关法律条文之中的有关术语，如何正确理解诸如“当事人”和“当事人一方”的特定性？

其实，要正确理解法条的内容，就要了解法律关系的主体称谓，以及立法的宗旨和目的。法律术语不能仅从语文的角度来进行显浅的解读，而应从法律角度做专业性的解读。

参考案例 13-8

某合同纠纷案中，在收取定金的违约方构成根本性违约的情况下，支付定金的守约方作为原告要求法院做出“解除合同”“返还定金”“支付违约金”的判决。被告则根据“定金”或“违约金”二择一的规定，认为如果要依照合同约定计付违约金，则不存在定金返还的问题。

《合同法》第115条规定：“当事人可以依照《中华人民共和国担保法》约定一方向对方给付定金作为债权的担保。债务人履行债务后，定金应当抵作价款或者收回。给付定金的一方不履行约定的债务的，无权要求返还定金；收受定金的一方不履行约定的债务的，应当双倍返还定金。”第116条规定：“当事人既约定违约金，又约定定金的，一方违约时，对方可以选择适用违约金或者定金条款。”

表面上，似乎在定金是否要返还的问题上没有规定，但是根据定金具有惩罚和预付的基本属性来分析，守约方一旦放弃了定金罚则，那么定金就只剩下了预付的功能。合同解除时，预付款作为不当得利理当要返还。因此，原告的诉请有事实根据和法律依据，符合基本法理，应当予以支持。

六、善于归纳总结

律师应根据案件的繁简、受诉法院的级别、审理法官的文化背景、庭审时间等因素调整辩论发言的长短，可以考虑准备繁简两套辩护词或者从繁杂的辩护词中提炼出一个简单的版本，根据实际需要选择运用。正常情况下，在基层法院开庭，要尽量发表提纲式的辩护词或辩论意见。如果是不开庭的审理，则需要提交较为详细的书面辩护词或者代理词。

律师发表辩论意见时，须善于归纳、总结基本观点，不要杂乱无章，而且语速要适中，能让书记员全部记录下来。法庭辩论结束前，总结往往会起到画龙点睛的作用，因此总结必须精简、明了、易于理解和记录。

【引例评析】

律师是给当事人提供法律专业技术服务的，也可以说是“靠嘴巴”吃饭的。律师应当具有一定的辩论能力，但并不一定要将自己练成辩论赛中的优秀辩手。在庭审的辩论中，首先要能听懂别人在说什么，其次要明确自己想要讲什么，最后要让人能够接受你所讲的内容。做到这三点，能够紧扣争议焦点、结合案件事实和法律适用展开就可以了。每个人都有自己的特点，切忌“邯郸学步”。

【练习题】

一、概念

辩论；律师辩论；律师的巧辩；言词审理

二、简答题

1. 如何区别律师的巧辩与狡辩？
2. 律师开展辩论活动应当遵循哪些基本原则？
3. 律师开展辩论的具体要求有哪些？

【模拟实训】

一、模拟场景

某大专生冯某（19 岁）假期回到家里，希望去外地旅游，要求父母提供旅游的费用，未果，后向父母谎称回校学习。之后，冯某找到本班同学王某（20 岁）要求帮忙。冯某抽空回家撬开家里的抽屉拿走了父亲的 3 万元，然后存放在王某处，并告知他钱是从家里偷出来的。冯某的父亲回家发现抽屉被撬，于是报了案。经过公安侦查最终破案，将冯某、王某抓获，取回 3 万元。

甲公司与乙公司签订了一份款额 100 万元的购销合同，合同约定甲公司向乙公司购买一批货物，合同签订时买方支付 20 万元的定金，在出货前三天内支付 20%的货款，收货时交付剩余货款；任何一方违约，则需向对方支付总货款 30%的违约金。合同签订时，甲方向乙方支付了定金 20 万元，并在合同签订后的第 5 天要求对方出货的同时支付了 20 万元的预付款。但乙方因该产品国际价格上涨等原因，无法向甲方交付货物，几经催促，乙方既不交货也不退还定金和预付款，更不支付违约金。无奈，甲方只好依据合同仲裁条款向某仲裁委员会提出仲裁申请，要求：(1) 裁决解除合同；(2) 裁决被申请人（乙方）退还定金 20 万元、退还预付款 20 万元；(3) 裁决被申请人支付违约金 30 万元；(4) 裁决被申请人承担本案仲裁费用以及因本案甲方聘请律师的律师费 5 万元。

二、题目

1. 冯某、王某是否构成盗窃罪？在本案中有哪些可以展开辩护的要点？

2. 针对申请人所提出的仲裁请求，作为被申请人的代理律师应该从哪几个方面提出辩论意见？

第十四章　律师的专项业务

【本章引例】

作为律师助理的小张正在办公室整理资料，他的师父陈律师在他的桌子上放下一摞厚厚的资料，说："你先放下手头的其他事情，整理和消化一下这些资料。这家集研发、生产、销售于一体的中日合资手机生产厂家准备让我负责牵头设立一个知识产权法务部。我已经联系好了对接的负责人，你先去这家厂做调研，10 天内拿出一个包括律师收费、知识产权法务部除部长以外人员的招聘、该部门职能、工作人员职责、内部规章制度等在内的一整套的预案。今后我们律师的工作要与这个部门直接对接。"而小张对这家公司的情况不甚了解，对公司管理的相关知识也不太懂。

【学习的目的与要求】

通过本章学习，了解律师除诉讼代理、刑事辩护、常年法律顾问、律师援助、律师见证业务之外的其他专项业务的范围、具体的条件和程序性要求。尤其是要掌握律师开展法律可行性研究的具体方法。

【重点问题】

- 律师专项业务的范围
- 法律可行性研究
- 律师担任破产管理人

第一节　项目可行性研究

一、可行性研究的概念

可行性研究，是指在投资决策前对项目的技术、经济、商业乃至环境保护、法律等多个方面进行分析和论证，以确定建设项目是否可行的一种分析方法。项目的可行性研究做得好、做得细，不仅能有效地预防以后可能出现的风险，还能合理、充分地利用资源，以取得预期的经济效益和社会效益。

可行性研究，包括经济可行性研究、技术可行性研究和法律可行性研究三大类。

法律可行性研究，是指从法律的角度分析行为或项目是否可行的研究，包括对行为主体真实性、行为合法性、权利义务明确性、纠纷解决方法的合理性等方面的综合分析。

在实践中，人们往往把可行性研究简单地等同于经济可行性研究。其实，经济可行性作为项目的最终目标，需要技术可行性作支柱、法律可行性作根本保障，三者是相辅相成、缺一不可的。

二、开展法律可行性研究的必要性

（一）防范法务风险

追求利润最大化是企业开展经济活动的根本目的，但是在成熟的市场经济环境下，企业各项经营活动都必须在合法条件下开展。企业应在保证自身合法权益的前提下，实现盈利和发展。事前做好法律可行性研究，有助于企业防范法务风险。一些企业家片面地认为，律师就是打官司的，企业没有官司，就不需要律师了。正是这种对法律风险的无知和漠视，严重制约了企业的健康发展。

其实，企业的经营行为是连续的，一个环节出问题，必然会影响企业其他经营活动。例如，一个企业借款合同的迟延偿还，可能引起企业众多债权人的恐慌，最终导致该企业经营资金链条断裂，加重企业经营的资金压力。又如，一些法律风险可能对企业商誉造成极大的损害，之后即便补救，也难以挽回企业在公众心目中的形象。在理论上“多米诺骨牌效应”① 和“蝴蝶效应”② 的相关研究也说明了这个道理。

古语有云：“宜未雨而绸缪，勿临渴而掘井。”只有在投资决策前做好可行性研究，防患于未然，找出每个环节的风险点，并做好应对的准备，才能有效地防止和减少经济纠纷。

（二）保障当事人的权益

每一个投资项目都蕴含着投资人投入的大量财产和心血，做好可行性研究，通过对对方的主体资格、履约能力、双方权利义务、商业模式、交易风险等各方面的考查，提前识别风险，预测项目效益，也是保障当事人合法权益的有效途径。而且根据现行《刑法》的规定，因重大项目的决策错误导致国家、集体重大损失时，要追究领导人和直接责任人的法律责任。由此可见，没有法律意识，不做相应的法律可行性研究，将有可能要承担法律责任。

---

① 在一个相互联系的系统中，一个很小的初始能量就可能产生一系列的连锁反应，人们把这种现象称为“多米诺骨牌效应”或“多米诺效应”。

② 蝴蝶效应（The Butterfly Effect），是指在一个动力系统中，初始条件下微小的变化能带动整个系统的长期的巨大的连锁反应。美国气象学家爱德华·罗伦兹（Edward Lorenz）1963 年在一篇提交纽约科学院的论文中分析了这个效应。

（三）维护社会秩序

社会主义市场经济从某种意义上说是法制经济社会主义。市场主体在投资活动中如果都能严格依法办事，不正当市场竞争行为就能有效减少，从而达到维护社会秩序的目的。做好法律可行性研究，就能从源头上控制行为主体的行为，减少违法犯罪行为的发生。

三、法律可行性研究的内容

（一）主体适格

开展法律可行性研究的第一步，就是考查主体是否适格。所谓适格，就是适合、合格。在不同的商业活动中，法律对主体的要求不同，如果主体不适格则可能导致行为的无效、履约存在风险。

根据《合同法》第 9 条的规定，“当事人订立合同，应当具有相应的民事权利能力和民事行为能力”。在商事领域，合同的相对方多为法人，在做可行性研究时就要注意核查该法人机构是否是依法设立并取得营业执照，执照是否经过年审，法人的经营范围、经营方式是否与本项目相适应；若不是法人，则要确认其是否属于某法人的分支机构，有没有取得相应授权；若属于某些限制经营、特许经营等特别行业，则要确认其是否有相应的经营许可；等等。倘若相对人为自然人，则要考查对方是否达到法定的年龄、精神智力状况是否正常等。此外，我国法律对股东主体也有相应的规定，公务员、县以上党和国家机关退（离）休干部、党政机关的干部和职工、现役军人等均不可对外投资成为公司股东，因此若涉及股权转让，律师首先要就股东主体资格进行核查。

（二）内容及程序合法

从内容上看，合法性审查应当重点考虑项目是否损害国家、集体或第三人的利益，是否存在以合法形式掩盖非法目的的情形；是否损害社会公共利益、有违公序良俗；交易内容、方式、标的物等是否违反法律法规的强制规定。从程序上看，需要审查项目是否经过有关机关批准、登记、备案，如果有关法律、法规明确规定需要履行确定手续的，应审查其是否履行了相应手续等。

（三）权利义务设置得当

项目权利义务的设置不仅要合法、合规，还要做到公平、合理。在商业交往中，只有双方承担的权利义务相对平等、合理，才能维持一个长期稳定的合作关系，实现互利共赢。在做法律可行性研究时，还要考虑权利义务的设置是否符合法律的规定，是否遵循了相关行业的商业惯例，是否符合双方的交易习惯。《合同法》第 40 条规定：“提供格式条款一方免除其责任、加重对方责任、排除对方主要权利的，该条款无效。”第 53 条规定：“合同中的下列免责条款无效：（一）造成对方人身伤害的；（二）因故意或者重大过失造成对方财产损失的。”若在权利义务的设置中，触犯了禁止性规定的，则约定无效。

（四）风险防范及救济措施

企业生产经营面临着各种风险，其中法律风险因其发生原因的法定性、结果的强制性、领域的广泛性而区别于其他风险。

在做法律可行性研究时，首先要对整个商业模式、交易方式中每一环节的风险点进行识别，再据此建立和完善法律风险防范体系，或找到相应的救济措施。只有增强项目风险识别能力，强化风险管理，提高风险防范水平，才能为项目的稳步推进保驾护航。

四、开展法律可行性研究的方法

（一）资信调查

资信调查，是指对活动主体的资产、信用状况进行的尽职调查。

通过资信调查工作，能了解到投资对象、投资环境等事实，借此判断活动主体信用的优劣，并作为是否授信或合作的依据。在资信调查中，律师会对活动主体的注册资料、相关公司、历史背景、经营状况等信息进行调查，从而了解企业的合法性、规模和贸易方式；通过对活动主体经营状况、财务及银行资料、支付记录等信息的调查，可以了解企业的支付能力和信用习惯；通过对被调查对象的诉讼、抵押及破产等公共信息的调查，了解企业的安全性。

企业资信调查是一项繁复的工作，调查涉及的方面较多，内容冗杂，时常会出现意料之外的变化。在这种情况下，律师既要做到调查细致翔实、资产线索确凿可信，又要注意不能将调查停留在表面数据，要善于通过表面线索敏锐察觉问题并进而发掘出调查对象的真实资产状况，透彻分析活动主体的资信水平。

（二）程序控制

活动主体应严格依照程序要求开展项目活动。无论是立项还是具体的签订合同、履行合同或者其他投资活动，均应做好必要的法律可行性研究。应完善企业内部的各项管理制度，特别是合同管理制度，包括合同草案起草、合同审批、签约、履行、资料存档等每一个环节。尤其要注重项目审批相关的法律法规，应由有关机关批准的及时报批，该登记的登记、该备案的备案。

（三）内容审查

做可行性研究时，还要注意内容是否符合法律规定以及内部规章制度的对应性要求，同时要做好对项目合法、合规的审查。

一般来说，律师应当对项目的投资方式、交易结构、利润分成、风险承担、纳税种类以及产品销售情况、质量标准等进行审查，研究投资方式的可行性、项目的资金构成和入股方式的合法性。

参考案例 14-1

甲公司享有采矿权，乙公司没有采矿权。为了使乙公司得到采矿权，乙公司与甲公司通过股权转让的方式，将甲公司100%的股权全部转让给了乙公司。这样，乙公司就通过控制股份的形式实际上得到了采矿权。

这实质上就是以合法的形式违反法律特殊规定的行为，无论股权转让合同的条文规定得多具体，也无法改变其“以合法形式掩盖非法目的”的本质。

不同的处理方式可能会引发不同的法律风险，因此在内容审查方面一定要严格把关，避免损失。

（四）措施设置

在不同的交易模式、不同的环节中，企业面临的风险不尽相同。在开展法律可行性分析时，要识别出存在的风险有哪些，是否有相应的措施加以防范；对于可能出现的纠纷，有哪些救济措施、纠纷解决途径；等等。

参考案例 14－2

在企业设立的过程中，企业的发起人是否对拟设立的企业进行了充分的法律设计，是否对企业设立过程有充分的认识和计划，是否完全履行了设立企业的义务，以及发起人本人是否具有相应的法律资格，这些都直接关系到拟设立企业的设立过程是否合法、规范；企业的股权结构是否合理、法人治理结构是否完备、监督控制机制是否健全、高管之间的权力如何制衡等，如果在企业运营过程中解决不好这些问题，很可能会“祸起萧墙”①，直接影响到企业的健康发展。又如近年来，企业涉财涉税案件大量涌现，从一定侧面反映出，企业在财务税收方面的法律风险在日益增大。

在我国目前的财税政策环境下，合理避税与偷税漏税的界限有时候会显得模糊不清，如果处理不当，企业很可能要蒙受经济损失，甚至要承担相应的法律责任，其法定代表人也可能蒙受牢狱之灾。

第二节　参与谈判与和解

一、参与谈判的注意事项

律师是商业谈判中必不可少的角色，律师不仅可以通过打赢官司为企业减少损失，而且还可以通过谈判为企业创造利润。律师的职业特点决定了律师经常要做的工作就是谈判。比如在法庭调解阶段需要谈判，庭外和解阶段需要谈判，帮助他人调解解决纠纷需要谈判，律师还经常要帮助客户进行商务谈判。所以，律师一般都有比较丰富的谈判实战经验。那么律师参与商务谈判时又有哪些事项需要注意？

（一）对涉及的行业要熟悉

律师参与商务谈判的一个常见障碍就是对谈判所涉及的行业不够了解，甚至完全不懂。例如，某律师参与了一个涉及农村土地流转的项目，但对相关的法律、法规、政策、地方的红头文件等都不了解，对农村土地流转在实践中的具体操作程序也不熟悉。在这样的情况下，律师没有办法清楚地识别什么是对己方有利的，哪个是谈判的筹码，也就很难获得谈判的优势。

（二）掌握客户的真正需求

在律师谈判中，了解客户的真实目的，是正确找到谈判的切入点，迅速与客户沟通和建立信任关系的关键步骤。

参考事例 14－3

据说，在“大卫像”的创作过程中有一个有趣的细节。决定将任务交给米开朗基罗的行政长官皮尔·索德里尼看到雕像时，对大卫身上体现的“另类”气质有些出乎意料，可又提不出什么意见，为了显示自己是个内行，就故作深沉地说：“雕像的眉头为什么是皱着的？鼻子显得有些笨拙，影响了大卫的英雄气概。”米开朗基罗明白行政长官根本没有

① 出自《论语·季氏》，指祸乱发生在家里，比喻内部发生祸乱或身边的人带来灾祸。

看明白雕像的寓意，不屑与他多说，拿了一把凿子和一点石粉爬上了脚手架。然后将凿子轻轻晃动了几下，慢慢撒下一些石粉，根本没去碰两道眉毛和那只鼻子，仍保持原样。下来后问索德里尼："请长官看看，现在如何?"索德里尼矜持地点点头说："现在嘛，我觉得好多了，你让它显得威严了。"

作为专业人士的律师，有的时候能碰到专家，专家得到指点可能会让你受用终身；但也可能会碰到类似索德里尼这种有权决定是否将案子委托给你又不懂装懂的人。如何在坚持原则的同时给这些不懂装懂的人留一点面子，就需要讲究一点方法和技巧。

有些律师接待客户时比较注重展示自己的业绩、本所的实力，刻意表现自己的口才，却完全忽视了客户的需求。在实践中，客户可能并没有真正意识到自己的需求，也不明确解决纠纷的目的，只是带着问题向律师请教，希望律师提供问题的解决方案。需求的不明确将导致律师无法"对症下药"①。还有的客户最初的内心需求可能并不符合他的根本利益和长远利益。律师有责任引导客户分析和调整自己的内心需求，以最大限度维护客户的利益。

总之，在实际谈判中，每个客户都有自己不同的需求，律师只有切实根据客户的需求设计服务方案，才能获得客户的信赖。

（三）事先确定谈判提纲

一个缺乏计划的谈判一定是盲目的。律师制订的计划要具有灵活性，在坚持原则的基础上，可以妥协让步以便实现促成交易的目的。律师如果是主谈人，那应当事先和当事人协商好整个项目的谈判提纲；如果只是负责法律方面的谈判，就必须把需要谈判的法律方案列成提纲，切勿有所遗漏。对于己方的谈判提纲要心中有数，弄清楚要坚持什么、在哪些方面可以妥协让步，才能在谈判过程中做到可进可退。

（四）尽量促成一致

谈判属于非诉业务，非诉律师不像诉讼律师那样与对方是对抗的，谈判更多的时候表现出的是合作性。律师的职责是为当事人控制风险，但必须以促成交易为前提，不能只顾控制风险，最后把生意谈砸了。有的律师一遇到风险就找各种理由来论证风险的存在从而否定交易，看似严谨，实质是对业务的不自信。因此，律师在谈判时一定要控制好法律风险和促成交易之间的平衡。

（五）做好总结工作

律师参与谈判时一定要做好总结整理工作，因为谈判的成果都是要形成法律文件的。每次谈判结束时，都要把这次谈判双方确定的事项再重复一遍，并得到双方的确认。律师记录双方需要落实的事项也是为下次谈判做准备。下次再谈判时，就可以只对未确认的东西进行谈判。双方谈判的成果都定下来以后，尽快形成法律文件，然后配合对方律师对合同条款进行修改，再逐一进行确认，最后形成定稿。

（六）注意风险的控制与防范

律师在为客户提供谈判服务时也会遇到一些风险。

第一，要避免业绩宣传"言过其实"。谈判的过程，实际上也是律师推销自己的过程，律师向当事人介绍自己的律师事务所，介绍自己本人的业绩，其目的是使自己所在的律师

① 出自《三国志·魏志·华佗传》，意指医生针对患者病症用药，比喻针对事物的问题所在，采取有效的措施。

事务所和自己的专业能力给当事人留下深刻印象，直至产生信任。但是，很多律师往往为了急于与当事人建立委托代理关系，为了抓住这单业务，而过分夸大律师事务所的实力和自己的业绩，甚至违反行规，向当事人吹嘘自己和法院的各种特殊关系，或者完全脱离实际地对案件的胜诉前景拍胸脯、打包票，结果不但误导了当事人，而且极大地拉高了当事人对案件胜诉的期望值。

第二，律师在采取风险代理的谈判中，应防范当事人“过河拆桥”。在实践中，当事人对律师不满意，或者因为律师的出色工作打赢了官司，反而使当事人认为这个案子非常简单，不应该给律师这么多的代理费，还有可能在问题解决以后，当事人根本不愿意再从腰包里掏钱付代理费。因此，有些当事人会以各种借口拖欠代理费或要求减少代理费，甚至根本就不给代理费。有些当事人为达到“过河拆桥”的目的，经常以律师在工作中存在失误，对律师服务不满意等为借口，在代理工作快完成时，要求更换律师，企图达到无偿占有律师在法律服务过程中掌握的与案件有关的信息、证据、法律意见、办案思路与经验等无形财产的目的。所以，律师在风险代理谈判中，要特别注意签订违约责任条款、不得单方终止合同条款、独家代理条款、担保条款等等，以保护自己应有的权益。

课堂讨论

如果不是常年法律顾问，作为当事人的专项法律服务提供者，如何防范当事人“过河拆桥”，以确保自己能够收到费用的问题一直困扰着律师。事先收费的过程代理，对律师来说应该是最为保险的，但收费偏低；按最终结果来计算的风险代理收费可能收费稍高一些，但到头来律师未必能够收到款额。除此之外，还有什么更好的办法？

二、和解的法律效力

在日常生活中，人们总会遇到各种各样的纠纷，而且通常很难处理，让人无从下手。这时，人们就会想到去法院“打官司”。其实“打官司”未必是解决纠纷的最好方法，诉讼当事人双方常常处于对立对抗的地位，争得你死我活，最终结果可能是两败俱伤。

参考案例 14-4

一位租客租下一个店铺来做生意，开业一段时间后发现房屋存在漏水的现象，便找来一个律师，希望通过诉讼向房东索赔。律师了解情况后发现，租客索赔的金额远远高于其所付的房租，如果闹上法庭，租客和房东的合作关系基本上也就终止了，租客租下房屋时装修的钱也白花了。而且诉讼程序花费的时间很长，租客自己的生意也做不了，耗时耗力不说，诉讼请求也未必能全部得到法院的支持；若败诉，这期间所有的费用都要租客自己承担。因此，律师建议租客优先考虑与房东和解，让房东尽快把漏水的地方修好，这样既能及时解决问题，也不影响租客的生意。

可见，诉讼是有成本和风险的，需要专业人士进行评估。某些纠纷更适合通过和解的方式解决。委托律师参与谈判与和解，也许更能促成皆大欢喜的结局。

（一）和解的概念与分类

和解，通俗来说就是私了，是指当事人双方在平等的基础上相互协商、互谅互让，就纠纷的解决达成协议的活动。和解具有及时解决纠纷、节约成本、保护合作关系等优点，在非诉讼纠纷解决机制中居于重要地位。

无论是在诉讼前或是在诉讼过程中，当事人都可以进行和解。在诉讼发生前，我们就可以通过谈判、和解来解决已出现的纠纷。各方一旦达成和解，谁也不得任意反悔。

《民事诉讼法》第 50 条规定："双方当事人可以自行和解"，明确把自行和解作为当事人的一项重要的诉讼权利。在诉讼过程中，在法院做出判决前，当事人都可进行和解。各方可以就整个诉讼标的达成协议，也可就诉讼上的个别问题达成协议。

（二）和解协议的效力

和解达成后，当事人一般会签订书面的和解协议。因为法院没有实质介入和解过程，所以和解协议属于当事人意思自治的结果，并未受到第三方力量的诱导。和解协议本质上是当事人对原纠纷的解决达成的一项新的合同，只能依赖当事人的自觉履行，没有强制执行力。

如果在诉讼过程中形成的和解协议，经法院审查批准，当事人签名盖章，则意味着当事人同意诉讼程序全部或部分结束。诉讼程序全部结束的，即视为当事人撤销诉讼。

《民事诉讼法》第 230 条还规定："在执行中，双方当事人自行和解达成协议的，执行员应当将协议内容记入笔录，由双方当事人签名或者盖章。申请执行人因受欺诈、胁迫与被执行人达成和解协议，或者当事人不履行和解协议的，人民法院可以根据当事人的申请，恢复对原生效法律文书的执行。"

第三节　担当破产管理人

一、破产管理人的概念

"破产"一词，常用于指称债务人资不抵债的事实状况。而法律意义上的破产，是指当债务人不能清偿到期债务时，法院根据债权人或债务人的申请，依法宣告债务人破产，并将其全部财产公平分配给全体债权人的清算程序。

破产程序历时长，事实复杂，存在着各种各样的法律问题。例如，某公司申请破产，公司的经理将市场价值 100 万元的货物以 30 万元出售给母公司，并将公司一辆价值 30 万元的汽车赠予公司股东的亲戚。这样，该公司的财产就所剩无几，最终连拖欠员工的工资都无法支付。从这个例子可以看出，如果没有专门的机构对破产程序进行监督和管理，企业破产后的财产怎样保管、变价、先分配给谁、每个人分多少等问题就难以解决，很可能会发生债务人转移财产、对个别债务进行清偿的情况。这对其他没有得到清偿的债务人而言非常不公平。

因此，为了对债务人的财产实行有效的管理，避免债务人对财产的恶意处分，在破产程序开始后，需要一个专门的机构来管理破产中的各种事项，保证公正、公平和高效。这个被委以重任的专门机构就是破产管理人。

破产管理人，是指依照破产法规定，在破产重整、破产和解和破产清算程序中负责债务人财产管理和其他事项的专门机构。

二、担任破产管理人的条件

《企业破产法》第 24 条规定："管理人可以由有关部门、机构的人员组成的清算组或者依法设立的律师事务所、会计师事务所、破产清算事务所等社会中介机构担任。人民法院根据债务人的实际情况，可以在征询有关社会中介机构的意见后，指定该机构具备相关专业知识并取得执业资格的人员担任管理人。”该条还规定，若因故意犯罪受过刑事处罚、曾被吊销相关专业执业证书或与本案有利害关系的，不得担任管理人。

《最高人民法院关于审理企业破产案件指定管理人的规定》第 8 条对个人担任管理人作了具体规定：“个人申请编入管理人名册的，应当提供下列材料：（一）律师或者注册会计师执业证书复印件以及执业年限证明；（二）所在社会中介机构同意其担任管理人的函件；（三）业务专长及相关业绩材料；（四）执业责任保险证明；（五）行业自律组织对所提供材料真实性以及有无被行政处罚或者纪律处分情况的证明；（六）人民法院要求的其他材料。”法院在编制管理人名册时还要求担任管理人的个人达到一定的执业年限，才有资格申请编入管理人名册。

三、破产管理人的职责

破产管理人地位特殊，在破产程序中起着重要作用，因此，各国破产法都赋予了管理人充分的职责与权利。根据我国《企业破产法》的规定，破产管理人主要有九个方面的职责。

（一）接管债务人的财产、印章和账册、文书等资料

破产程序一经开始，债务人就失去了对其财产的管理和处分权。未经管理人的同意，任何人不得管理和处分债务人的财产，即使管理人接收的财产中有属于取回权[①]的标的物，取回权人也必须经管理人同意才能行使权利。债务人还有移交财产和簿册的义务，如果债务人拒绝交付，管理人可以依据法院受理破产案件的裁定及任职书，向法院请求强制执行。

（二）调查债务人财产状况，制作财产状况报告

管理人在清理债务人的财产时，有权询问债务人、公司董事、经理或其他有关人员，并就相关事宜开展调查，最终形成财产状况报告。虽然在破产程序开始时，债务人就已提交了财产状况说明书、债权债务清册等，但债务人提交的文件通常与其实际财务状况有出入。因此，管理人必须收集、清理、核对债务人的财产。管理人对债务人财产进行清理、核对后，应制成财产目录表。

（三）决定债务人的内部管理事务

对债务人财产的管理，也是破产管理人的一项重要的职责。管理人可以决定债务人的内部管理事务，比如决定债务人的日常开支和其他必要开支，聘用管理人员、专业人员及其他工作人员，管理和处分债务人的财产，接受第三人交付和给付等。管理的目的在于防止财产被侵害或造成意外的损失。

（四）行使撤销权

《企业破产法》第 31 条规定：“人民法院受理破产申请前一年内，涉及债务人财产

---

① 管理人对破产企业的接管通常包括破产企业占有的一切财产，这些财产中可能包括破产企业基于仓储、保管、加工承揽、委托交易、代销、借用、寄存、租赁等法律关系占有、使用的他人财产以及在途的出卖物，财产权利人或所有人可以向管理人主张返还或者交付不属于破产财产而归其支配的账产权利，此为取回权。

的下列行为，管理人有权请求人民法院予以撤销：（一）无偿转让财产的；（二）以明显不合理的价格进行交易的；（三）对没有财产担保的债务提供财产担保的；（四）对未到期的债务提前清偿的；（五）放弃债权的。”该法第 32 条还规定管理人有权请求撤销债务人在法院受理破产案件前六个月内，对个别债权人进行清偿而损害其他债权人利益的行为。

（五）营业决定权

《企业破产法》在管理人的职责中明确规定，在第一次债权人会议召开之前，管理人有权决定债务人是否继续营业。该法第 73 条还规定，在重整期间，经债务人申请，人民法院批准，债务人可以在管理人的监督下自行管理财产和营业事务。

（六）代表债务人参加诉讼、仲裁或其他法律程序

破产程序开始后，与债务人有关的民事诉讼与仲裁程序都应该中止，以防止债务人恶意放弃权利或做出不利于债权人的妥协。管理人被选任后，诉讼与仲裁程序应继续进行，原债务人的诉讼地位由管理人继受。除此之外，在管理人执行职务期间，如果因债务人的财产或债权发生争议，管理人可以主动提起诉讼。

（七）请求召开债权人会议

管理人有请求召集债权人会议的职责。第一次债权人会议是法定债权人会议，在法定期限内必须召开。而在破产程序进行中，管理人可以根据实际需要请求法院批准召开债权人会议。

（八）拟定和提出破产分配方案

破产宣告后，管理人负责破产财产的变价和分配事宜，《企业破产法》第 111 条规定，管理人应当及时拟订破产财产变价方案，提交债权人会议讨论。管理人应当按照债权人会议通过的或者人民法院裁定的破产财产变价方案，适时变价出售破产财产。

（九）接受并处理债权人申报的债权

《企业破产法》规定债权人应当在人民法院确定的债权申报期限内向管理人申报债权。破产企业所欠的职工债权不必申报，由管理人列出清单并予以公示。职工对清单记载有异议的，可以要求管理人更正，管理人不更正的，职工可以向人民法院提起诉讼。

第四节　其他非诉讼业务

一、律师法规定的其他非诉讼业务

非诉讼业务指除诉讼案件及仲裁案件外，由律师完成的各项法律事务的总称。它的特点是不与法院和仲裁委员会发生司法意义上的联系。《律师法》第 28 条规定，除诉讼代理、刑事辩护、常年法律顾问、律师援助、律师见证等业务之外，律师还可以为客户提供解答有关法律的询问、代写诉讼文书和有关法律事务的其他文书的服务。

（一）解答有关法律的询问

解答法律询问，指律师对于国家机关、企业事业单位、社会团体和自然人等提出的涉及法律的问题予以解答和说明，或者提供法律方面的意见和建议。律师解答法律询问，可以是口头的，也可以是书面的。

解答的内容主要包括两个方面：一是提供法律解释，阐明其法律关系、法律后果以及相应的法律责任；二是提出依法处理的意见，并拟订出可供委托人选择的几种方案，同时提供有关的解答。例如，夫妻离婚，律师可以对财产分割、子女抚养等问题进行解答；财产继承，律师可以对有无继承权、继承权顺序、继承权的放弃、继承份额等问题进行解答；合同的签订或履行，律师可以对合同的内容、合同的效力、合同不履行的法律后果等问题进行解答；设立企业，律师可以对设立企业的条件和程序、企业的组成形式、企业的权利义务等问题进行解答。

律师解答有关法律的询问，是律师为社会各界提供法律服务的一种重要方式，询问的范围极其广泛。自然人、法人和其他组织通过听取律师对法律问题的解答，可以增强法律知识，懂得如何依法办事，不因违法而受到追究，而且在合法权益受到不法侵害时，能够运用法律武器保护自己。

（二）代写诉讼文书和有关法律事务的其他文书

诉讼文书是为实施一定的诉讼行为而制作的文书，包括刑事诉讼文书、民事诉讼文书和行政诉讼文书，如起诉状、答辩状、上诉状、申诉状等。有关法律事务的文书指诉讼以外的与法律有关的，其内容涉及一定的法律事务，能引起法律后果的文书，如委托书、合同、遗嘱、协议书、公司章程等非诉讼方面的法律文书。

法律文书一般都有严格的程式规定，欠缺法定要素的法律文书可能会被人民法律判决无效或被撤销。自然人、法人和其他组织，还可以委托律师代为草拟其他文书，比如申办各种公证的申请书，收养子女、请求社会救济、请求发放抚恤金、请求减免税收等申请书，企业规章制度等。

二、当事人与律师事务所约定的非诉讼业务

除了《律师法》规定的非诉讼业务，律师事务所还可以接受当事人的委托，提供下述非诉讼业务。

（一）出具法律意见书或律师函业务

法律意见书是指律师应当事人之委托，以律师事务所的名义，根据委托人所提供的事实材料，正确运用法律进行分析和阐述，对相关事实及行为提出的书面法律意见。律师函是指律师应当事人之委托，以律师事务所或律师的名义，向委托人指定的当事人发送就相关事务进行声明的函件。

（二）专项法律顾问业务

除了为企业提供常年法律顾问服务以外，律师还可提供专项法律顾问业务，比如公司、金融、保险、证券业务、房地产、知识产权等（包括但不限于出具专项法律意见书、出具尽职调查报告）。

1. 公司专项法律服务

包括企业的设立和解散的相关事务，公司日常经营管理中的一般法律事务，投资及项目开发、金融融资、公司证券业务、企业的租赁、知识产权、劳动人事等特别法律事务。

2. 建筑与房地产专项法律服务

包括创设公司阶段的计划拟订、谈判参与、报审文书准备、代为报批等事务；土地使用权取得阶段土地征用、国有土地出让、转让中的涉法事务；拆迁阶段的文书处理、纠纷

解决、文件报送等事务；工程建设阶段招投标文书的准备、起草、审核及工程和设备合同履行的监督等事务；房地产经营过程中的销售、出租、抵押融资等环节的事务；物业管理阶段的相关事务；等等。

3. 金融、证券、保险专项法律服务

包括金融机构法律顾问服务，存、贷款法律服务，票据、信托、外汇法律服务，期货、债券法律服务，租赁法律服务，国际结算、国际融资法律服务，保险法律服务，以及涉及信用卡、电子银行、网上支付、外资金融保险机构的设立等领域的法律服务。

4. 知识产权专项法律事务

包括以知识产权申报代理，产权管理协助，产权转让代理，专项知识产权代理，权属代理，侵权代理，技术对比咨询，纠纷代理，提供以著作权法、专利法、商标法、技术合同法、信息网络法、商业秘密法、不正当竞争法、反倾销法等为主要内容的全方位的知识产权法律服务。

（三）作为行政相对人的代理人与参与行政活动

根据法律的规定，律师可以接受委托人的委托，代为办理行政许可、行政注册、签订行政合同、参与行政仲裁，在行政机关对相对人做出行政处罚时，代理行政相对人听取行政机关的权力告知和违法内容告知，代理委托人进行辩解，申请并参与听证、提出行政复议，对国家行政机关的违法行为提起控告、申诉，申请国家赔偿等，在必要时还可以进入行政诉讼程序。

【引例评析】

随着法治化进程的不断加快，不少公司设立了自己的法务部门。委托律师帮助设立法务部或知识产权部，也是一些公司的常规做法。律师除了诉讼业务以外，还有其他的非诉讼业务。因此，作为律师助理，应不断拓展自己的知识面，以满足业务发展之需。正所谓“书到用时方恨少，事非经过不知难”，小张为自己在校期间没有选修“企业管理”“劳动人事管理”这类的课程而感到后悔，现在只能静下心来好好准备了。

【练习题】

一、概念

法律可行性研究；和解；破产；破产管理人；非诉讼业务

二、简答题

1. 律师的专项业务有哪些？
2. 律师应当如何开展法律可行性研究？
3. 律师担任破产管理人时应注意哪些问题？

【模拟实训】

一、模拟场景

甲乙两家公司因买卖某项建筑工程合同的发包承包发生纠纷，承包方拟聘请律师与发包方及监理公司就延迟工期、未及时结算工程款等事宜进行商谈。

某公司准备购买另一公司一个股东的全部股份，从而成为被转让股份公司的最大股东，现准备聘请律师为其进行法律可行性研究。

二、题目

1. 律师在参与谈判或和解过程中应注意什么问题？

2. 在公司股东转让股份活动中应注意防范哪些法律风险？

第十五章　律师见证业务

◆【本章引例】

小张在律师事务所接到由陈律师（小张的师父）担任常年法律顾问单位的法定代表人王总的电话，称一位商铺的租户长达半年没有交租金，依照租赁合同的约定，公司决定解除租赁合约，但是承租人未按约定将留在商铺内的设施搬离。因此，约陈律师后天上午十点钟到商铺见证搬离设施的事宜。小张做好了电话记录，准备马上转告陈律师。

◆【学习的目的与要求】

通过本章学习，了解律师见证活动的具体条件和程序性要求。

◆【重点问题】

- 律师见证及其意义
- 律师提供见证服务的范围
- 律师在提供见证服务时须注意的程序性问题

第一节　律师见证与公证的区别

一、律师见证及其特点

（一）律师见证的概念

律师见证，是指律师事务所接受当事人的委托或申请，指派持有律师执业证书的律师，以律师事务所和见证律师的名义，就有关的法律行为或法律事实的真实性、合法性谨慎审查证明的一种律师非诉讼业务活动。

律师见证的作用在于证明法律事实或法律行为的真实性、合法性。

尽管在《律师法》中并未将律师见证作为一项律师业务予以确认，但是在实践中律师见证业务已经开展起来，并且起到了积极的作用。除中华全国律师协会2007年制定的《律师见证业务工作细则》可作为该业务开展的规范性文件外，一些地方还出台了相关的规定，如2008年12月27日由上海市律师协会业务研究与职业培训委员会讨论通过并颁发的《上海市律师见证业务操作指引》。

（二）律师见证的特点

1. 以事务所为主体

律师见证业务的承接主体是律所，由律所承担权利义务，律师不得以个人名义承接业务。这一点与诉讼业务相同，我国不允许律师个人执业，所有的执业活动都必须以律师事务所的名义进行。

2. 由执业律师负责

律师见证是具有律师执业证的律师实施的见证，以见证律师本人亲眼所见和亲自审查为要件。实习律师不得以律师名义进行见证，不得在见证书上签字。

3. 本质上属于一种确认行为

律师见证是一种法律的适用，是律师根据现行法律对法律事实的合法性、真实性进行确认。这与民间的私证或者见证人签字的只讲真实性，不讲合法性有着本质上的区别。

见证，是目击者亲自在场，感受某一历史时刻或者重要事情经过的状态或者行为，其与签证、鉴证不同。签证，通常是指通过受控制的国（边）境又或者海关检查的一种监管、证明手续；在工程施工过程中，也有监理签证的行为，属于一种证明行为。鉴证，是专业人员通过特别的手段识别、判断某物质或者揭示事物内在性质、本质的行为。

4. 具有较高的效力

见证律师所扮演的角色不是“代理人”，而是“见证人”，具有独立的法律地位。在见证过程中，见证律师不是站在委托人的立场、以委托人的名义进行见证，而是站在事实与法律的立场，以律师事务所和见证律师的名义，依法独立地对当事人委托见证的合同、协议等事项进行见证，不受当事人的意志约束，更不被当事人的意志左右。同时，《律师见证业务工作细则》中规定的回避制度、审查制度、审批制度等见证工作制度能够保障律师见证的客观公正性。律师见证比普通的民间私证要更加客观公正。

5. 亲自所见

律师见证对见证的时间与空间有着严格限制。时间，即被见证的行为发生之时；空间，即律师所能见到的范围。律师不能道听途说或者靠推测，而只能对其所亲身经历的事情加以见证。

6. 范围广泛

律师见证的业务范围比较广泛，只要不是违法行为或者法律、法规禁止律师见证的事项，应委托人的委托，律师均可进行见证。

二、律师见证与公证的比较

（一）业务范围及依据

1. 业务范围

律师的业务十分广泛，广义上包含了所有诉讼与非诉讼业务，只要法律不禁止，律师都可以接受当事人的委托，律师见证仅是律师业务中的一部分。律师提供见证的业务范围具有广泛性。目前，大到经济体制改革，如企业改制、股份制试点、证券业发展、农村承包责任制、房地产开发和建设、引进外资、国际融资，小到婚姻、继承、货物买卖、财产赠予等，都可以成为律师见证的对象。

公证机构因为不以营利为目的，其业务是单一的，作为国家公权证明机构，其只能有公证一项业务，不能同时有别的业务。而且，其所服务的范围严格遵照《公证法》的规定，不具有广泛性。

2. 依据

我国《律师法》没有直接规定“律师见证业务”，我国《行政许可法》及其他法律法规也并未对“见证业务”设置行政许可。因此，见证业务不属于行政许可范畴，律师可以根据需要开展见证业务。我国的律师实务界及理论界均普遍以《律师法》第 28 条①关于律师可以从事业务范围中的像“接受委托，提供非诉讼法律服务”这样的类似规定作为依据，认为其已涵盖律师见证的内容。律师见证作为律师的一种执业行为，需要遵守《律师法》的规定，同时也应遵守各地出台的相关地方性法规和行业规范②。律师见证是律师事务所与当事人达成书面的协议，接受当事人的委托，对协议中所约定的事项提供见证服务，其见证事项的法律基础是协议约定，而非法律规定，只要约定事项不违反法律的强制性规定，都可以委托律师见证。

而公证机构开展公证活动主要依据《公证法》。公证是由当事人向公证机构提出申请，公证机构依法审核后，对于符合法律规定及该公证机构有管辖权的事项予以受理并进行公证。《公证法》第 11 条列举了可以公证的事项，可见公证的事项都是法定的。

（二）服务提供者

律师见证的实施主体是律师，它以律师事务所的名义进行，属于社会中介机构的证明，仍然属于私证。当事人与律师事务所是委托关系，当事人委托律师对相关事项进行见证，律师见证本质上是一种服务性的行为。

公证的实施主体是公证员，它以公证处的名义进行。公证是公证机关代表国家行使证明权，其与当事人并不存在委托关系，是国家公权力的象征，故称公证。

（三）效力

执业律师作为见证人，以律师事务所的名义进行的见证，属于“私证”，具有一般的证据效力，在诉讼中的证据证明力位阶类似于证人证言，证明力有待司法机关审查认定。

公证具有准司法性。《公证法》对公证的效力做出了明确的规定。其既可以作为一项

---

① 《律师法》（2017 年修订）第 28 条规定律师可以从事下列业务：（1）接受自然人、法人或者其他组织的委托，担任法律顾问；（2）接受民事案件、行政案件当事人的委托，担任代理人，参加诉讼；（3）接受刑事案件犯罪嫌疑人、被告人的委托或者依法接受法律援助机构的指派，担任辩护人，接受自诉案件自诉人、公诉案件被害人或者其近亲属的委托，担任代理人，参加诉讼；（4）接受委托，代理各类诉讼案件的申诉；（5）接受委托，参加调解、仲裁活动；（6）接受委托，提供非诉讼法律服务；（7）解答有关法律的询问、代写诉讼文书和有关法律事务的其他文书。

② 相关的行业规范有中华全国律师协会 2007 年制定的《律师见证业务工作细则》、上海市律师协会 2008 年制定的《上海市律师见证业务操作指引》等。

证据使用，也可作为一项具有强制执行力的法律文书，例如：经过公证的债权文书具有直接申请法院强制执行的效力，但这种强制效力并不是绝对的，有足够的相反证据就可能将之推翻；公证对于如合同效力的认定，并不具有绝对的效力，在诉讼中仍需司法审查确认。

参考案例 15－1

85 岁的老先生张某，于 2017 年 12 月 20 日到某公证处办理了一个书面的遗嘱公证。2018 年春节期间，子女回到父母家过年，聚会期间大家商量起老人家百年以后的财产处理问题，有子女提出请律师来办一个遗嘱公证。碍于情面，张老先生没有说出自己已经办理了公证遗嘱的事情，春节假期后第一天上班他就随众子女到了律师事务所办理了一个律师见证遗嘱。2018 年 5 月 14 日，张老先生去世。众子女准备依照见证遗嘱分配遗产时，发现了公证遗嘱。由于公证遗嘱与律师见证遗嘱的内容不同，继承人之间因此发生了纠纷。

《公证法》对公证的效力做出了明确的规定，公证具有准司法性。凡是与公证遗嘱内容相抵触的其他遗嘱一律无效。

第二节　律师见证的业务范围

一、禁止见证的业务范围

（一）违法活动

律师见证是对法律行为或法律事实真实性和合法性的见证，因此违法活动不在律师的见证范围内，即便律师对其做出见证，也是无效的，见证律师甚至会面临相应的处罚。

参考案例 15－2

全国各地不同程度地存在着一些所谓的“小产权房”①。为了充分发挥该类型房产的经济效能，在民间出现了出售、租赁以及作价投资等行为。有些当事人知道小产权房或违法建筑本身不得买卖，于是去咨询律师。有些律师为了招揽业务而不顾规定，为小产权房的销售进行见证。

律师见证并不能赋予违法行为合法性。广东省深圳市司法局为此专门出台了《关于严禁为违法建筑销售行为提供公证和律师见证服务的通知》，该通知指出，提供公证或见证服务需登记整改的范围包括：集体股份公司与外来企业或个人合作建设的违法建筑销售，集体股份公司自行集资建设的违法建筑销售，个人或企业在向集体股份公司购买的土地上建设的违法建筑销售，原村民将集体股份公司分配的房屋非法销售，原村民在私宅用地上违规多建或违规合作兴建房屋销售，其他违法建筑销售活动。2016 年深圳市律协就曾对

① 小产权房是指在农村集体土地上建设的房屋，未缴纳土地出让金等费用，其产权证不是由国家房管部门颁发，而是由乡政府或村政府颁发，亦称“乡产权房”。“小产权房”不是法律概念，是人们在社会实践中形成的一种约定俗成的称谓。该类房没有国家发放的土地使用证和预售许可证，国土房管局不会给该类房的购房合同备案。所谓产权证亦不是真正合法有效的产权证。

为违法建筑非法销售行为出具见证书的律师予以训诫处分并处罚款 1 000 元①。

（二）有违公序良俗

与给违法行为见证类似，给违反公序良俗的行为或事实见证也是无效的。根据《民法总则》第 153 条的规定，违背公序良俗的民事法律行为无效。

参考案例 15-3

甲（男）与乙（女）于某年某月某日双方商定拟签订一份协议书，约定甲借给乙 100 万元用于购买房屋，乙承诺终身不嫁他人而只做甲的情妇；若乙违反约定，则应双倍返还借款。甲为了确保该份协议书有效，拟到律师事务所请律师为之见证。

律师不得为这份名为借款实为包养的协议见证。即便有律师见证，该份协议也因违反公序良俗而无效。

（三）专项公证

属于法律法规或者行政规章强制公证的事项，只能办理公证，不得通过律师见证取代。

二、可开展律师见证的业务范围

中华全国律师协会 2007 年制定的《律师见证业务工作细则》规定，律师可以承办下列见证业务：（1）各类经济合同的签订与履行行为；（2）企业章程、董事会决议、转股协议等法律文书；（3）继承、赠予、转让、侵害等民事行为；（4）各种委托代理关系。凡是法律法规行政规章规定不应由律师见证的不得见证。

（一）文书见证

文书见证，是指在律师的见证下，委托人在律师面前亲自在法律文件上签名、盖章。文书见证的目的，是由律师确认委托人签署法律文件的意思表示的真实性。所见证的法律文件包括但不限于各类合同（协议）、公司章程、股东会或董事会又或股东大会决议、声明等等。

（二）行为见证

行为见证，是指律师见证法律行为（或法律事实）发生的真实性或其过程的真实性的行为。例如，见证委托代理关系的设立、变更、撤销；财产的继承、赠予、分割、转让、放弃；文件原本同副本、复印件是否相符。

（三）遗嘱见证

遗嘱见证，是指律师对立遗嘱人的身份进行核查，对立遗嘱过程以及遗嘱内容的真实性、合法性所作的见证。

律师对遗嘱的见证主要体现在两方面：一是律师作为见证方根据被继承人的口述代为起草遗嘱；二是律师对被继承人自行立遗嘱的整个过程进行见证。这两方面的区别仅在于律师是否参与了遗嘱的直接起草过程，但二者的一致之处是，律师作为专业的法律人士，在接受被继承人或各继承人的委托后，在见证前，有义务告知委托人立遗嘱人的身体状况和遗嘱之间的关系、立遗嘱的程序及所立遗嘱的合法性，有义务告知委托人所请的见证人

---

① 叶淑萍．罗湖棚改区首宗律师违规见证被处分．网易新闻．［2018-06-13］．http：//news.163.com/16/1101/06/C4P24EKR000187VE.html.

的资格和人数。办理遗嘱见证业务，应由两名律师共同进行。在仅有一名律师作律师见证的情况下，委托人必须再找一名与遗嘱内容无利害关系的自然人作为遗嘱的见证人。如果经律师见证的遗嘱因不符合法律规定的要件，而使遗嘱受益人因此蒙受经济损失的，律师所在的律师事务所应当承担过错赔偿责任。

参考案例 15-4

某年某月某日，原告之父委托律所作为见证人进行遗嘱见证，但在实际操作中仅有一名律师到场进行见证并出具了律师见证书。但该遗嘱在继承诉讼中最终被人民法院认定为无效遗嘱，原告不能依照遗嘱继承父亲的遗产，还须按照法定继承的规定向其他继承人付出继承房屋的折价款。原告因此向法院起诉律师事务所，认为因律师见证行为违反了法定程序，使遗嘱无效，导致其应当继承的权利受到了侵害，要求法院判决律师事务所承担赔偿责任。法院最终判决由律师事务所赔偿原告的经济损失①。

"法施于人，虽小必慎。"② 尽管律师不是法官，并不直接断案，但律师业务牵涉法律的适用和权利义务的分配。涉法事务非同儿戏，轻则涉及人的财产或声誉，重则涉及人的身家性命，必须处之以公，即使细微之处亦须审慎，决不可等闲视之。

（四）其他见证

其他见证，主要是指国家的法律、法规、部门规章，国有企业或大型企业的内部管理规定强制性要求律师见证的。

参考案例 15-5

中国证券监督管理委员会于 2016 年修订的《上市公司股东大会规则》第 5 条规定，上市公司召开股东大会，应当聘请律师对以下问题出具法律意见并公告：（1）会议的召集、召开程序是否符合法律、行政法规、本规则和公司章程的规定；（2）出席会议人员的资格、召集人资格是否合法有效；（3）会议的表决程序、表决结果是否合法有效；（4）应上市公司要求对其他有关问题出具的法律意见。中国证券监督管理委员会制定的《证券发行和承销管理办法》规定，对于首次公开发行证券的，承销商应在证券上市后报送律师见证意见；对于上市公司非公开发行股票的，发行人及其主承销商应当在发行完成后报送发行人律师关于本次发行过程和认购对象合规性的见证意见。《上海证券交易所股票上市规则》第 3.1.1 条及《深圳证券交易所股票上市规则》第 3.1.1 条均规定，董事、监事和高级管理人员应当在公司股票首次上市前，新任董事和监事应当在股东大会或者职工代表大会通过相关决议后一个月内，新任高级管理人员应当在董事会通过相关决议后一个月内，签署一式三份《董事（监事、高级管理人员）声明及承诺书》，并向本所和公司董事会备案。董事、监事和高级管理人员签署《董事（监事、高级管理人员）声明及承诺书》时，应当由律师解释该文件的内容，董事、监事和高级管理人员在充分理解后签字并经律师见证。

这些强制性规定便成了律师开拓律师见证业务的依据。

此外，还有对医疗的见证。为加强医疗质量的管理、防范或减少医疗纠纷的发生，许多医院都引进了律师见证制度。

---

① 王保富诉三信律师所财产损害赔偿纠纷案．最高人民法院公报，2005（10）．

② 出自宋·欧阳修《春秋论下》。

参考案例 15-6

哈尔滨医科大学附属第一医院从 2006 年开始，率先创造性地提出并执行了律师见证制度，即在医院医疗管理者的组织下，由律师、医生、患者或者其家属共同参加，并对难度大、风险高、费用多的手术进行讲解、沟通并记录、签字的过程。实行律师见证制度以来，律师见证的病例高达 1 315 例，无一起医疗纠纷发生，取得了良好的实效①。

医患关系紧张的原因有很多，纠纷的形式各异。解决问题的方式方法同样也有很多。采取积极的态度，引入律师见证制度，可以有效地减少医疗纠纷，缓解医患紧张关系。

课堂讨论

除了医患关系紧张外，还有师生关系紧张、商家与消费者关系紧张等。为了减少纠纷以及提高证据的证明力，你认为医疗方案律师见证的做法可扩展到哪些领域？律师见证需要注意哪些程序性的问题？

第三节 律师见证的注意事项

一、审查资格

律师见证前应首先严格审查核实当事人的主体资格。见证律师在对合同各方当事人的主体身份进行调查和认证时，仅以当事人自行提供的材料作为认定主体资格的依据远远不够，还要查明自然人或法人的真实身份、权利能力和行为能力；代理人的代理资格、代理权限；当事人的资信状况、履约能力以及合同履行的可行性。对企业来说，应当调查企业的工商登记、税务登记、外贸许可、特许经营、产品标准、专利商标等等，对相关的证据和材料，还应当到有关部门进行必要的调查核实。若在见证过程中，发现当事人不具有相应的主体资格，应拒绝出具见证书；若在见证书出具后发现当事人在出具见证书时不具有相应的主体资格，也应当撤销见证书。

二、坚持原则

（一）自愿原则

律师见证应当遵循自愿原则是由律师见证的特征及当事人在民事活动中的平等地位决定的。所谓自愿原则，即当事人要求实施见证这种民事行为时，应自觉、自愿，不受任何他方意志之强迫。律师只能向当事人宣传律师见证的法律意义，帮助当事人树立正确的法律观，但不能强迫任何当事人进行见证；选择哪一位律师进行见证，也完全遵从当事人的意愿。自愿原则是律师见证的重要原则，也是确保律师见证公正的前提。

（二）公平原则

公平原则要求经办律师要真实地反映客户的意思表示，客观地确认正在发生的法律行

---

① 律师见证对医疗纠纷的预防．公务员之家．[2018-06-15]．http：//www.gwyoo.com/lunwen/yiliaoweisheng/ylgllw/201209/540954.html.

为。公平原则是由律师见证业务的特性所决定的。律师办理见证业务并不是从委托人的利益出发，而是要从所见证内容的客观真实性出发。为保障律师见证的客观公正性，律师在见证过程中要站在第三者的立场上进行，特别是在一方当事人先委托律师审查有关见证事项，而后双方或几方当事人邀请律师见证的情况下，见证律师更要秉公客观地维护各方当事人的合法权益。

（三）直接原则

直接原则要求律师仅能就其本人所见范围内发生的具体法律事实进行证明。这就对律师见证有了严格的时间和空间限制，要求律师不能由别人代替自己去观察，也不能对已发生的法律事实进行追认见证，更不能对将来发生的事情进行预先见证。

（四）客观原则

律师必须坚持只能见证自己亲眼所见的法律事实或法律行为。对于已经发生或者将要发生的事情，律师都不能见证，这是律师见证在时间上和空间上区别于公证的地方。

律师见证的必须是客观的事实、行为或者是关系，不得对未出现的结果进行见证。

参考案例 15-7

某仲裁委员会自 2013 年以来就不断对外声称其在民商事仲裁领域率先进行了创新性的探索，其推出的所谓“先予裁决”① 是如何有效地预先化解了当事人之间的矛盾，又是如何得到了当事人的高度赞誉。但是，最终却被最高人民法院以批复②的方式予以明确否定：合同当事人申请执行仲裁机构在纠纷发生前做出的仲裁裁决或者调解书，人民法院应当裁定不予受理；已经受理的，裁定驳回执行申请。

公信力是仲裁的生命力和立身之本③。因此，“未卜先知”的“先予裁决”不但不能有效地解决当事人之间的纷争，还会败坏民商事仲裁的声誉，严重地扰乱司法秩序、破坏社会主义法治。律师更不得以所谓的“先予见证”来未卜先知，对当事人的权益做出随意处分。

（五）回避原则

律师开展见证活动，应注意避免利益冲突（相关各方同意委托同一家律师事务所进行见证的除外）。而且，不得以执业律师身份办理与本人、配偶或配偶的近亲属等有利害关系的见证业务。出现律师须回避的情形时，当事人有申请回避的权利；当事人没有申请回避的，律师也应主动回避。

三、符合要件

在对一些比较复杂的法律行为进行见证前，必须进行充分的法律调研，弄清该法律行为的合法程序及有关强制性要求。以保证所见证的事项符合要件。比如对上市公司股东大

---

① 据该仲裁网站对外宣传称：先予仲裁也称无争议同时仲裁，是指双方当事人在合同签订的同时，为保障其合法权利将来得以实现，预防纠纷发生，避免以后再去仲裁或诉讼的麻烦，迫使双方履行确定的条款，而约定通过本仲裁机构就合同所涉及的内容提前仲裁，以调解方式结案，并出具调解书或据双方要求制作裁决书的一种仲裁形式。

② 最高人民法院关于仲裁机构“先予仲裁”裁决或者调解书立案、执行等法律适用问题的批复（法释［2018］10 号），2018-06-05.

③ 彭晓月，焦艳．《法制日报》就“先予仲裁”发文：希望湛江仲裁委表达整改意愿．法制日报，2018-06-11.

会的律师见证，就必须完全明白召集程序、表决程序等有关规定，否则就无法保证所见证的法律行为是合法的。同时，要对当事人所提供的材料进行认真审查分析。主要包括以下内容：当事人是否具有民事权利能力和民事行为能力；当事人的意思表示是否真实；当事人所要求见证的事项是否合法；当事人提供的证明材料和其他文件是否具有真实性、合法性、完整性和有效性。律师认为当事人所提供的材料不全或有疑义，应让当事人作必要的补充或向有关单位、个人进行调查取证。确保当事人所提交材料的真实性，确定意思表示真实、明确，无欺诈、胁迫、乘人之危和重大误解的情形。

四、勤勉尽责

从律师见证的目的看，见证不仅仅是对行为的见证，如律师只对合同签字及盖章行为的真实性作见证，并不对双方合同的内容作见证，这样，律师作为法律服务职业者的专有属性就得不到体现，律师见证也就失去了应有的法律意义。律师见证不同于普通公民的作证，主要体现在见证律师有对见证事项的合法性进行审查的义务。

第四节　律师见证的具体方法

一、观察

律师见证的专业性特征，要求律师必须采取科学的方法，确保见证事项真实、合法，进而提升律师见证的公信力。律师见证的方法与普通见证人采取的方法不完全相同，普通人仅仅靠双眼观察，并以其大脑对过去观察到的事项留存的记忆进行证明。而对律师见证的方法则有更高的要求，主要表现在：首先，律师见证方法要科学，是选择一种方法还是多种方法并用，取决于见证事项的类型和复杂性；其次，律师见证要得以物化固定，或拍照留存，或现场记录，都要有必要的证据对见证事实予以佐证。

经办律师必须亲临现场观察。为维护律师见证的客观性和权威性，要求由两名律师到场见证，互相监督配合。

二、记录

见证律师应对观察的过程和见到的事实进行客观全面的记录，并在见证记录上签字，必要时应要求现场人员也予以签字确认。

当所见证的是十分重要的事项或者需要更为谨慎对待的事项时，经办律师应当对关键事项及过程进行录音、录像或拍照，保留必要的证据，提高见证的公信力。从广义上讲，录音、录像、拍照其实也是对见证事项的记录，只不过为了区别于见证律师制作的见证笔录而已。

三、审查

为保证见证事项的合法性及真实性、完整性，合法性审查也是律师见证的必要方法。经办律师应对当事人的权利能力及行为能力，当事人意思表示的真实性，见证事项的合法性及当事人提供的证明材料的真实性、合法性、完整性及有效性等内容进行审查。

第五节 律师见证书

一、律师见证书的内容及格式

（一）首部

1. 标题

写明“律师见证书”。

2. 文书编号

写在标题的右下方，按年份、律师事务所的简称、文书简称以及编号的顺序排列。

3. 委托见证人的情况

是公民委托的，应写明姓名、性别、出生年月日、民族、籍贯、职业以及工作单位和职务、住所等情况；如果是法人或其他组织委托的，应写明其全称和住所，并另起一行，写明其法定代表人（或代表人）的姓名和职务。委托见证人不止一人的，应分情况按顺序逐一书写。为了表明委托见证人在具体法律关系中所处的不同地位，可以在他们各自姓名或法人、其他组织全称之后加括号予以注明。委托见证人如有代理人，应在紧接该委托见证人的下一行（委托见证人是法人、其他组织的，应在紧接其法定代表人或代表人的下一行），写出代理人的姓名、性别、职业、住所以及与该委托见证人的关系。

（二）正文

1. 见证事项

见证事项，即指委托见证人就何事请求律师见证，要写得简明扼要。

2. 见证过程

要概述从接受委托到办好见证的全过程，着重说明律师本着“以事实为根据，以法律为准绳”的原则，为确认见证事项具有真实性、合法性做了哪些工作，从而可以顺理成章地过渡到见证结论。篇幅不宜过长，表述要力求全面。

参考案例 15－8

一份分房协议见证书中的见证过程是这样写的：“本所于××年××月××日接受上列委托见证人的委托，指派律师×××、×××办理此项见证。经查阅委托见证人身份证件，审阅分房协议书全文以及该房屋产权凭证，并与委托见证人分别进行谈话后，根据查核情况，特作如下见证：……”

见证过程和见证结论可以合并写，也可以分开写。

如果委托见证人提供的证据材料不足或存在疑义，“见证过程”栏内还应交代律师进行调查的情况。

3. 见证结论

见证结论，是律师根据有关法律的规定，判断自己亲临见证现场所目睹的当事人实施的法律行为和所审查的材料是否符合客观性、真实性、合法性标准的法律评语。见证结论是见证书的核心，既要写明委托见证人的主体资格符合要求，具有权利能力和行为能力，又要写明见证事项真实合法。见证结论要求写得实事求是，明确具体。可以与见证事项的法律依据合在一起写，也可以分开写。

参考案例 15－9

一份自书遗嘱见证书的见证结论可以和法律依据合并来写。如“兹证明×××在书立自书遗嘱时神智正常，思维敏捷，具有权利能力和行为能力。该遗嘱系由×××亲笔书写，在见证律师面前签名盖章，书立遗嘱的时间为××××年××月××日，符合《中华人民共和国继承法》第十六条第二款和第十七条第二款之规定”。

尽管律师见证书有一定的规范格式，但是在具体的内容表达方式方法上，没有统一的要求，可由见证律师视具体情况而定。

4. 法律依据

主要在于说明见证事项的合法性。以自书遗嘱的见证书为例，一般的写法是：“经查，委托见证人亲笔书写的遗嘱，符合《中华人民共和国继承法》第十六条第二款和第十七条第二款的规定”。制作正文时，除见证事项一栏要单独列出（与委托见证人相同）外，见证过程、见证结论和法律依据三项不必列出小标题。这三项虽然可视具体情况合写或分段写，但要做到互相吻合，使整个正文部分形成有机的统一体。

（三）尾部

参加见证活动的委托人在见证书上签名，见证律师签名并加盖所在律师事务所的事务印章，以示负责。

参考文书

律师见证书

××律（20××）见字第××号

××律师事务所接受________________委托进行________事项见证。见证律师审查了委托人提供的________________文件。

兹证。

××律师事务所

见证律师：×××

××××年××月××日

二、律师见证书的制作、存档

（一）律师见证书的制作

律师见证书可以包括以下内容：(1) 委托人的身份信息；(2) 委托见证事项、范围；(3) 见证过程；(4) 见证的法律依据；(5) 见证结论；(6) 免责声明和保留条款；(7) 出具见证书的时间、见证书份数。

律师见证书应由律师签字、盖章，并加盖律师事务所公章或者是法律文书章。

（二）律师见证书的存档

律师见证工作完成后，应立即将下列材料立卷归档：(1) 委托见证合同文本；(2) 工作底稿；(3) 律师事务所对重大/疑难见证进行讨论、审批形成的材料；(4) 决定不予见证的，应将不予见证的通知书附卷；(5)“律师见证书”原件；(6) 律师事务所发票附联；(7)“律师见证书”的送达回证或签收确认书。

律师事务所对律师见证档案应统一管理，按行业管理规范的规定长期保存，不得涂改、变更、销毁。

【引例评析】

律师见证是律师非诉讼业务的一类。律师见证需要符合程序性条件和满足实质性要件。律师不得为违法行为见证。在双方发生纠纷的情况下，应当依照法律规定处理。拖欠租金和承租人存放在租赁场地的设施，毕竟是涉及债权（合同关系）和物权两个不同性质的问题；依约可单方行使合同解除权，但并不可以擅自处分他人的财物。

【练习题】

一、概念

律师见证；公证；律师见证书

二、简答题

1. 律师见证与公证有何区别?
2. 律师开展见证业务应当注意哪些问题?

【模拟实训】

一、模拟场景

两人准备签订一份二手商品房的买卖合同，希望律师为其起草一份合同书并见证签署的过程。

某公司准备召开股东会，希望常年法律顾问列席参加会议并为会议过程和所做出的决议作见证后出具律师见证书。

二、题目

1. 草拟一份商品房买卖合同，并出具律师见证书。
2. 参加公司股东会议并出具律师见证书。

第十六章　律师法律援助业务

◆【本章引例】

小张是某大专院校法学专业的学生，毕业前在某市的法律援助中心实习。一天，在值班大厅有一位西装革履的先生在窗口咨询，声称自己的公司已陷入破产的境地，但是现在有好几起被他人起诉偿债的案件在法院将要开庭，公司已经无财力聘请律师，希望获得法律援助。工作人员了解详情后回复他说，这不属于法律援助的范围。排在队伍最后面的一位大嫂则十分紧张，她悄悄地把小张拉住，问："我先生在一个建筑施工工地打工受了伤，老板只是将他送到医院，现在已经没有医药费了，医生说没有钱就要停药了，但我们连吃饭的钱都没有了，这人生地不熟的，我要求法律援助是不是也不符合要求呀？求求你帮帮我吧。"小张安慰她："大嫂，别急。等下您好好和工作人员说。"

◆【学习的目的与要求】

通过本章学习，了解法律援助制度的起源、发展以及其在我国的现状。了解法律援助制度的意义、特点。熟悉法律援助的对象、范围以及律师开展法律援助活动的注意事项和具体要求。

◆【重点问题】

- 律师的法律援助义务
- 律师提供法律援助服务的范围
- 律师在提供法律援助服务时须注意的问题

第一节　法律援助制度概述

一、法律援助的发展及意义

（一）律师法律援助的界定

广义的法律援助，是指在国家设立的法律援助机构的组织、指导和统一协调下，律师、公证员、基层法律工作者等法律服务人员和社会志愿组织给予社会弱势群体或特殊案件的当事人减、免收费用的待遇，以及人民法院自行决定缓、减、免收经济困难的当事人的诉讼费，以保障实现特殊当事人合法权益的制度。

狭义的法律援助，指的是由国家设立的专门法律援助机构和社会热心人士，为处于社会弱势地位的自然人或特定案件的被告人提供无偿的法律服务，从而使所有的诉讼主体都能够平等享有权利的制度。狭义的法律援助，不包括人民法院对当事人诉讼费用的缓、减、免收，也不包括公证机构为当事人提供的减、免收费的公证法律服务。本章所说的法律援助，是狭义的法律援助。

法律援助是政府的责任。政府积极推动法律援助工作，为法律援助提供财政支持。国务院司法行政部门监督管理全国的法律援助工作，县级以上地方各级人民政府司法行政部门监督管理本行政区域的法律援助工作，中华全国律师协会和地方律师协会按照律师协会章程对法律援助工作予以协助。

法律援助也是律师的义务，律师根据法律援助机构指派或安排提供法律援助服务。律师应依据《律师法》和 2003 年 9 月 1 日起施行的《法律援助条例》的规定履行法律援助义务，为受援者提供符合标准的法律服务，依法维护受援人的合法利益。

（二）法律援助的特点

1. 国家责任性

法律援助是国家的责任、政府的行为，由政府设立的法律援助机构组织实施。它体现了国家和政府对公民应尽的义务。因此，与之相对的是，获得法律援助是公民的权利，如果公民符合条件，无须向任何机构支付报酬就可以获得法律援助。

2. 制度性

法律援助是法律化、制度化的行为，是国家社会保障制度中的重要组成部分。《法律援助条例》对法律援助进行了专门的规范，在《刑事诉讼法》等法律中也有涉及法律援助，它是一种被国家以法律的形式明确规定的行为。法律援助的实施，有明确的条件、实施范围、实施途径等，这些都通过法律条文的形式加以确定，并在实践中得到落实，是一种规范的制度化行为。

3. 专业性

法律援助由专门的法律援助机构负责组织和实施，在机构层面上具有专业性。同时，在个案中提供法律援助服务的是具备专业法律知识的律师，提供服务的个体也具有专业性。一些地区甚至规定某些特殊的或者难度较大的案件，只能由执业经验丰富的律师承办。因此，法律援助是律师以自己的专业知识帮助社会弱势群体、维护社会公平正义的体现。

4. 对象特殊性

虽然接受法律援助是公民的权利，但并不是每个公民都可以无差别地获得法律援助服务。受援对象具有特殊性，一般而言是指经济困难者，或者特殊刑事案件中的被告人。受援对象的特殊性体现在，他们几乎都是社会中的弱势群体，如果法律援助缺位恐怕难以维护自己的权益。对象的特殊性体现的是法律援助扶贫救弱、维护公平正义的特性。

5. 受援助性

最体现受援助性的是法律援助的无偿性。2001 年召开的第二次全国法律援助工作会决定，我国的法律援助不采取任何减收费用的形式，而是实施免收费用的形式。暂缓缴费及减少收费实质上仍然是有偿服务，如果法律援助机构因利益驱动而违背其公益的性质，将影响法律援助工作的社会公信力。法律援助机构只有为符合条件的援助对象提供不收取任何费用的法律援助服务，才能真正为有需要的群体解决维权的后顾之忧。

6. 全方位性

法律援助的全方位性体现在援助内容和接受援助主体的全方位性。法律援助的内容包括诉讼和非诉讼服务两大部分。公民前往法律援助中心向值班律师咨询法律问题，就属于非诉讼的法律援助服务。除此之外，还包括法律文书代写等非诉讼形式。而诉讼的法律援助服务则包括代理民事、行政、刑事诉讼案件等。援助主体的全方位性，体现在提供法律援助的主体具有广泛的代表性。既包括法律援助机构聘请的专职从事法律援助的律师、自愿参与法律援助的社会律师以及其他法律工作者，也包括社会中自愿投身法律援助事业的公益组织和热心人士等。

（三）法律援助制度的起源及发展

1. 法律援助的起源

法律援助制度是法制社会发展的产物。在西方国家，律师自发为穷人打官司，提供免费的法律服务。后来随着越来越多的律师参与进来，这种慈善行为逐渐升级为国家行为。

中世纪的苏格兰最早发展了法律援助制度，15 世纪末统治者亨利在法案中规定："应当根据正义原则要求律师同等地为穷人服务。"这一时期法律援助制度的特点表现为，法律援助是私人律师基于怜悯之心而对经济穷困之人提供的免费或者价格优惠的法律服务，主观随意性较大。是否采取法律帮助，完全取决于律师个人的意愿，国家并未参与其中。

17 世纪末 18 世纪初，随着近代资产阶级律师制度的产生，法律援助制度的发展开启了新的篇章。16 世纪 70 年代西班牙国王颁布了皇室法令，主要内容是勒令国家律师协会在处理涉及关押在看守所的贫民的案件时，免费为贫民提供法律服务，这项举措为法律援助在西班牙的发展奠定了良好的基础。16 世纪 80 年代，奥地利对《法院程序法典》进行了修正，规定国家有为穷苦当事人支付案件费用的义务。

20 世纪以后，西方国家的法律援助制度日趋完备，并且有向发展中国家延伸的趋势。时至今日，对特殊群体进行法律援助已经成为国际社会的共识，《公民权利和政治权利国际公约》等国际公约均确定了法律援助为国家义务，并且法律援助呈现出国际化的特征。具备什么样的法律援助制度，法律援助制度是否完备，已经成为衡量一个国家文明进步与否的重要标志。

2. 外国法律援助制度的发展

英国最早的法律援助主要是面向低收入者的法律咨询。1918 年英国提出了"25 英镑计划"的方案，并在 1972 年的法律扶助及法律咨询法的提案中实现。根据这一计划，律师对咨询人的财产状况进行简单了解后，就可以对有资格的人提供相当于 25 英镑报酬的法律咨询并对必要的事件进行处理。法律扶助分为三种：法律指导与协助、法律扶助、刑事法律扶助。1988 年英国又制定了新的法律，对那些以自己的经济能力无法获得法律咨询、扶助或代理的人，通过公共基金的方式为其提供帮助，使其获得法律咨询、扶助和代理。

美国于 1870 年成立了第一个法律援助机构。1963 年美国最高法院根据宪法"刑事案件被告人有获得辩护的权利”的规定，要求政府向被各州法院认为犯了重罪的被告提供法律帮助。法律援助对象的范围得到拓展，受援对象不再局限于贫民。1974 年，美国国会通过了《法律服务公司法案》，建立了一个独立的、由联邦提供经费的法律服务公司，其资金来源一是由经济机构投资，二是国会拨款，三是州政府提供，四是律师捐助。

法国历来认为审判是平等原则的体现，这种平等不能因为当事人没有财力而得不到实现。因而在律师协会内部就逐渐形成了一个为贫困者无偿进行法庭庭辩的惯例。早在 20 世纪 70 年代，法国就颁布实施了《审判援助法》。该法规定：“对于想实现审判上的权利，但财力不足的人可以得到全部或部分的审判援助。是否给予审判援助，不必做出必定胜诉的判断，只要有明显的不至于败诉的情形就可以给予审判援助。”审判援助的事务工作，由司法系统或行政系统的各法院管辖地区所设立的审判援助事务所处理。

在 20 世纪 90 年代，德国对获得法律援助对象的条件做出了调整，对援助的范围也进行了限制。针对德国当时的具体情况，做出了更为详细的规定。德国法律援助的对象必须是在“经济上被部分剥夺或者被剥夺基本社会权利的人”。即由于家庭收入水平低，因而影响到其诉讼力量的当事人，可以请求国家提供法律援助。根据德国的现状，申请法律援助的主体一般为失业者、丧失劳动能力的人和因经济困难无法聘请律师而放弃诉讼无法保障自己合法权益的人。

日本法律援助工作者大多被称为“国选辩护人”，是指诉讼案件的被告人因为收入较低、经济困难，在无法聘请或是不愿意聘请律师的情况下，由法院指定律师担任辩护人。法律扶助是指对经济困难的人进行法律援助，主要是通过募集捐款这种方式给贫民提供法律帮助，或在诉讼案件中为经济困难者垫付审判费用等。

3. 我国法律援助制度的形成及发展

我国 1992 年开始了对有经济困难的诉讼当事人的法律援助，武汉大学首先建立的“社会弱者权利保护中心”，拉开了我国法律援助工作的序幕。1994 年在广州成立的第一家由政府设立的法律援助机构“广州法律援助中心”，标志着我国法律援助制度的正式开启。1996 年《刑事诉讼法》第 34 条①，首次在法律上确认了法律援助制度，同年 5 月《律师法》第 41 条②的规定，对其作了进一步的明确。到 2003 年《法律援助条例》的出台，表明我国法律援助制度逐渐进入了规范的法治轨道。

4. 我国法律援助的现状

目前，我国法律援助事务主要由各级法律援助中心承办。截至 2017 年年底，全国共设立法律援助机构 3 200 多个，法律援助工作站 7 万多个，建立便民服务窗口 3 000 多个，广大律师共办理法律援助案件 57 万多件，比 2016 年同比增长 11.4%③。

---

① 《中华人民共和国刑事诉讼法》(1996 年修正) 第 34 条：公诉人出庭公诉的案件，被告人因经济困难或者其他原因没有委托辩护人的，人民法院可以指定承担法律援助义务的律师为其提供辩护。被告人是盲、聋、哑或者未成年人而没有委托辩护人的，人民法院应当指定承担法律援助义务的律师为其提供辩护。被告人可能被判处死刑而没有委托辩护人的，人民法院应当指定承担法律援助义务的律师为其提供辩护。

② 《中华人民共和国律师法》(1996 年版) 第 41 条：公民在赡养、工伤、刑事诉讼、请求国家赔偿和请求依法发给抚恤金等方面需要获得律师帮助，但是无力支付律师费用的，可以按照国家规定获得法律援助。

③ 王丽．熊选国介绍我国法律援助工作基本情况．中国人民共和国司法部．[2018－06－11]．http：//www.moj.gov.cn/subject/content/2018－03/09/344_16688.html.

近年来，我国法律援助工作的进展主要体现在以下方面：扩大法律援助事项的补充范围，如扩大民事、行政法律援助的覆盖面，逐步涉及劳动保障、婚姻家庭、食品药品、教育医疗等与民生紧密相关的事项；放宽经济困难标准的范围，将经济困难标准调整至低收入、最低工资标准或低保标准的两倍；加强刑事法律援助工作，参与刑事案件速裁程序试点工作，在法院、看守所派驻法律援助值班律师等。2016 年 9 月 1 日至 2 日在北京举行的第三届中欧法律援助研讨会更是以“特殊需求群体的法律援助”为主题，重点围绕如何为妇女、儿童、老年人、残疾人等特殊需求群体提供优质法律援助服务展开讨论，表明我国对弱势群体的法律援助力度正在不断加大。

（四）法律援助的意义

1. 彰显律师行业社会服务的价值

律师作为具备法律知识的专门人才，其专业知识和财富积累来自社会，因此其不仅要为自己的客户提供服务，更要利用自己的专业知识回报社会，做出相应的贡献。律师参与法律援助，免费为社会公众提供法律咨询、进行普法宣传，无偿为困难群众及弱势群体代理诉讼，体现的正是其服务社会的价值。

2. 实现公平正义

曾几何时，法律服务成为昂贵的代名词，经济宽裕者可以聘请律师为其提供法律服务，而经济困难者往往既缺乏法律知识又难以承担律师费用，其合法利益难以得到维护。法律援助正是为了解决后者的困境，避免因为经济条件不同而造成的不公平，真正实现了“法律面前人人平等”。另外，刑事诉讼领域的法律援助可以维护被告人的合法权益，避免因律师的缺位而导致其合法权益无法得到应有的保护，促进程序正义和实体正义的实现。

3. 构建和谐社会

律师队伍是落实依法治国基本方略、建设社会主义法治国家的重要力量，是我国法律援助事业的主体力量。推进法律援助工作，是贯彻全面依法治国、有效发挥律师在建设社会主义法治国家中作用的必然要求，是加大法律援助服务群众的力度、提供优质高效法律援助服务的客观需要，是广大律师忠诚履行社会主义法律工作者职责使命、树立行业良好形象的重要体现。法律援助使法律服务走进千家万户，法律援助普及了法律知识、维护了公平正义，有利于构建和谐社会。

二、律师提供法律援助的义务

（一）律师法律援助义务的界定

我国的法律援助制度可以概括为“政府责任、律师义务”。之所以称之为政府责任，是因为法律援助机构要由政府组织，并提供财政支出。同时法律援助也是律师的义务。律师，既是一个社会的特定职业的从业者，也是具体的社会成员，其除了在社会中因开展专业活动而获得报酬外，还应履行一定的社会职责、承担社会责任。因此，律师提供法律援助是被当作一种义务来看待的。有的律师协会在对律师进行年度考核时，往往将律师是否履行了法律援助义务作为一项指标。

（二）律师法律援助义务的具体承担

1. 提供免费咨询

提供免费的法律咨询是律师法律援助最基本的形式。律师通过在法律援助机构值班或在法院、看守所驻点等形式，为来访群众提供法律咨询服务。咨询服务并不收取任何费用，不面对特定人群，也不针对特定案件。就是说没有达到经济困难标准的当事人也可以前往法律援助机构向值班律师提出法律问题，并得到律师的解答，询问的范围也不限于《法律援助条例》第10条规定的内容。

2. 参加社会普及法律知识活动

律师可以通过法律援助机构、司法局、街道办等组织的普法活动提供法律援助。通过上述活动，向社区居民、社会公众普及法律知识、宣传最新立法活动、解读法律法规等。让纸上的法律走进人们心里，留在公众脑海中。例如，律师通过司法局在社区组织的普法讲座，介绍宪法修正案，加强公众对法律条文的理解，增强其法律认同感。

3. 提供免费的刑事法律辩护

律师为公民提供免费刑事法律辩护主要有两种方式：一种是公民向法律援助机构申请；另一种是法院为被告人指定辩护时，由法律援助机构安排律师提供法律援助。前者对申请人的经济条件有要求，必须是经济困难的公民才可申请，主要体现为对经济困难群体的帮助；后者对法律援助服务接受者的经济条件没有要求，目的是保障司法程序的顺利进行，保护被告人的合法权益，维护社会正义。

4. 提供免费的民事和行政诉讼代理服务

民事和行政诉讼代理服务主要是面向经济困难的公民，通过诉讼的方式切实为其解决生活中遇到的具体困难。

参考案例 16-1

高老先生年近90岁，有一女两子，均已成家，且各自经营着自己的公司。高老先生一直靠子女资助生活且独居，最近一段时间其子女并未给予高老先生赡养费，高老先生只好靠邻居接济度日。居委会的工作人员知道后上门了解情况。高老先生诉说自己没有工作单位和养老金，一直以来都是靠子女不定期的资助生活，现在要向子女要求支付赡养费却又无力聘请律师提起诉讼，真的不知道该怎么办。

居委会的工作人员了解情况后，先组织居委会的工作人员一方面动员当地的志愿者帮助高老先生安顿当下的生活；另一方面积极联系高老先生的子女，同时联系法律援助中心的工作人员，希望能够提供上门服务。

第二节　律师提供法律援助的范围

一、律师提供法律援助的法定范围

根据《法律援助条例》第10条的规定，公民对下列需要代理的事项，因经济困难没有委托代理人的，可以向法律援助机构申请法律援助：(1) 依法请求国家赔偿的；(2) 请求给予社会保险待遇或者最低生活保障待遇的；(3) 请求发给抚恤金、救济金的；(4) 请求给付赡养费、抚养费、扶养费的；(5) 请求支付劳动报酬的；(6) 主张因见义勇为行为产生的民事权益的。省、自治区、直辖市人民政府可以对前款规定以外的法律援助事项做出补充规定。

在刑事诉讼中有下列情形之一的，公民可以向法律援助机构申请法律援助：(1) 犯罪嫌疑人在被侦查机关第一次讯问后或者采取强制措施之日起，因经济困难没有聘请律师的；（2）公诉案件中的被害人及其法定代理人或者近亲属，自案件移送审查起诉之日起，因经济困难没有委托诉讼代理人的；（3）自诉案件的自诉人及其法定代理人，自案件被人民法院受理之日起，因经济困难没有委托诉讼代理人的。公诉人出庭公诉的案件，被告人因经济困难或者其他原因没有委托辩护人，人民法院为被告人指定辩护时，法律援助机构应当提供法律援助。被告人是盲、聋、哑人或者未成年人而没有委托辩护人的，或者被告人可能被判处无期徒刑、死刑而没有委托辩护人的，人民法院为被告人指定辩护时，法律援助机构应当提供法律援助，无须对被告人进行经济状况的审查。

省、自治区、直辖市人民政府可以对《法律援助条例》规定以外的法律援助事项做出补充规定。

参考案例 16-2

《广东省法律援助条例》规定：福利院、孤儿院、养老机构、光荣院、优抚医院、精神病院、SOS儿童村等社会福利机构，因维护其合法民事权益需要法律帮助的，法律援助机构根据其申请可以提供法律援助；社会组织依法对污染环境、破坏生态等损害社会公共利益的行为向人民法院提起民事公益诉讼的，法律援助机构根据其申请可以提供法律援助。刑事诉讼中有下列情形之一，被告人没有委托辩护人的，人民法院可以通知法律援助机构指派律师提供辩护：共同犯罪案件中，其他被告人已委托辩护人；有重大社会影响的案件；人民检察院抗诉的案件；被告人的行为可能不构成犯罪；被告人为外国人或者无国籍人；恐怖犯罪案件和危害国家安全犯罪案件。人民法院审理强制医疗案件，被申请人或者被告人没有委托诉讼代理人的，应当通知法律援助机构指派律师为其提供法律帮助，法律援助机构应当指派律师为其提供法律援助。

2018年2月正式实施的《南通市完善法律援助制度的实施办法》首次将行政诉讼纳入法律援助范围，开创了全国的先河。

《军人军属法律援助工作实施办法》对军人军属的法律援助也有特殊的规定。除《法律援助条例》规定的事项外，军人军属对下列事项因经济困难没有委托代理人的，可以向法律援助机构申请法律援助：请求给予优抚待遇的；涉及军人婚姻家庭纠纷的；因医疗、交通、工伤事故以及其他人身伤害案件造成人身损害或财产损失请求赔偿的；涉及农资产品质量纠纷、土地承包纠纷、宅基地纠纷以及保险赔付的。

课堂讨论

一位大嫂的丈夫在建筑工程施工中受伤，她要求获得工伤赔偿并得到了某市法律援助中心提供的法律援助。经过报道，社会上的热心人士为其捐赠了数十万元。大嫂为了更好地为其丈夫维权，利用获得的捐赠资金，出高价聘请了某位知名律师与法律援助中心指派的律师共同代理工伤索赔案件。

法律援助的范围和条件是有明确规定的。在确定提供法律援助之后，发生了类似的情况，法律援助是否还应继续呢？

二、行业规范的援助范围

中华全国律师协会作为依法对律师行业实施管理的全国性的律师自律组织，在其章程

第 8 条中规定：个人会员应承担律师协会委托的工作，履行律师协会规定的法律援助义务。各地律师协会的章程也有类似的规定，例如，《广东省律师协会章程》在第 11 条规定：正式个人会员应承担本会委托的工作，履行本会规定的法律援助义务。另外，《广东省法律援助基金会章程》第 7 条也规定基金会慈善活动的业务范围为：资助贫困的妇女、未成年人、老年人、残疾人、农民工等困难群体和特殊群体获得法律援助服务；资助并开展法律援助宣传活动；组织并开展法律援助项目活动；资助并开展与基金会宗旨相关的咨询服务、交流和合作。

可见，律协已将提供法律援助服务作为律师应尽的义务，律协配合法律援助机构提供法律援助服务。

三、律师事务所自定的援助范围

律师在执行法律援助机构和律师协会指派的法律援助任务外，可以自行划定相应的法律援助案件范围和法律援助的经济标准，由律师个人或所在律师事务所提供经费支持，为有需要的群体提供法律援助。这种法律援助形式不纳入国家层面的法律援助制度，但由于其有利于弘扬律师的社会责任感，维护法律秩序和社会稳定，国家并不加以禁止。

参考案例 16-3

某天，一位抱着一个未满 1 岁婴儿的大嫂来到某律师事务所，哭诉自己的丈夫在该地的建筑施工场地施工时受了伤，包工头只是让工人将其送到了医院，经过抢救性命是保住了，但却终身瘫痪。现在包工头再也不出钱了，承包商认为这件事与他们没有关系，总发包方和开发商更是理直气壮地说发包、承包和劳动关系八竿子打不着，让她去找律师解决。大嫂还说："孩子出生不久，丈夫就出来打工，原本想赚点生活费。现在家庭支柱倒了，不但我们的生活没有着落，而且丈夫也面临着被赶出医院的绝境。"

陈律师听后，向律师事务所主任汇报了情况，并说自己想接下这个工伤损害赔偿的案件，给当事人提供无偿的法律援助。主任了解了情况后，十分赞赏陈律师的做法，并表示全所的工作人员将尽力为该案提供帮助，事务所将全额承担陈律师的办案费用，陈律师需要整理好这个案件的资料，上报市法律援助中心。大嫂对此十分感激。

第三节　律师提供法律援助的注意事项

一、不得私自收费

无偿提供法律服务是法律援助的核心要求，也是其援助性质的体现。无须付费是开展法律援助服务的基本前提，在提供法律援助时，经办律师不得私自向接受服务的人或者家属收取费用。此处的不得收取费用，指的不仅是不得收取法律服务本身的费用，而且是不得以任何名义收取任何费用。即便是接受服务者或其家属以任何名义主动提出愿意付费或者以某种方式给予援助律师"补助"或者"好处费"的，经办律师也应予以拒绝。例如，经办律师为代理受援人出庭应诉，乘坐出租车从律师事务所前往法院，受援人提出为经办律师报销出租车费并提供午餐费等，经办律师不得接受。

二、提供专业服务

虽然法律援助服务的受援人不向经办律师支付费用，不能直接为经办律师带来经济收益，但律师不得因此降低服务标准，以“走过场”的态度敷衍受援人。律师应当以同等标准和态度对待接受法律援助者和自己的付费客户，尽心尽力为接受法律服务的对象提供力所能及的最优质的服务。

参考案例16-4

某律师事务所接到由市法律援助中心转来的当地中级人民法院的一起刑事案件指定辩护的材料，经律师事务所所务会议研究后，决定由王律师承担该案的法律援助工作。接到任务后，王律师以自己手头上还有好几个案件未处理完毕，时间安排不过来为由，怠于查阅卷宗、会见当事人、收集证据等，甚至认为这类案件的当事人是接受法律援助服务者，随便法院怎么判都和自己无关，因此对这个案件相关的辩护工作漫不经心。

该律师事务所主任知道情况后，找王律师进行了诫勉谈话，严肃指出承担法律援助工作是每一位律师的社会义务，这种没钱收就不负责任的态度是错误的，责令其立即改正。经过谈话，王律师认识到了自己的错误，立即依照刑事案件辩护的程序和要求积极地开展工作。

若本来就难以得到完备法律服务的当事人在法律援助制度内得到的仍然是“打折扣”的服务，那法律援助制度就失去了设立的意义，难以实现其保护弱势群体、维护社会公平正义的目的。

三、遵守职业道德

律师作为法律职业专业人员，在提供法律服务过程中除了应当遵守作为普通社会成员的道德外，还应当严守法律职业道德。严格遵守职业道德，要求律师在提供法律援助服务的过程中绝对不能放松，应当始终坚持《律师法》《律师职业道德和执业纪律规范》《律师职业道德基本准则》等对律师职业道德的要求。坚定法治信仰，树立诚信意识，遵守宪法和法律，坚持以事实为依据，以法律为准绳，最大限度维护接受法律援助服务者的合法权益。此处的职业道德包括遵守在法律援助机构中的纪律，遵守在诉讼、仲裁活动中的纪律，遵守与接受法律援助服务者及对方当事人之间的纪律，遵守与同行间的纪律等全方位的职业道德要求。

四、严格保守秘密

律师在执业过程中难免会接触到国家机密、商业秘密、当事人个人隐私等信息，律师应当保守相关秘密，不得向他人泄露相关信息，这一点不因提供服务的对象是不是法律援助服务当事人而有所不同。例如，律师在为农民工追讨欠薪的过程中，了解到了对方当事人的客户名单等商业秘密，律师不得向他人透露这一信息。同时应当注意谨慎保管证据和相关法律文件，避免因文件保管不当导致泄密。另外，保守秘密的要求不仅贯穿提供法律援助服务的全过程，还包括服务结束后。

【引例评析】

《法律援助条例》规定了援助的范围，但现实中的情况多种多样，而法律援助制度的核心在于保障经济困难的公民获得必要的法律服务。因此，除了国家在各级司法行政机构内设立的法律援助中心外，还鼓励大学以及科研机构、行业协会、消费者保护协会、工会、慈善机构等设立法律援助机构，国家支持和鼓励社会团体、事业单位等社会组织利用自身资源为经济困难的公民提供法律援助。

【练习题】

一、概念

法律援助制度；法律援助机构

二、简答题

1. 律师的法律援助有何特点？
2. 简述律师法律援助的范围。
3. 律师在开展法律援助活动时应当注意哪些问题？

【模拟实训】

一、模拟场景

某自然人称自己无业，靠政府救济过日子，其儿子为未成年人，但儿子因参与重大抢劫犯罪活动被依法逮捕并准备被起诉。他无钱聘请律师，但却希望在开庭时能够有律师为他的儿子辩护。

一个私营企业面临破产，有 1 000 多万元的对外债权和 1 500 多万元的对外债务。企业的法定代表人前来律师事务所咨询，希望能够获得法律援助。

二、题目

1. 整理出法律援助从申请到提供服务再到结束的基本流程。
2. 如何对待前来要求法律援助的申请人？

图书在版编目（CIP）数据

律师实务/李正华，丁春燕著．—北京：中国人民大学出版社，2019.5
高职高专法律系列教材
ISBN 978-7-300-26865-1

Ⅰ.①律… Ⅱ.①李…②丁… Ⅲ.①律师业务-中国-高等职业教育-教材 Ⅳ.①D926.5

中国版本图书馆 CIP 数据核字（2019）第 066280 号

高职高专法律系列教材
律师实务
李正华　丁春燕　著
Lüshi Shiwu

出版发行　中国人民大学出版社
社　　址　北京中关村大街 31 号　　**邮政编码**　100080
电　　话　010－62511242（总编室）　　010－62511770（质管部）
　　　　　010－82501766（邮购部）　　010－62514148（门市部）
　　　　　010－62511173（发行公司）　　010－62515275（盗版举报）
网　　址　http://www.crup.com.cn
经　　销　新华书店
印　　刷　天津鑫丰华印务有限公司
开　　本　787 mm×1092 mm　1/16　　**版　　次**　2019 年 5 月第 1 版
印　　张　14　　**印　　次**　2025 年 7 月第 7 次印刷
字　　数　334 000　　**定　　价**　29.00 元
